若手なのにプロ教師！
新学習指導要領をプラスオン

小学3年生
新・授業づくり＆学級経営
365日サポートBOOK

監修：谷　和樹（玉川大学教職大学院教授）

・教室の365日が、輝く学習の場になるように！
・教室の子どもの姿が頼もしく眩しい存在となるように！
——向山洋一（日本教育技術学会会長／TOSS代表）

学芸みらい社
GAKUGEI MIRAISHA

まんがで読む！

3学年担任のスクールライフ

（井手本美紀）

次の日
先生～！うまくできませんでしたよ
こんなにのこっちゃいました…
ははは最初から上手くいく人なんていないよ
自信のある子からもってきなさい
テストの提出の仕方や丸つけの仕方など
いろんなやり方があるから自分に合った方法を見つけるといい
クリップでとめてある
でも大事なのは子どもの学力をつけるということだ
その日のうちにテスト直しをするから自分の強みとか弱点とかがわかる
一日たってからじゃ遅いんだ
テスト中の丸つけは教師にとっても子どもにとってもプラスのことばかりなんだ
……とかいいこと言ってますけど……
いーじゃねーか！日々が充実するんだからよ！
本当は早くから呑みたいだけでしょ

刊行の言葉

プロとしての資質・能力が身につく「教師のための教科書」／谷　和樹（玉川大学教職大学院教授）

「教師の仕事はテクニックやスキルではない」

「子供との信頼関係が大切だ」

これはもちろん正しい考え方です。しかし、だからと言って、テクニックやスキルを学ばないのでは、いい授業はできません。楽しい学級経営もできません。心構えは大切ですが、それだけでは子供たちは動かない、それが教員時代の私の実感でした。

子どもをひきつける授業、魅力的な学級経営をするためには、やはり「プロとしての勉強」が必要です。あらゆるプロは、一人でプロになることはできません。必ずその道の「教科書」があり「指導者」があって、基礎から仕事を学んでいくのです。

教師の世界も同じです。そういった上達の道筋には「具体的なコツ」があります。

①子供と出会う前までのチェックリストをどうつくるの？
②1時間の授業の組み立て方にはどんな種類があるの？
③子供や保護者に響く通知表の所見の書き方に原則はあるの？
④トラブルが対応したときの対応の基本手順は？
⑤毎日の教科の授業で子供を惹きつける発問をするには？

右のような一つ一つに、これまでの先人が培った洗練された方法が存在します。それらをまず学び、教室で実際にやってみて、良さや問題点を実感し、修正していく……そうした作業こそが、まず必要です。

このシリーズでは、先生方にとって大切な内容を、座右に置く辞典のように学年別に網羅し、分かりやすく解説しました。

全国の学校で、若い先生が増えています。首都圏などでは20代教員が2割を超えました。一方、50代教員の大量退職は今後も続きます。子どもの変化、保護者の変化、情報の多様化、多忙な職場……ベテラン・中堅が若手にコツを伝授する機会も減っているといいます。新採の先生が1年もたずに退職する例も数多く報告されています。そもそも、ベテランでさえ、安定したクラスを1年間継続するのは難しい時代です。

本シリーズは、全国の若い先生方の上達のお手伝いになればと願って刊行されました。

若手なのにプロ教師！　新学習指導要領をプラスオン

新・授業づくり&学級経営　365日サポートBOOK　3年生

目次

Ⅷ 教科別・月別・学期別
対話でつくる学期別学習指導のポイント

体育 グループで動きを合わせる活動が対話を生む「針の動き」
英語 大文字の認識から始める、3年生からアルファベット指導
道徳 夏休み明け、一気に加速する
総合 子ども観光大使への道① まちの新たな「ロゴ」をつくろう！

10月 140

国語 「ちいちゃんのかげおくり」物語文で対話を指導する
算数 「3.9と4」はどちらが大きいか
音楽 チェロとピアノが表わしているものは何？「白鳥」
体育 ポイントを示し、お互いに声かけをさせるマット運動
英語 実際にもらえるとわくわくする！Unit7「カード作り」の準備
社会 市内探検に行こう
理科 光を当てたときの温度や明るさ
図工 友達と遊びながら、工夫する創作活動
道徳 トラブルが起こる前の道徳授業
総合 子ども観光大使への道② 地域の魅力を調べよう

11月 150

国語 「すがたをかえる大豆」説明文の問いを作るスキルを指導する
算数 「全体と部分」は言葉を確定させて解く
音楽 コーナー学習を楽しもう「陽気なかじや」
体育 ボールを打ち合いながら友達とコミュニケーションをとるプレルボール
英語 Unit8 What's this? の変化形What are these?を教える
社会 スーパーマーケットの工夫
理科 音を出したときの震え方
図工 読書感想画・「ガリバー旅行記」に挑戦
道徳 きまりについて考える
総合 子ども観光大使への道③ 地域の魅力を学び、体験しよう

12月 160

国語 「たから島のぼうけん」物語文の書き方の型を指導する
算数 「分数のしくみ」の深い学び！テープ図
音楽 「ふじ山」の絵を描こう
体育 子ども同士協力して行う折り返し持久走
英語 Unit8 What's this?で日本の遊びを体験
社会 私たちの市で作られるもの（農業）
理科 電気の通り道
図工 見たこともない顔カラフルバージョン
道徳 働くことの大切さを知ろう
総合 地域の魅力を発信しよう

1月 170

国語 「ありの行列」説明文の要約を指導する
算数 「かけ算の筆算」工夫を見つけよう
音楽 合奏を楽しもう「せいじゃの行進」
体育 なわとび級表を使ってペアで練習することで自然と会話が生じる
英語 絵本を使った授業例 Who stole the cookies from the cookie jar?
社会 私たちの市で作られるもの（工業）
理科 電気を通す物と通さない物
図工 スチレン版画は、3年生にぴったり！
道徳 日本の伝統を知ろう
総合 地域の人に昔の様子を聞こう

2月 180

国語 「ことわざについて調べよう」報告書の型を指導する
算数 三角形の特徴をとらえる 仲間分け
音楽 「アルルの女 ファランドール」反復と変化（鑑賞）
体育 コートとルールの工夫で女子も活躍するラインサッカー
英語 Unit9 3年生絵本 In the Autumn Forest
社会 むかしのものを調べよう
理科 磁石に付く物と付かない物
図工 「黒い船にのって」で描くことの楽しさを
道徳 メディア・リテラシー
総合 地域の伝統を体験しよう

3月 190

国語 「モチモチの木」クライマックスを指導する
算数 「道問題」で問題を解いていく「型」を教える
音楽 「森の音楽」をつくろう（音楽づくり）
体育 着地点にフラフープを置くことで目標が明確になる幅跳び
英語 地域のことを発信しよう！
社会 地域の祭りを調べよう
理科 物の形と重さ
図工 国語で学習した「モチモチの木」を、自分で描く
道徳 郷土を愛する心を育てよう
総合 地域の伝統文化を発信しよう

本書の使い方ナビ

活用緊急度別カスタマイズ案内／村野聡・千葉雄二・久野歩

本書は、お読みいただくというより、〈実践の場にすぐ活用出来る〉を目指して刊行されました。活用のポイントは、先生の「現在の立ち位置がどこなのか」で、大きく変わると思っているからです。

そこで、新採か教職経験何年目かという状況別に、「どの章から入ると活用緊急度に応じたヒント記事に出会えるか」、ＢＯＯＫナビ提案をしてみました。

学級経営ナビ

●新採の先生方へのメッセージ

Q．通学路で子どもに「おはよう」と声をかけたのに、返事がない。その時、どう対応しましたか？

・「先生から声をかけられたら返事をしなくちゃ」――と短く注意する。

・「今日はまだ眠いんだね」――とフォローする。

⬇ＢＯＯＫナビ＝「時と場に応じて対応が異なる」という意見が出そうですが、正解は？　まずはⅡ章４からご活用いただけると「なるほどな～」となるのではないかと思います。

●教職経験が２～３年目の先生方へのメッセージ

Q．子どもの帰ったあと、教室の机を見て……

・今日、どんな発言をしたのか？　どうしても思い出せない子が５人以上いる。

・どんな姿だったか、イメージが湧かない子が２人以上いる。

⬇ＢＯＯＫナビ＝Ⅰ・Ⅱ章からご活用いただければと思います。

●教職経験が５年以上の先生方へのメッセージ

Q．保護者対応――個人面談の臨機応変度

・教室では、琴線に触れるようなことまでは踏み込まない。

・廊下や挨拶場面など、さりげない時に大事な事をいう。

⬇ＢＯＯＫナビ＝Ⅶ章からご活用いただければと思います。

新指導要領の授業づくりナビ

●新採の先生方へのメッセージ

Q．「主体的・対話的で深い学び」授業への疑問・不安を感じる……

・基礎基本が出来てないのに対話の時間などとれない？

・知識がない状態で思考など無理？

⬇ＢＯＯＫナビ＝Ⅳ章からご活用いただければと思います。

●教職経験が２～３年目の先生方へのメッセージ

Q　道徳の教科化で何が変わるか？

・道徳授業で教室のモラルは良くなる気がしない。

・教科書を活用する腹案がある。

⬇ＢＯＯＫナビ＝Ⅷ・Ⅺ章をご活用いただければと思います。

●教職経験が５年以上の先生方へのメッセージ

Q．英語の教科化で何をしなければならないのでしょうか？

・移行期にしておかなければならない対策とは

・教師の英語力―どう考えればいいのか

⬇ＢＯＯＫナビ＝Ⅷ章（１年生からの指導ポイントあり）・Ⅺ章をご活用ください。

教育研究のディープラーニング

Q．特別支援

・今、最も重視しなければならない点はどこか

・特別支援計画づくりで最も大事なことは？

・授業のユニバーサル化って？

⬇ＢＯＯＫナビ＝Ⅴ章からご活用ください。

Q．プログラミング教育って？

・思考力の育成ということだと言われているので、まだ準備しなくていい？

・民間では、プログラミング教材の開発が盛んになりつつあるようだけど授業と関係あるの？

⬇ＢＯＯＫナビ＝附章が面白いです。

3年生の身体心行動

Data File

（永井貴憲）

中学年の仲間入り！

ギャングエイジとは？

ギャングエイジの始まりです

友だちとワイワイ、ガヤガヤと集団で遊ぶ時期です。ギャングエイジと呼ばれます。

その特徴とは

①同性・同学年の子どもと固定的なグループを作る

②仲間の影響を強く受ける

③個人ではなく、集団で動く

④判断力はまだまだ甘く、暴走しがち

少しずつ大人の身体へと近づいてきます。

3年生のハート 自立心の芽生え

仲間意識が強まる

中学年になると友達が増えてきて仲間意識が出てきます。低学年にあった親の影響を受ける生活から、友達を中心にした生活や友達から影響を受ける生活に交代していきます。

親離れが始まります

遊びに夢中で、夕飯の時刻になっても帰らないということもしばしばあります。親の意見よりも友達の意見を大切にし、親からこまごまと干渉されることをいやがり出します。

3年生の行動

親に口答えするようになります

中学年になると自我意識が出てきて、自分の考えや判断を持つようになり、自分の価値基準で行動するようになります。そのため、口答えをするようになります。

仲間の影響で行動する

「大人の権威」が絶対でなくなり、「仲間の影響」が強くなります。「いつも一緒に何かをする」という同調行動が多く見られます。

身体はこう成長する！

		身長	体重
4月初め	男子	128.1cm	27.2kg
	女子	127.2cm	26.4kg
↓ 3月終わり	男子	133.6cm	30.6kg
	女子	133.4cm	29.8kg

3年生のトリセツ

いじめ、暴力に注意！

いじめ、暴力、不登校、学習の遅れなどが、深刻化しやすい時期です。特定の子の欠席が増えたときは、帰りの会でいじめのアンケートをしてみてはどうでしょうか。

「悪さ」をチャンスに

自転車で学区外まで行ったり、立ち入り禁止の場所に入ってみたりと「悪さ」をします。何かトラブルがあった際に、「本当に他にルール違反をしていることはありませんか」と尋ねると芋づる式に出てきたりすることがあります。

豊かな自然体験を大切にしましょう

自然体験を通して驚きや感動を体験し、自然や環境を大事にする心等を学べる時期です。昆虫を教室で飼ってみたり、セミの抜け殻を集めてみたりすると楽しいです。

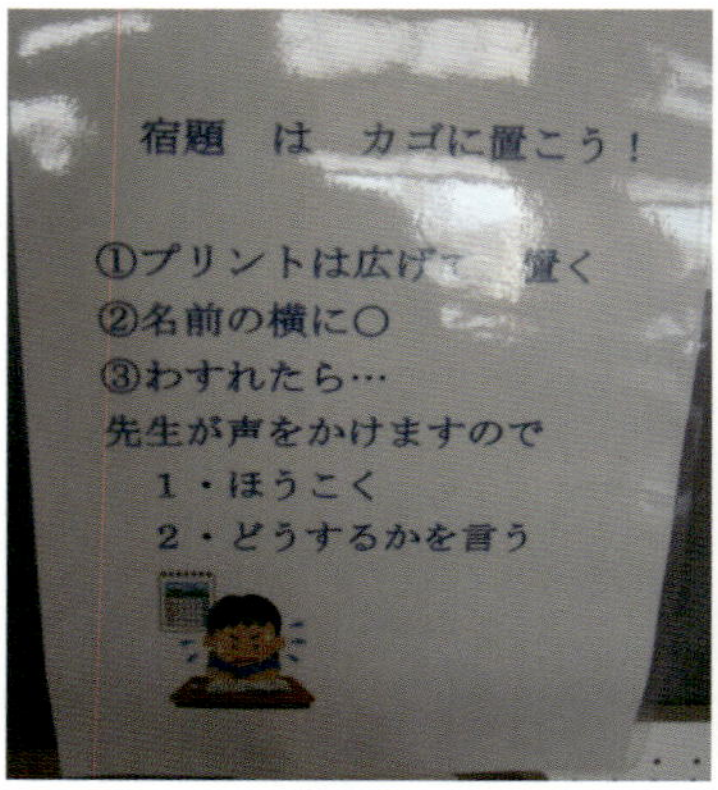

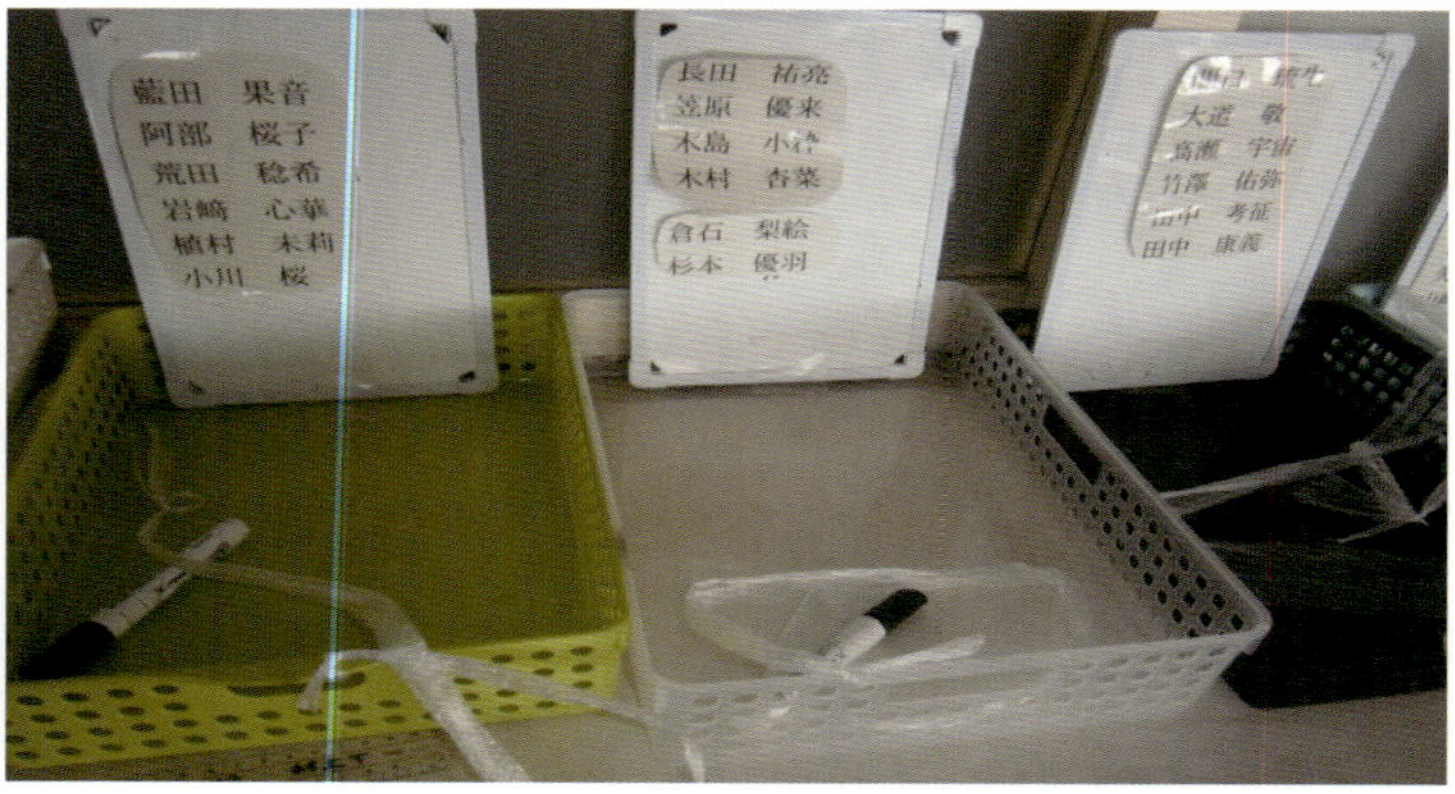

宿題を出すカゴを作成した。提出したら名前の横に、ホワイトボードマーカーで○をつけるシステムである。また、宿題を出す場所の指示だけでなく、宿題を忘れた時の対応を書くことで、忘れた時の対応を指導することができる。誰が宿題を出したのか、係の子が一目で分かるので、出し忘れている子がいたら、声かけをして教えてあげるようにしている。

学校に置いておく教科書（図工、音楽、書写ノートなど）は、出席番号順に入れるようにしている。

忘れ物防止になると同時に、自分の出席番号に入れることが分かると、子どもは自然と整理整頓することができる。かさばるものは余ったロッカーに自分でまとめるようにしている。

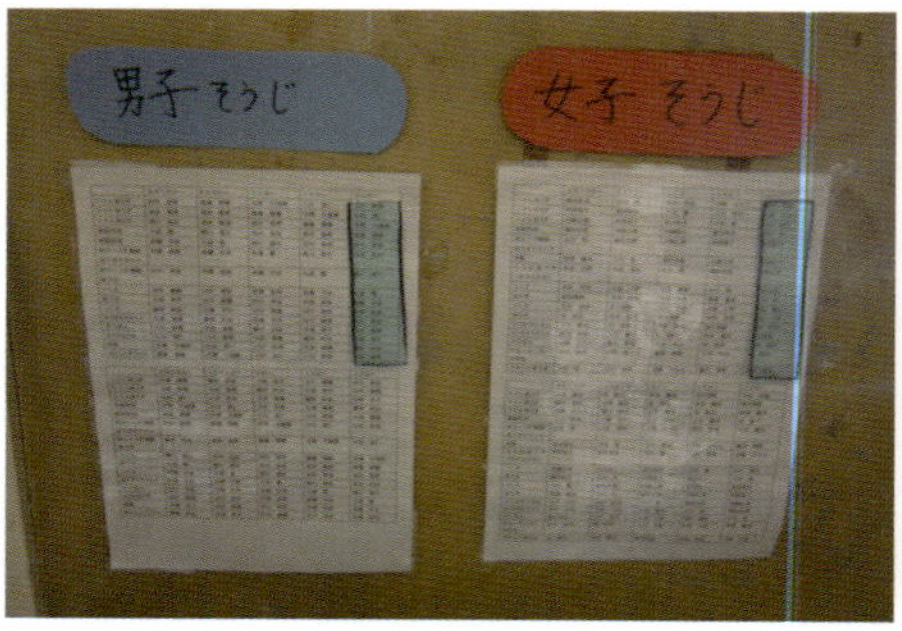

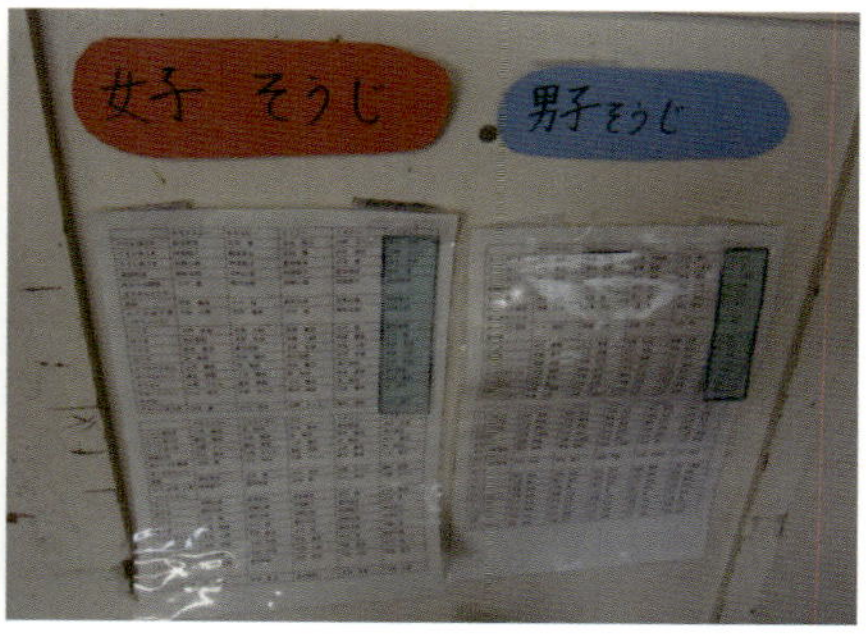

掃除場所は、２か所に掲示している。筆者の勤務校では朝の会の後に掃除があるため、月曜日には、自分の掃除場所が分からず混乱する児童が多い。１か所だと大渋滞を起こす。３年生なので、見ることにも時間がかかる。２か所に貼ることで、自分の掃除場所をスムーズに確認することができる。

（村上 諒）

教室レイアウト・環境づくり

基本とニューバージョン

掲示物は背面に集中させ、全面掲示は極力しないように心がけている。
後ろならば、視覚的な刺激は少ない。クラス目標、クラス掲示など刺激になるものは、すべて背面に集中させるようにしている。

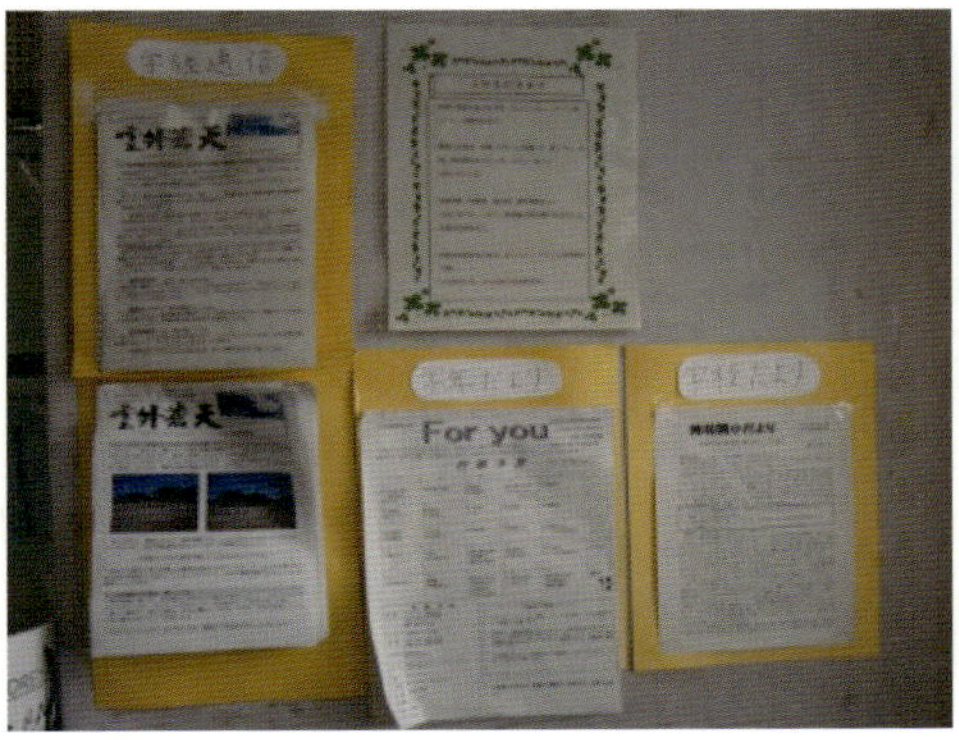

必要なことがあれば、後ろに見に行けるようになっている。クラスのめあても、後ろに掲示することで、授業中は黒板に集中できている。
必要なことを、休み時間に学年だよりで確認できるようになっている。

教室窓側の側面は、色々な物の置き場になっている。連絡帳置き場には、朝、来たらケースに書いて、開いて出すようにしている。水筒も置き場を作り、つめて置くことを指示しておくことできれいに並べることができている。
置き場所を指定すると、子どもの混乱が少ない。

1年間の生活習慣・学習習慣づくりの見通し——学期ごとの学習の栞

1学期　仕組みづくり

（山戸駿）

ここがポイント

中学年の仲間入りをし、新しい学習も始まります。「ギャングエイジ」とも呼ばれる、子ども達のやる気を上手く生かしていくことが重要です。学習用具の準備は、保護者にも見通しを持ってもらうことが必要です。

ここがポイント

夏休みの宿題は、子どもに丸投げできません。特に自由研究は、理科の授業で説明するとよいです。

また、夏休みの学年登校日に宿題を回収しておくと、新学期最初の事務処理が円滑になります。

4月 出会い 学級開き
- １学期始業式
- 組織づくり（係・当番）
- 学習、生活のルールづくり
- 学級目標の設定
- 授業参観、学級懇談会
- 初めての毛筆指導
- 初めてのリコーダー指導
- 初めての教科指導（理科、社会）
- 植物の種植え（理科）
- 九九の定着率　実態調査（算数）
- 漢字実態調査（国語）
- 初めての総合的な学習の時間

5月 遠足 新体力テスト
- 学級イベント（お楽しみ会）
- 校区探検→絵地図づくり（社会）
- 遠足
- モンシロチョウの飼育（理科）

6月 プール開き 体力テスト
- 歯磨き指導
- 衣替え
- プール指導
- コンパスを使った円の学習（算数）
- 公共施設の見学（社会）

7月 夏休み 暑中見舞い
- 学期末作文
- 暑中見舞いの書き方指導
- 通知表わたし
- 夏休みの生活指導
- 夏休みの宿題配付
- 自由研究の取り組み方指導
- 学期末お楽しみ会

8月 人権集会
- 戦争を通した平和教育
- 登校日
- 宿題回収

仲間づくりにレッツトライ！

2学期へ！

おさえたい！【学習用具編】

3年生は、新しく使う学習用具がたくさんあります。それぞれの準備の仕方、使い方、片づけ方などを、4月段階でおさえておくことが重要です。

例えば、次の学習用具が考えられます。リコーダー、絵の具セット、習字セット、理科学習ノート、社会科副読本などです。

おさえたい！【毛筆指導編】

○準備は休み時間のうちに（授業開きで準備の仕方、片づけの仕方を教える）
○乾いてから掲示
○筆洗いの水は低い所から捨てる
○紙は小さく折りたたんでから捨てる（教師が評定する）

おさえたい！【授業準備編】

3年生は新しい教科がたくさん始まります。「授業開始のときの机には何を出すか」新年度初めに確定し、教えることが大事です。

○理科：学習ノート、わくわくずかんなど
○社会：教科書、ノート、副読本など

おさえたい！【絵の具指導編】

○準備は休み時間のうちに（授業開きで準備の仕方、片づけの仕方を教える）
○必ず図工室で授業
○筆洗いは3つの池（どぶどぶ池、じゃばじゃば池、さらさら池）
○筆洗い、筆、パレット、雑巾の4点

生活習慣・学習習慣づくりの見通し

学期ごとの学習の栞

2学期 学級集団を鍛える

ここがポイント

2学期は行事が続き、子どもも教師も疲弊しがちです。そんな時こそ、学級集団が高まるチャンスです。教師が新たな目標を次々と打ち立て、モチベーションを維持することが重要です。学級のイベントなどを企画するとよいでしょう。

9月 運動会

・2学期始業式
・夏休み作品展、発表会
・運動会
・学習のルール確認
・生活のルール確認
・スーパーマーケットの見学（社会）
・植物の種採取（理科）

10月 運動会

・秋の遠足
・描画週間、描画大会
・持久走大会の練習
・太陽の動きの観察(理科)
・風やゴムの働きを調べる(理科)

11月 持久走大会 学校公開

・学校公開
・衣替え
・持久走大会
・農家／工場 見学（社会）
・秋まつり
・豆電球を使った実験（理科）

12月 冬休み 年賀状

・学期末作文
・年賀状の書き方指導
・通知表わたし
・冬休みの生活指導
・冬休みの宿題配付
・学期末お楽しみ会

学習集団としてレベルアップ

3学期へ！

ここがポイント

夏休みで緩んだ生活リズムをすぐに整えることが必要です。特に9月は運動会練習もあり、子ども達の学校生活のリズムも乱れがちです。日々の授業をテンポよく行い、学習モードに切り替えましょう。

おさえたい！【社会科見学編】

3～4年生にかけて、社会科見学の機会が多くなります。見学のときのルールやメモの仕方などは、年間を通して繰り返し指導する必要があります。

○走らない、さわがない、さわらない
○目についたものを全てメモする
○「□こ書けたら3年生レベル」などと基準を示す

おさえたい！【授業準備編】

理科と社会が担任授業の場合、見学や教材の注文などが大変です。3学期分までを見通して夏休みの間に準備しておくと、2学期以降の授業準備が楽になります。

○理科：豆電球、磁石、風力カーなど
○社会：スーパーマーケット、博物館などの見学予約

おさえたい！【授業準備編】

3年生は新しい教科がたくさん始まります。「授業開始のときの机には何を出すか」新年度初めに確定し、教えることが大事です。

○理科：学習ノート、わくわくずかんなど
○社会：教科書、ノート、副読本など

おさえたい！【体育編】

3年生のうちに全員に身に付けさせたい技能がいくつかあります。体が大きくなる高学年になる前にできるようになると、自尊感情が高まります。特に縄跳びは、冬場に取り組むのにとっておきの運動です。

○二重跳び

3学期　4年生に向けて

ここがポイント

4年生に向けて、子ども達が主体的に学級集団に関われるよう、教師がサポートしてあげることが重要です。4年生を見据えた話をすることで、子ども達のやる気も高まります。

3月 修了式 学級解散パーティー

・理科おもちゃづくり(理科)
・学年末作文
・学級解散パーティー
・修了式

2月 6年生を送る会

・6年生を送る会
・民俗博物館見学(社会)
・昔のくらし体験(社会)
・クラブ活動見学

学習総まとめ、ここがポイント

3年生で学習する内容は高学年の学習内容に直結します。3年生のうちに学習の定着度を確認し、苦手を克服させることが重要です。

漢字、ローマ字、四則演算(特にあまりのあるわり算、かけ算の筆算など)、理科の基本用語(くき、子葉、回路など)、八方位、地図記号、体育的な技能(前転・後転、開脚跳びなど)、リコーダー、絵の具の使い方・塗り方。

4年生へ！

子ども主体のクラスづくりへ

ここがポイント

3学期にすべきことは、「4年生0学期」の語りです。4年生に向けた意識を子ども達に持たせていきます。

同時に、学級解散に向けて子ども達で協力してパーティーを開催するなど、学級集団として高める最後の3か月です。

漢字、ここがポイント

3、4年生は小学校6年間の中で、学習する漢字の量が最も多いです。4年生に苦手を残さないためにも、3学期は何度も復習する必要があります。テスト形式で復習をすると学習効率が上がります。特に、同じ漢字でも漢字テストには出なかった読み方でテストすることで、語彙力も身に付きます。

1月 書き初め大会 授業参観

・3学期始業式
・書初め大会
・学習のルール確認
・生活のルール確認
・なわとび週間
・のこぎり、かなづちの使い方指導(図工)
・磁石を使った実験(理科)

○開脚跳び
○前転、後転
○逆上がり

おさえたい！【ローマ字編】

3年生から、ローマ字の学習が始まります。多くの教科書では9、10月から指導することになっていますが、できれば1学期の内から繰り返し教えた方が定着率は上がります。

特に、ヘボン式表記、促音の表記は子どもがつまづきやすいポイントです。

おさえたい！【算数編】

3年生から、算数に苦手意識をもつ子が増えてきます。特に計算分野は、この時期に復習しておくことが重要です。途中計算や筆算などを繰り返し教えることで、丁寧さが身に付き、計算ミスが減ります。

○わり算
○あまりのあるわり算
○1けたをかけるかけ算の筆算
○2けたをかけるかけ算の筆算
○時間と長さ　など

おさえたい！【版画編】

4年生から彫刻刀を使った指導が始まります。3年生のうちに、版画の刷り方を指導しておくことが重要です。なお、素材では紙版画が最も失敗しにくいと言われています。

○ばれんの持ち方
○インクの塗り方
○インク量の調整
○一版多色刷りの仕方

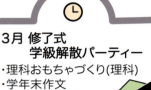

３学年の学期別年間計画

新指導要領の発想でつくる　スクールプラン入り

４月

学級のルールづくり
授業のルールづくり
新しい学級になれる仲間づくり

・新任式・入学式・始業式
挨拶、返事、整頓の徹底。
・家庭訪問
児童の特徴の把握と対策。
・授業参観
保護者を巻き込むリズムとテンポのある授業（ＴＯＳＳランド）。
・学級活動のスタート
係、当番活動の意味を知らせ、組織をつくり、計画を立てる。
・国語
前学年の漢字習得率把握、発表のルールづくり（指名なし音読）。
・英語
オールイングリッシュをめざす。
・図書館指導
図書館の決まりを知らせ、読書活動を充実させる。

５月

明るく楽しい集団づくり
学校・学級のきまりの確認
思いやりの気持ちを大切に

・各種検診（歯科・視力・内科）
自分の健康を意識させ、自己の生活習慣を見直させる。
・校外学習（遠足）
集団行動と公共施設の利用方法について学習する。
・学級活動
雨の日の過ごし方、掃除の仕方の再確認を話し合わせる。
・学級イベントの計画
係活動でミニイベントを企画させる（例示し選択させる）。
・国語（主・対、深）
指名なし音読・発表を教える。
主語・述語を正しく書かせる作文指導。
・英語
リズムよく発話することを意識。

６月

健康で安全な生活をさせる
学校生活をメタ認知させる
他の立場、意見を認めさせる

・プール開き
使用のルールを確認。教師の統率力を発揮した指導を行う。
・避難訓練
避難経路の確認。自分の命は自分で守る意識の徹底。
・学級活動
学校生活の問題を話し合う。意見の交流と理解をさせる。
・国語
１つのことを長く書かせる指導。
ローマ字とＰＣのローマ字入力。
・プログラミング学習
ＷＥＢ上のサイトを利用して体験させる。
・図書館指導
索引の利用方法を知らせ、テーマを決めて調べ活動をさせる。

7・8月

友達との仲間意識をもたせる
社会活動に進んで参画させる
規則正しい生活をさせる

・終業式、始業式
けじめのある態度を養う。
・夏休み
自由研究の指導（継続する）。
行事等を企画させる。
家での手伝いを決め実行させる。
自主学習への取り組み指導（例示を出して選択させる）。
・個人懇談
できるようになったことを中心に、学校生活の様子を伝える。
・国語、社会（主・対、深）
発表内容と自分の考えの違いに気づかせる。
グラフ、表の読み方の日常指導。
・図書館指導
日本十進分類法に基づいた本の並べ方、探し方の指導。

9月

誰とでも仲良く遊ばせる
進んで行事に参加させる
明るく楽しい学級づくり

・運動会
スローガンの意味を考える。
学級でできることを考え、当事者意識で取り組ませる。
・防災訓練
震災時のエピソードを語り、命の大切さについて知らせる。
・社会科見学（校外学習）
公共施設にある工夫について見つけ、自分の考えをもたせる。
・国語（主・対、深）
討論の生まれる発問をし、他の意見について賛否を考える。
・ＩＣＴ教育
ＰＣ、タブレットの使用方法について学ぶ。
・英語
複数の往復会話をさせる。

10月

男女で仲良くさせる
元気に遊び進んで運動させる
ダイナミックなイベント実施

・授業参観
安定した授業内容と保護者を巻き込む活動を入れる。
・校外学習（遠足）
バスレクを児童に運営させ男女仲良く活動させる。
・主・対、深
テーマに合わせて図書館で調べ活動をさせる（複数の資料引用）。
・学級活動
2学期のイベント活動の企画を班ごとに立て、全体で検討する。
・図書館指導
百科事典、図鑑、年鑑の利用方法を知らせ、活動させる。
・国語
説明や報告の仕方を学ばせ、理由を伴った話し方を充実させる。

11月

進んで仕事に参加させる
学習習慣の見直し、修正
多くの人と遊び、かかわらせる

・児童集会（祭り）
行事への積極的参加をうながし、主体的に参画させる。
・学習発表会
声の大きさや、表現の工夫をさせ「伝える」ことを意識させる。
・学級活動
学習の計画→実施→修正→計画のサイクルで見直させる。
・ミニ討論（主・対、深）
2つに分かれる課題で討論し、他の意見に対し考えを出させる。
・英語
今までの話型を使い、自由に会話させる（色・形・文字）。
・図書館指導
本以外の資料（新聞、雑誌）を利用して自分の意見を書く。

12月

進んで学校をきれいにさせる
計画的に過ごさせる
目標を意識させる

・終業式
儀式に参加する意識を持たせ「返事」「挨拶」を見直す。
・冬休み
伝統行事について話し、家庭、地域の行事や活動に参画させる。
・個別懇談
学校での具体的場面を描写し、伸ばしたい部分を伝える。
・学級活動
冬休みの生活についてＰＤＣＡサイクルができるようにする。
・国語
暗唱する文、詩、書き出し文などを集めさせる。
・ＩＣＴ教育
「検索」機能を使い自分の調べたい情報を速く見つけさせる。

1月

進んで運動させる
楽しい学級・学年活動の企画
生活と学習の見直しをさせる

・始業式
学年最後の学期となることを意識させ、抱負をもたせる。
・クラブ活動見学
学校生活を楽しむ活動に接し、次年度の生活をイメージさせる。
・学級活動
今までの生活態度、学習習慣を見直し次のステップへすすむ。
・討論（主・対、深）
複数の教科や学級会において話し合い活動を積極的に行わせる。
・図書館指導
写真、グラフなどの資料を集めさせ、気づきを整理する。
・プログラミング学習
簡単な作品を友達と交流し、良いところをまねさせる。

2月

健康と安全を意識させる
学習のまとめを行う
認め合う学級を意識させる

・授業参観
１年間で身につけたスキルを発揮できるような授業を行う。
・学年部会
年間の学習の様子と次年度への期待、保護者へのお礼を忘れず。
・６年生を送る会
６年生への感謝の気持ちをもち、会へ積極的に参加させる。
・学級活動
最後のイベントを企画し、班ごとの企画案を全体で話し合う。
友達の良いところを出し合い、感謝の気持ちを出させる。
・国語
書かれた文章をもとに学習した内容を整理し作文を書かせる。
漢字習得の振り返りをさせる。

3月

１年間の振り返りをさせる
次年度への抱負をもたせる
個人力と集団力を意識させる

・卒業式
６年生のための行事だと意識させ、礼儀正しい態度でのぞませる。
・修了式
３学年を終え、４年生へ向かう式だということを意識させる。
・離任式
学んだ先生への感謝の気持ちをもたせる。
・学級活動
今までを振り返り、４年生へ向けて抱負と期待を持たせる。
・算数
基本的な四則計算を振り返らせ、次年度の準備を意識させる。
・主・対、深
１年間で変化したことを考えさせて成長を自覚させる。（岩崎利香）

月別プラン・ドゥ・シー〈1〉

新学期前日までの担任実務チェックリスト

チェック　事務関係

□名簿作成（複数コピー）
□氏名印の確認
□指導要録分け・押印等
□健康簿等保健関係分け
□家庭環境調査確認
□健康カード分け・押印
□集金袋作成
□予算案作成
□遠足等校外学習計画
□会計簿作成
□時間割作成・印刷
□テスト・ワーク・ノート等採択・注文
□学年行事確認・担当者割り振り

チェック　学級経営関係

□住所確認
□家族・兄弟関係確認
□名前の読み確認
□健康上の注意点確認
□前担任からの引継ぎ
□要配慮児童の引継ぎ
□道具箱の中身決定
□筆箱の中身決定
□学年・学級のルール
□学級組織を考える
□朝・帰りの会を考える
□学級内の細かなルール
□学年だより作成・印刷
□学級通信作成・印刷
□学級経営目標を考える
□名前・出席番号を覚える
□一筆箋の用意
□賞状の用意

チェック　教室環境・備品

□照明の確認
□温度計・湿度計の有無
□机の配置
□机椅子の高さ確認
□靴箱・ロッカーの記名
□教室内危険個所点検
□備品点検（テレビ・給食台等）
□文具点検（ペン、のり、貸出定規等）
□教室便利グッズ点検（わりばし、新聞紙等）
□教室掲示計画
□拡大時間割作成・掲示
□貸し出し用習字セット・絵具セット確認

チェック　授業関係

□学年ノート作成
□副教材を決める
□ノートの決定
□年間計画の縮小コピーをノート・週案に添付
□1学期指導計画作成
□1週間の指導計画作成
□黄金の3日間のシナリオ作成
□初日のシナリオ作成（話す内容・ゲーム・タイムテーブル等）
□実態調査プリント準備（漢字・計算）
□カード類作成（自己紹介カード・観察カード・作文用紙等）
□各教科目標の確認

（平山靖）

月別プラン・ドゥ・シー〈２〉

新学期担任実務チェックリスト【一週間】

【１日目】所信表明・仕組みづくり

１　子どもが来る前（前日までに）

①ルビ付きの名簿の用意
②始業式にふさわしい服装
③教室の窓を開けておく
④危険個所のチェック
⑤黒板にメッセージを書く
⑥ロッカーや靴箱の確認
⑦机・椅子の確認
⑧座席位置の確認（板書しておく）
⑨配布物の確認（可能な限り教室に運んでおく）
⑩教室掃除（机・椅子などを拭く等）
⑪花などを飾る
⑫ロッカー・靴箱等に名前シール貼り
⑬貸し出し文具の用意
⑭１日目の具体的スケジュールの作成
⑮児童の名前を覚えているか最終確認

２　子どもがいる間

①始業式での大きな返事
②始業式中に褒める子を探す
③始業式中にこやかな表情で立つ
④教室に入るときに大きな声であいさつする
⑤転入生のお世話係をつくる（一緒に帰ることができる児童の確認等）
⑥机・椅子のサイズ確認
⑦座席決め
⑧１人１人の顔を見ながら出欠確認（何も見ずに呼名できるように）
⑨元気よく返事ができた子をほめる
⑩始業式でよかった子をほめる
⑪自己紹介をする
⑫児童に自己紹介をさせる
⑬１年の抱負をわかりやすく話す（全員を教師の方に向かせ、手に持っているものを置かせる）
⑭学校生活の具体的な約束事を話す
⑮厳しく叱るときについて話す
⑯話をきちんと聞くことができる子をほめる
⑰教科書・プリント類を配布する
⑱筆箱の中身について確認する
⑲連絡帳を書く（全員確認）
⑳提出物の確認
㉑翌日の持ち物を確認
㉒係と当番の違いを説明する
㉓当番を決める
㉔日直の仕事の確認
㉕朝の会・帰りの会の確認
㉖物の置き場所を決める
㉗靴の入れ方を確認する
㉘よい行動ができた子に一筆箋に書き保護者に渡してもらう

３　子どもが帰った後

①教室の様子を確認・机の整頓等
②靴箱の様子を確認
③子どもの顔・座席位置を思い出す
④欠席した子どもの家に家庭訪問するか電話連絡を入れる

月別プラン・ドゥ・シー〈2〉

新学期担任実務チェックリスト【一週間】

【2日目】仕組みづくり・授業ルール

1 子どもが来る前（前日までに）

①教室に仕事表を貼っておく（当番を決めていなければ、だれか窓を開けておいて、というような内容を書いておく）

②簡単に教室を掃除しておく（ごみを拾う、机の整頓をしておく等）

③提出物ごとに大きな封筒を用意する

④提出物用の名簿を用意する

2 子どもがいる間

①教室に入るときに大きな声であいさつをする

②1人1人の顔を見て出欠確認をする

③元気よく返事ができた子をほめる

④提出物を忘れた子どもの確認

⑤靴の入れ方がよかった子をほめる（あらかじめ子どもたちの靴の入れ方を見ておく）

⑥掃除当番を決める（仕組みをつくる）

⑦給食当番を決める（仕組みをつくる）

⑧給食のルールを決める（配膳中、おかわり、残すとき等）

⑨学習用具を忘れたときにどうするか説明する（借り方・返し方）

⑩教科書を使って授業をする（国語の音読など）

⑪教科書に折り目をつけさせる

⑫ノート・教科書などに名前が書かれているか確認する

⑬実態調査テストを行う（国語は漢字・算数は計算等　※市販テストについていることが多い）

⑭ノートの書き方について指導する（日付、ページ、赤鉛筆の使用、ミニ定規の使用、下敷きの使用、鉛筆の使用等）

⑮勉強をして全員の子どものノートに1回は○をつける

⑯提出物を忘れた子の連絡帳に提出物を記載する

⑰連絡帳を全員が書いたことを確認する

⑱休み時間には一緒に遊ぶ

⑲係活動を決める（仕組みをつくる）

⑳係のポスターを作る

㉑当番活動ができていた子をほめる

㉒よい行動ができた子には一筆箋にそのことを書き、保護者に渡してもらう

3 子どもが帰った後

①教室の様子を確認・机の整頓等

②靴箱の様子を確認

③子どもの顔・座席位置を思い出す

④欠席した子どもの家に家庭訪問するか電話連絡を入れる

月別プラン・ドゥ・シー〈２〉

新学期担任実務
チェックリスト【一週間】

【3日目】仕組みの運営・授業

1　子どもが来る前（前日までに）

①教室に仕事表を貼っておく

②簡単に教室を掃除しておく（ごみを拾う、机の整頓をしておく等）

③提出物忘れの子どもを確認する

2　子どもがいる間

①教室に入るときに大きな声であいさつをする

②1人1人の顔を見て出欠確認をする

③元気よく返事ができた子をほめる

④提出物を忘れた子どもの確認

⑤靴の入れ方がよかった子をほめる（あらかじめ子どもたちの靴の入れ方を見ておく）

⑥教科書を使って授業をする

⑦新しいノートに折り目をつけさせる

⑧筆箱の中身を確認する

⑨赤鉛筆、ミニ定規等を使っていることを確認する

⑩赤鉛筆、ミニ定規等を使っている子をほめる

⑪授業前に、次の時間の準備をしておくことを教え、やらせる

⑫授業の中でたくさん子どもをほめる（教えたルール等をしているだけでもほめる）

⑬係活動の時間をとる

⑭係活動に使ってよいものを説明する

⑮なぜ掃除をするのか説明する

⑯どのような掃除をすればよいのか教える（掃除の仕組みをつくる）

⑰給食のルールを確認し、やらせる

⑱配膳の際、量を指導する

⑲掃除分担場所をまわり、掃き掃除の仕方、拭き掃除の仕方を指導する

⑳まじめに掃除をしている子をほめる

㉑五色百人一首を始める等楽しいことをする

㉒連絡帳を全員書かせる

㉓当番活動ができていた子をほめる

㉔よい行動ができた子には一筆箋にそのことを書き、保護者に渡してもらう

㉕休み時間は一緒に遊ぶ

3　子どもが帰った後

①教室の様子を確認・机の整頓等

②靴箱の様子を確認

③子どもの顔・座席位置を思い出す

④欠席した子どもの家に家庭訪問するか電話連絡を入れる

月別プラン・ドゥ・シー〈2〉

新学期担任実務 チェックリスト【一週間】

【4・5日目】軌道に乗せる

1　子どもが来る前（前日までに）
①教室に仕事表を貼っておく
②簡単に教室を掃除しておく（ごみを拾う、机の整頓をしておく等）
③提出物忘れの子どもを確認する

2　子どもがいる間
①教室に入るときに大きな声であいさつをする
②1人1人の顔を見て出欠確認をする
③元気よく返事ができた子をほめる
④提出物を忘れた子どもの確認
⑤教科書を使って授業をする
⑥筆箱の中身を確認する
⑦赤鉛筆、ミニ定規等を使っていることを確認する
⑧赤鉛筆、ミニ定規等を使っている子をほめる
⑨授業前に、次の準備をしておいた子をほめる
⑩授業の中でたくさん子どもをほめる（教えたルール等をしていることをほめる）
⑪給食のルールを守れていることをほめる
⑫配膳の際、量を指導する（上手にできていればほめる）
⑬掃除分担場所をまわる
⑭まじめに掃除をしている子をほめる
⑮連絡帳を全員に書かせる
⑯当番活動ができていた子をほめる
⑰よい行動ができた子には一筆箋にそのことを書き、保護者に渡してもらう
⑱休み時間は一緒に遊ぶ（クラス全員で遊ぶ日を決め、教師が楽しい遊びを行う）

3　子どもが帰った後
①教室の様子を確認・机の整頓等
②靴箱の様子を確認
③子どもの顔・座席位置を思い出す
④欠席した子どもの家に家庭訪問するか電話連絡を入れる

留意点

1　空白の欄は、ご自身が考えられた項目を記入し、役立ててください。

2　新学期最初の3日間は黄金の3日間と言い、子どもたちに学校生活や学習のルールを徹底するのに最適の時期です。

リストにもあるように、できている子をどんどんほめて軌道に乗せていきます。

3　下駄箱の使い方で今の子どもの状態がわかるといわれています。毎日靴箱を見ることで子どもたちの変化がつかめるかもしれません。もちろん使い方も指導します。

4　なるべく早いうちに前学年の漢字テストと計算テストのような実態調査を行いましょう。

子どもたちの実態を知ることが指導の一歩となり、自分の身を守ることにもつながります。

（平山靖）

月別プラン・ドゥ・シー〈3〉

特別活動の仕組みづくり【係・当番】

教室には大きく分けて2つの仕事がある。

なくてはならない仕事（以下、当番活動とする）
なくてもこまらないが、あるとクラスが楽しくなる仕事（以下、係活動とする）

当番活動には、窓を開ける仕事や、給食当番など生活していくうえで必要な仕事がある。日々の仕事をしっかりする、という点で育てたいのは責任感である。

一方、係活動には、新聞係や誕生日お祝い係等の仕事がある。工夫ができる創造的な活動である。したがって育てたいのは創造性である。

これらは役割や、育てたいものも違う。3年生ではこれらを明確に分けることで子どもたちの活動がダイナミックになり、子どもたちが特別活動の時間を楽しみにするようになる。

まずはきちんとこれらを分けて学級を組織する必要がある。

当番活動の仕組みづくり

当番活動の仕組みづくりのポイントは次の通りである

(1) 分担する
(2) チェックのしくみをつくる

〈掃除当番〉

(1) 分担する

学校で縦割り清掃が組まれているのならばその通り分担する。

教室掃除も明確に分担する。掃き掃除、拭き掃除などである。場所も使うほうきなども決めておく。もちろん1週間交代制などをとってもよいだろう。毎日変わるより、掃除の仕方を覚えることができ、ほめる機会が増える。

(2) チェックのしくみをつくる

掃除が終わったら教師を呼び、チェックを受ける、という仕組みを作っておく。合格がもらえなければ、放課後もやってもらう、というような仕組みである。目に見えるごみが落ちていないこと、という具体的な項目を実際に作られることをお勧めする。

もちろん最初は当然やり直しになる。児童は「えー」ということもあるだろう。それでもやり直させる。そうすることでこの先生は本当にやり直すのだ、ということがわかる。早いうちにこの指導を行っておくことで子どもたちは自然とできるようになってくる。最初に妥協せずに行うことがポイントだ。

〈給食当番〉

(1) 分担する

通常6名程度で行われる。様々な方法があるが、中学年では、配膳中立ち歩く児童が多いと、ぶつかって給食をこぼしてしまうケースがあることを考え、配り当番制をお勧めする。配膳当番は1週間で交代する。出席番号など

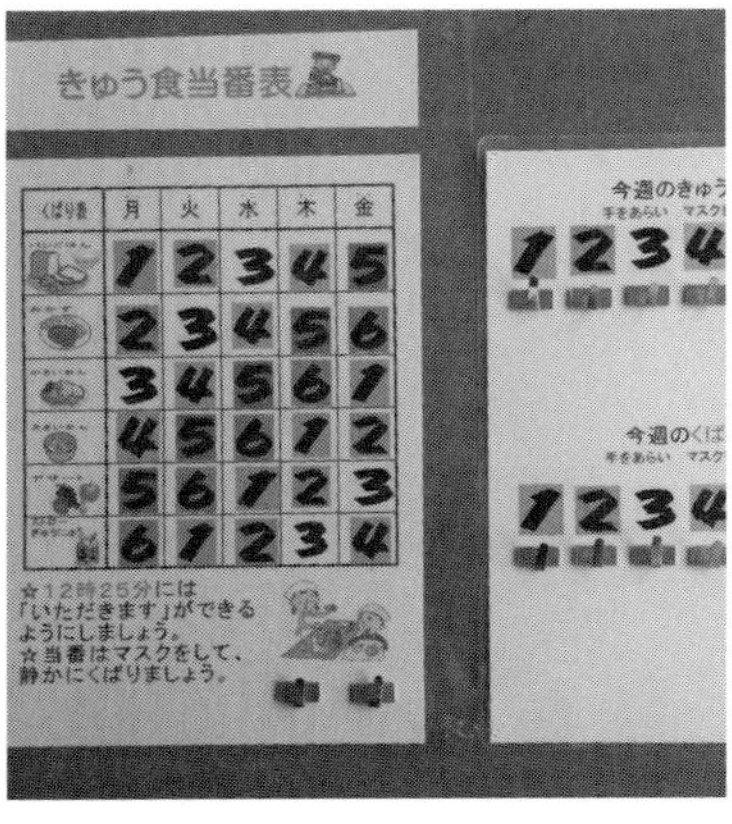

月別プラン・ドゥ・シー〈3〉

特別活動の仕組みづくり【係・当番】

で札を交代していくものがよいだろう。

配り当番も同様である。あとは学校ごとに決められた分担方法をとっていけばよい。

(2) チェックのしくみをつくる

そしてチェックのしくみである。ごちそうさまの挨拶を終えたら配膳当番が給食の食缶を片付けるところまでとしている。それが終わると全員で報告に来させる。それができたら昼休みとなる。これで全員が仕事をしたのかチェックができる。

〈学級内の仕事〉

(1) 分担する

教師が1週間休んでも子どもたちだけで生活できることをイメージして仕事を考えるとよい。

具体的には次のような仕事が考えられる。

例：窓開け、電気をつける、朝の会の司会、CDをかける、配膳台を出す…

子どもが学校に来てから帰るまでの生活をイメージし、時系列を意識して書きだすことで仕事が列挙できる。

大きく次の2つの分担方法がある。日直にさせるのか、それとも1人1役で全員に割り振るかである。

このような形で1人1役をふり、教室に掲示する。

その際のポイントは、いつ、だれが、何をするのか明確にしておくことである。そうしておくと、やっていなければ誰の責任なのかがわかるようになる。

クラスのしごと

朝の会	1名朝の会の司会
帰りの会	1名帰り会の司会
音楽	1名 CDをかける 並ばせる あいさつ
百人一首	2名百人一首を配る
窓	1名朝来たら窓を開ける
電気	1名朝来たら電気をつける
道徳	2名カルタを配る
書写	1名書写の手伝い
英語	2名カルタをくばる
植物水やり	1名教室の植物に水やり
手紙	1名掃除のあとに手紙を取りに行く
健康観察板	1名健康観察板を取りに行く・返す
いただきます	1名給食のいただきますを言う
ごちそうさま	1名給食のごちそう様を言う
配り	3名先生に言われたら配る
配膳出し	1名配膳台を出しておく
配膳片付け	1名配膳台をふいてかたづける
先生給食	1名先生の給食を用意する

(2) チェックのしくみをつくる

日直にさせるのであれば、仕事を一覧にしておき、できたら札を裏返す、という方法もあるだろう。そして全員に分担したのであれば、1人1人が仕事をしたら札を裏返すという方法や、日直などが仕事の確認をする、というチェックのしくみをつくることができる。これでやり残しを防ぐのである。

係活動の仕組みづくり

係活動の仕組みづくりのポイントは次のとおりである。

(1)何をするのか決める
(2)いつするのか決める
(3)週に1度の報告会を行う

(1)何をするのか決める

決める時に次のように話す。

これから係活動を始めます。係活動は当番とは違い、皆さんの創意工夫を伸ばす活動です。クラスが楽しくなるために自分ができることをやるのです。例えば、クラスや学校のニュースを書いてくれる新聞係。お誕生日をお祝いしてくれるお祝い係。あったら楽しくなる係をたくさん考えましょう。相談して黒板に書きに来なさい。

そういって子どもたちにたくさんアイデアを出させる。その際、教師がこれまで考えてあったものなどを例に出したり、指導経験を踏まえて具体的に

月別プラン・ドゥ・シー〈3〉

特別活動の仕組みづくり【係・当番】

話したりしてもいい。

黒板にアイデアが並ぶ。

次に書いた児童にどのような仕事なのか言わせる。そして分担である。必ず1人ずつ何かの係に所属させる。基本的に人数は決めず、やりたいところに立候補したのであればそれをやれるようにする。もし新聞の会社に8人等、多くの人数が集まったときには、相談してやりたい分野に分けさせるなどの手だてもとっていいだろう。多すぎると働かなる傾向があるからである。

担当が決まったら、次は係の名前を決めさせる。新聞係ではなく「3組ニュース社」であったり、お誕生日係ではなく「ハッピーバースデー会社」であったり、名前を工夫させたりする。それだけでも中学年の子どもたちは盛り上がる。

そしてポスターを書かせる。そこには、「会社名」「メンバーの名前」、「いつどのようなことをするのか」といったことが書かれているようにして教室に掲示する。役職を書かせてもよいだろう。子どもたちはリーダーを社長というように工夫するようになる。

それらを掲示するスペースも用意する。児童が新聞や会社活動で作ったチラシなども掲示できるようにする。児童がそのスペースを自由に使って、活動で作成したものを掲示できるようにしておく。

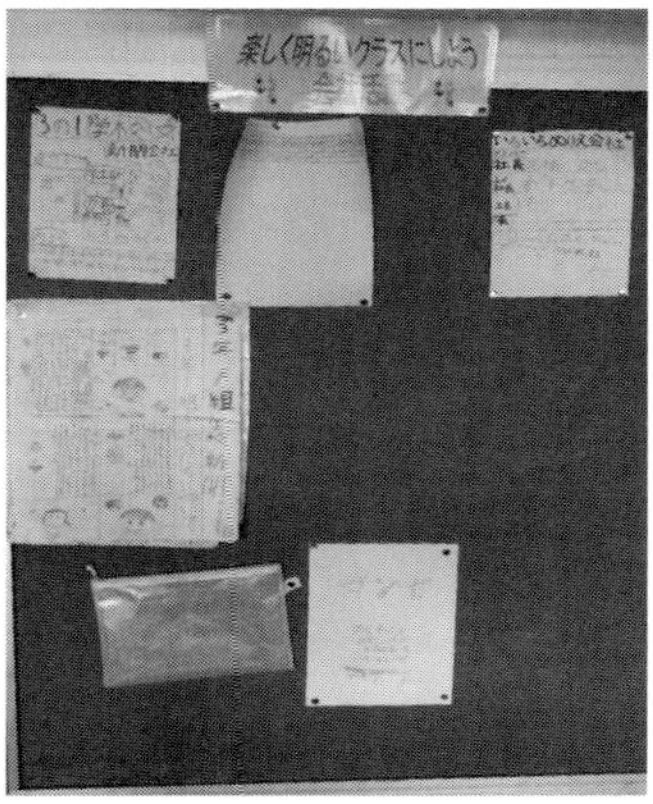

(2)いつするのか決める

これは教師が決めておいて、それを児童に伝えればよい。

3年生であれば週に1度の学活の時間の20分程度は係活動にあてることができるだろう。そうすれば児童の活動も活発化する。時間がなければ子どもたちの活動自体もあまり活性化はしない。

また、テストを提出させた後など、何か作業が終わった児童には黙って自分の机でできることをしていい、ということにしている。そうするとそういった空き時間も含めて児童は喜んで活動する。

(3)週に1度の報告会の日を決める

そして週に1度の学活の最後の5分程度でよい、全体の前で係のリーダーに1週間の報告をさせる。

やることは2つである。

①すばらしいところをほめる。

工夫が見られたり、進んだりしたところがあれば全員の前で大いにほめる。新しい記事のために取材をした、ということやたくさんの友だちを集めてイベントを開催した、などである。

②1つか2つ質問をする。

具体的には次のように聞く。

新聞の会社であれば次のような質問が考えられる。「最新号はいつでるのですか？」「前回は何人の人に見てもらいましたか？」といった質問である。このように聞くことで、「次回にはもっといい報告をしたい！」と思うようになる。全く叱る必要はない。そうすることで児童が嬉々として活動する。

（平山靖）

月別プラン・ドゥ・シー〈4〉

4月の学級経営のポイント【1学期】

黄金の3日間準備を入念に行う

黄金の3日間は準備できまる。3月のゴールと、そのための最初の3日間にどれだけ具体的なイメージを持てるかが大事だ。

本誌のチェックリストをもとにして入念に準備を進めていく。

特に重要なものは、次の通りだ。

（1）名前を覚える

最初は出席番号で座席を決めることが多い。だからこそ出席番号とセットで覚える。〇番、平山靖というようにセットで言えるようにしておく。だからこそ初日から名前を呼んで指導ができる。

児童にとって、自分の名前を覚えてくれていた、という感動が残り、場合によっては1年間の信頼を得ることにもなる。

（2）学級組織を考える

「特別活動の仕組み」の項を参考に具体的にノートに書きだしていくことがポイントである。

（3）シナリオをつくる

児童に話す内容はおおむね次の2つについて考えておく。

Ⅰ先生が厳しく叱るとき

Ⅱ学校に来る意味

Ⅲどのようなクラスにしたいか

これら3つのセリフを考えておく。

そして持ち物のルールなどは言い忘れないように学級通信に書いて配布しておくとよい。そうすることで家庭とも連携ができる。

（4）ほめる観点を書き出しておく

初日から児童の名前を呼んでほめる。効果は絶大だ。だからこそどのようなほめる場面があるか教師は具体的に考えておく必要がある。それもすべて書き出しておくとよい。

黄金の3日間

（1）教えてほめて仕組み作りを

黄金の3日間では仕組みを3日以内に作ること。そしてそれができている児童をほめながら軌道に乗せていくことが重要である。ポイントは教師が指導した線上にいる児童をほめる、という点にある。できているだけでほめることができ、先生の言うことを守るとほめられる、というサイクルが出来上がる。指導した持ち物を持ってきているだけでほめる。手の上げ方を指導し、よくなったらほめる。教えてほめる、というサイクルをつくり、教室に学習のルールや、仕事をするということを浸透させていく。

（2）名前を呼んで全員ほめる

全員の名前を呼び、全員をほめることである。1人残らず名前を呼んでほめたか、名簿に印をつけて確認する。

（3）ルールは前のクラスを確認

学習のルールなど教室のルールをつくるときには、前はどうだったかをまず児童に確認する。そのまま行うのであればそうする。新しく作るのならば、意味を説明しどの児童にも納得させる。

（平山靖）

○○市立○○小学校　平成○○年度　平山学級　学級通信　4月○日 NO.○○

Butterfly

学校でお預かりする物

◇学校では下記の物をお預かりします。
　そしてクリアボックスを集金で購入しましたので、そこに入れています。

　名前を記入し、明日授業はないですが、下記の教科書は持ってきてください。

（１）社会科教科書類、ノート　社会科は見学が中心です。写真や 教科書で学習してから見学して秘 密を解決する、という学習 方法です。日課も変更しながら学習するこ ともあり、急に社 会科を学習することもあります。忘れ物を少なくす るため、 学校で管理します。
（２）理科教科書類、ノート　社会科同様です。自然を相手に学習 しますので急に理科になること もあります。対応できるよう、 理科も学校で管理します。
（３）国語辞書
（４）道徳副読本
（５）保健教科書
（６）書写教科書
（７）図工教科書

◇筆箱の中身は次の通りとします。
　ご家庭でも確認してください。

□とがった鉛筆５本程度
□けずった赤青鉛筆（別々でも可）
□ミニじょうぎ（１５ｃｍ以下）
□消しゴム（使うのは授業で１回まで）
□ネームペン

　余計なものが入っていては、勉強に差し支えます。

　必要なものが出しにくくなるからです。

　そして授業中はシャーペンではなく、鉛筆。

　ボールペンでなく赤鉛 筆、青鉛筆を使います。

　これは、シャーペン、ボールペンと比べて、 圧倒的に脳にいいからです。

　指は、第二の脳と呼ばれます。

　それだけ 神経がたくさんある、ということです。

　また色を塗るとき、ペンでは 汚くなるからです。

　人類は手を使うことで進化してきました。字を書くときにえんぴつに力を入れて書かなければ、頭には入りません。（筆圧という）

　それも丁寧に書かなくては頭に入りません。 やる気とも関係します。だからこそ脳にしっかりとした刺激が伝わり学習内容を覚える必要があります。 シャーペンでは力を入れると折れます。

　それでは脳にしっかりとした刺激がいかず、学習内容は覚えられないのです。だから、有名な小学校や進学塾では、鉛筆が基本とされます。

　子どもたちにも話しますので、ぜひご家庭でもそろえて改めて筆箱の中身を確認してください。

月別プラン・ドゥ・シー〈4〉

5月の学級経営のポイント【1学期】

運動会練習期間でも授業を大切に

（1）運動会練習期間は時間意識をもつ

運動会練習期間はクラスが荒れやすい時期である。原因の1つが、時間がルーズになることにある。授業の開始時間・終了時間を教師自身が守ることが重要だ。だからこそ児童にも時間を守ることの大切さを指導することができる。逆に言えば、時間についての指導をすることが可能な時期ととらえ、指導したい。

（2）教室移動後に働く児童をほめる

運動会練習や専科の授業では教室の移動がある。そのあとにも授業や給食がある。特に運動会練習の後は疲れていて動きたくないものだ。しかし頑張って係の仕事をしたり、やるべきことをしたりする児童がいる。そういう児童を取り上げてほめる。学級通信に紹介してもいい。そうしてたとえ疲れていてもルールを守って生活していることをほめるのである。

（3）楽しくわかりやすい授業をする

児童は運動会練習で叱られることも多い。だからこそ授業自体はわかりやすく楽しいものでたくさんほめられるようにしたい。教師自身も忙しいのでＴＯＳＳランドを使って教材研究を楽にし、児童に良質な授業を提供できるようにする。

（4）ほめる指導が中心の運動会練習

中学年の運動会の種目の多くは民舞やダンスである。その全体指導をするのならば指導者は教えてほめるようにしていきたい。緊張感は保ちつつ、児童の動きが生き生きとするよう、ほめる指導をする。その際教師の助けになってくれるおすすめのダンスが「ニャティティソーラン」である。教育技術研究所から出版されている、指導用ＤＶＤを見せ、児童に踊らせていけばいい。できている児童をステージで踊らせ、ほめ、個別にテストをしていく。どんどん児童は上達していく。おすすめの教材である。

学級目標としつけの3原則

（1）学級目標を決める

これはクラスの雰囲気がわかってきた4月下旬か5月初旬までに決めておきたい。教師が決めてしまってもいいし、児童に考えさせてもいい。「3月、みんなで笑って、このクラスよかったね、と思って進級できる姿を思い浮かべてください。どんなことが、勉強面、運動面、友達関係面でできていればいいかな、それを考えてきてください」と言い、宿題にする。翌日の朝黒板に書かせ、教師がよいものを選んでもよいし、児童に選ばせてもいい。それを掲示するなどして学級の目標とし、日々の指導に生かしていく。

（2）しつけの3原則

しつけの3原則とは、返事・挨拶・後始末といわれる。指されたら返事をする。先生より先に挨拶ができる。移動の時には椅子をしまう。それらをほめながら指導する。指導方法はＴＯＳＳランドが参考になる。

（平山靖）

○○市立○○小学校　平成○○年度　平山学級　学級通信　５月○日 NO.○○

Butterfly

疲れているとき動ける人が本物だ

◇ニャティティソーランの練習を子どもたちはかなり頑張って取り組んでいます。

体育の授業はもちろん、休み時間にもテストを受けに来ています。

子どもたちに示している観点は次の通りです。

（１）膝がおへそより上に上がっているか。

（２） 振り付けはあっているか。

（３）リズムを感じて踊っているか。

そういったことを評価観点にしています。

すべてできるとプロに認定！

現在プロになっているのは○○さん、 ○○さんの二人。

本当に上手でいつもお手本になってもらっています。

当日もとても 楽しみです。

◇運動会の練習も佳境に入ってきました。

二日に一回は暑い外での練習があります。

昨日は４時間目が体育でした。

もちろん外で練習中です。

私は機材の片づけを終え、教室に戻って、とても驚きました。

１０分で給食の準備をいつも通り終えていたのです。

給食当番の○○君、○○さん、○○さん、○○さん、○○君、○○ 君がすぐに準備してくれていたよ、と○○さんが教えてくれました。

私はすぐにうんとほめました。

◇私は疲れているときこそ動ける人が本物だと思います。

いつも、自分ではなく、全体を優先しましょう、と教えています。

優先順位は全体。

疲れているときは休憩したくなるものです。

だらだらと動きたくなるものです。

そうではなく、運動会練習で疲れているにもかかわらず、クラス全体を優先して働けた。

これは大変すばらしいことだと思うのです。

心が成長している証拠です。 ○○君、○○さん、○○さん、○○さん、○○君、○○君たちはそういう意味で大変すばらしかったです。

とっても嬉しかったです。

そして他にも戻ってきた人たちから、先生を驚かせようと準備をしていたというのです。

そういう行動がとれたことも大変すばらしいですね。

クラスとしても成長しているなと思いました。

手伝った子たちも立たせてうんと褒めました。

疲れているときに動ける人が本物。

こういうことも忙しい時だからこそ子どもたちに教えていきたいことだな、と思っています。

月別プラン・ドゥ・シー〈4〉

6月の学級経営のポイント【1学期】

梅雨の時期の過ごし方

(1)静かに過ごせるものを用意する

梅雨の時期は外で遊ぶことができない。しかし学校内を走り回るようなことは避けたい。教室で雨の日に遊べるものを用意しておくことで解決できる。将棋やオセロ、トランプやウノ。そういったものをたくさん用意しておき、雨の日に貸し出せるようにしておく。また、学校で購入しているようなDVDを見せておくのもいいだろう。そのようにして静かに過ごせるものを用意しておくことがポイントだ。

(2)安全な行動をとる趣意を説明する

「梅雨の時期には、じめじめしていますね。床も濡れていることもあります。だから走って移動してはいけません」。この程度の趣意説明を行っておくことも必要である。

トラブル対応　けんか両成敗指導

トラブルの対応は「けんか両成敗」。指導が後腐れなく終えることができるのでおすすめである。

中学年では些細なことでケンカが起きる。だからこそ長々と対応せず、短く行う。

(1)トラブルの内容を一度だけ聞く

まずトラブルに関係する児童を呼ぶ。そして次のように言う。「1人1回だけ事情を聞きます。友達が話しているときに遮ってはいけません」。このように言い、事情を1回ずつ聞く。

(2)悪かったところを謝らせる

そして謝らせる。「お互いに悪かったと思うところを謝りなさい」。そのように言えば大概の子は謝る。しかし謝らないこともある。その場合「○○が悪いのです。謝りなさい」というように教えることも重要である。「先生がお仕置きします。手を出しなさい。これは○○君が○○した分。これは○○君が○○した分」。そう言ってちょんちょん、と指で手の甲をつつく。その程度でいい。

(3)これ以降言いっこなし

後腐れなく終えるためには次のように言うこともポイントである。「これ以降このことについて言いっこなしです。もし言っていたら先生は厳しくしかりますよ」。そう言ってくぎを刺す。

水泳指導

(1)安全指導

きちんと安全指導をしておく必要がある。安全指導で必ずしておかなければならないのが教師の指示に従わせる、ということである。

例えば、笛が2回鳴るとしゃべるのをやめ教師を見る、などの約束ごとをつくる。そしてできなければプールからあげる、などの指導などをすることが必要である。

(2)たくさん泳がせる

泳力別に分けて、たくさん泳がせることが一番のポイントだ。「蹴伸び、向こうまで」というように短く指示を出してどんどん泳がせる。

(平山靖)

○○市立○○小学校　平成○○年度　平山学級　学級通信　6月○日 NO.○○

Butterfly

疲れているとき動ける人が本物だ

◇梅雨に入り、どうしても雨がたくさん降ります。
　休み時間に外に出ることができないということも増えます。

　子どもたちは雨の日の休み時間の様子の紹介です。

　裏面に写真を載せておきます。

◇トランプで遊んでいる子。
　日本昔話の DVD を見ている子。

　ニャティティソーランを踊っている子。

　過ごし方は自由です。

　もちろん係活動を頑張っている子もいます。

　雨だからたくさんできてうれしい！という子も。

　それぞれ思い思いに過ごしています。

◇雨の多い季節だからこそ、次のように話しています。

　雨の時期は床も濡れていることも多くなります。

　そんな中、廊下を走ったり、休み時間に学校の中で走って遊んだりすると大けがにつながります。

　教室で静かに過ごすことが、お互いが安全に生活するうえでとても大切なのですよ。

◇梅雨の時期にはそういうことを話しています。
　梅雨の時期であまり外に出られない日もあります。

　ですが、こういう時こそ安全について考えさせたり、雨の日の楽しみ方を覚えたりすることができる機会と考えています。

◇子どもたちは会社活動に熱中しています。 新聞も第一号が発行されました。
　写真は裏面に載せてあります。

　ぜひご覧ください。

　力作です。

◇懇談会でお話させていただいたぬり絵もますます充実し、掲示スペースがなくなってきました。
　こんなクラスはかつてありませんでした。

　子どもたちの力にびっく りしています。

　お笑い係はネタ帳をつくっています！

　雨のおかげでネタ合わせも順調のようです。

◇時々トランプで手品をして見せます。
　雨の日ならではです。

　すごく簡単で単純なものから手の込んだものまで何種類か見せます。

　簡単なものは子どもたちに教えてあげています。

　そうすると平山の弟子が誕生します。

　「家でお母さんにやってみる！」

　そうやって意気込んでいる弟子たちもいます。

　ぜひお付き合い下さい。

　今年は弟子が多いです。

　他のクラスにも見せに行っています。

月別プラン・ドゥ・シー〈4〉

7月の学級経営のポイント【1学期】

1学期を振り返らせる

7月初旬になったらぜひ1学期を振り返らせたい。それは向山洋一氏が作った「第二あゆみ」（37ページ参照）が効果的だ。子どもたちに振り返らせて記入させる。家庭に渡すのもよい。学級通信に印刷しておき、子どもたちに振り返らせるのもよいだろう。

書かせたら一度集め、教師が評価し、家庭に渡す。コピーを取っておけば、個人面談の時に話す資料にもなる。また、通知表の所見にも生かすことができる。

みだれを正す

（1）4月に教えたことを振り返る

4月から教えてほめる、という指導を繰り返し、子どもたちにもルールが浸透してくる。しかし7月になり、夏休み直前の高揚感、暑さからくる疲労感などから生活は乱れることがある。だからこそ教師は努めて明るくする必要がある。教師が疲れてほめることができなくなってくると叱ることが増える。だからこそ教師は体調管理に努め、しっかりと教えてほめる指導を繰り返していく。もう一度、4月に教えたことを確認する。そして「できている、みんながうかれているにも関わらず、暑いにもかかわらず、しっかりやっている」という目で見る。そしてそう生活できている児童をほめる。もう一度子どもたちが生活をきちんと送れているか見直す必要がある。

（2）多様なほめ方をする

ほめるといっても方法はさまざまである。例えば、その場でほめる、一筆箋でほめる、賞状でほめる、学級通信でほめる等がある。

一筆箋はとても効果的なほめ方である。できれば、学期に1枚はどの児童にも書いてあげたい。いいことをした時「今日○○さんが、○○をしてくれました。○○を自分からしてくれるなんてとても素敵なお子さんだなと思い、クラスでほめました。ご家庭でもほめてあげてください」と短く書いてあげるのである。

賞状も印刷しておき、発表が上手になったとか様々な点でほめられるようにしておく。

そしてよい行動は学級通信等でも紹介していくことでさらによい行動が強化されていく。

個人面談の資料を集める

夏休みの前後で個人面談が行われる。その話題のためにも集めておきたい情報がある。

①テレビの視聴時間
②ゲームやインターネットの時間
③成績をつけたデータ
④1学期がんばったこと
（第二あゆみでよい）
⑤その子が書いたノートや作品

これらをもとに、ほめるための情報としたり、具体的に改善をお願いしたりするための資料とする。

生活面の資料と学力面の両方のデータを持っておき、保護者と具体的に話せるようにしておくことがポイントだ。

（平山靖）

○○市立○○小学校　平成○○年度　平山学級　学級通信　７月○日 NO.○○

Butterfly

ごみが拾えて一人前

◇なぜ掃除をするのか、それは一言で言って「仲良くなるため」です。４月になぜ掃除をするのか、ということで子どもたちに話したことがあります。

汚れた環境にいれば心が落ち着かなくなります。

勉強にも集中できない。

友だちのことも気が使えない。

つい自分勝手に過ごしてしまう。

そういうことが重なるとトラブルが起きます。

けんかが起きます。

そういう悪循環が生まれてしまうのです。

だから掃除は大事。きれいにしておくのは大事。

とても大切なことですので、学期末のこの時期、もう一度子どもたちに話しました。次のような内容です。

◇さて、汚さなくすることもまた大事です。

消しゴムのカス。

消したらパッと払って床に落とす人もいます。

机のすみにためておいて、授業が終わってから捨てる人もいます。

あとで捨ててくれている人。

本当にありがとう。いいクラスをつくってくれてるな、と思います。

紙を切ったらでる紙屑。

何も気にせず払って床に落とす人もいます。

拾って捨てている人もいます。

もっとすごいのは、他の人のも一緒に拾って捨てる人。

そういう人がいいクラスをつくってくれています。

◇クラスの皆さんに聞きます。あなたはどちらですか？教室をよごしてクラスの仲を悪くしていく循環をつくる人ですか？それともきれいな環境を保とうとしていいクラスをつくろうとしている人ですか？

きれいな環境を保とうとする人が多いクラスはいいクラスです。

◇そしてごみを拾うことにはまだ意味があります。

大学ラグビーの頂点にいるチーム、帝京大学。

岩出監督は強いチームになるためにやったことがあります。

練習をたくさんしたか？もちろんしました。

でもそれでも変わりません。何をしたか。

掃除です。「全員がゴミを拾えるようにする」全員がごみを拾えるチームになった時、人のために行動できる人が増えた時チームは強くなります。チームスポーツは自分のことだけやっていればいいのではありません。時には仲間がミスをします。責めるのは弱いチーム。

強いチームは気付かずサポートをします。そのサポートがいいからみんなが思い切ったプレーができます。

◇クラスも一緒です。気づかないで散らかす人もいます。まだ心が育っていないのです。それを責める人になるか、それともサポートするか。ごみを拾うこと一つとってもとても大事なことが学べるのです。

ごみが拾えるようになるというのは、心が成長した証です。

いいクラスをつくる側にいてくれる人。ありがとう。

月別プラン・ドゥ・シー〈4〉

8月の学級経営のポイント【夏休み】

個人面談を向山型で行う

向山型個人面談とは次のように行う。

①まずお話になりたいことがありましたらお話しください。

②その子のいいところ。

③直すところがあれば1つだけ。

概ねこのようにして行う。こうすることで、どの人も時間内に終えることができる。大事な話がある人ほど、最後の最後で言ってくる傾向がある。だからこそ、最初にお話になりたいことは、と聞くことで、その話を中心にすることができる。

直したほうがいいところを話すときには、きちんとほめたうえで話をするように心がけたい。

また面談表をつくり、「時間になったらお入りください」とすると時間が伸びずに個人面談を行うことができる。

2学期のクラスの組織を見直す

1学期の様子を見て、クラスの組織を見直しておくことも大切である。

具体的には、なくしてもよい当番などがあればそれを新しいものに交換するなどである。会社活動も2学期に新しく発想して活動できるように教師がイメージを持っておくことも必要である。

暑中見舞い等を出す

できる限り夏の手紙を児童には出しておきたい。暑中見舞いとして教師が出しておくことで児童に学校を意識させる。

または、読書はがき、という課題もあるだろう。本を読み終えるたびに本の内容を教師に手紙で報告する、というものである。こういった学習の継続のためにお便りを使うこともあり得る。

シルバーの3日間の準備をする

黄金の3日間と同じとは言わないまでもとても重要な3日間である。だからこそ入念に準備しておく。

向山洋一氏は次のように述べている。

> 第一は、4月の黄金の3日間をトレースします。（中略）第2は、2学期ならではのスタートです。例えば、夏休みの提出物の整理。例えば、夏休みの作品整理。例えば、窓を開けて空気の入れ換え。例えば、児童の机とイスの水拭き。例えば、黒板をきれいに消してメッセージを書く。例えば、窓や床をピカピカにする。例えば、観葉植物に水をたっぷりそそいでセットする。などなど。そして、すぐ授業に突入します。授業ではノート指導を大切にして下さい。夏休み明けの「だるい」空気を一掃できるのは授業だけなのです。（２００９年ＴＯＳＳランドのオリジナル教材サイトより）

教師としての腕を磨く

夏休みこそ教師の腕を磨くチャンスである。読書をたっぷりする。セミナーに参加する。セミナー懇親会に参加するなどである。※ＴＯＳＳセミナー情報はＴＯＳＳランドからアクセス！

（平山靖）

第二　あゆみ

出席番号（　　）　名前（　　　　　　　　　　　　　）

	Aいいぞ　Bもう少しだな　Cがんばれよ	1学期		2学期		3学期	
	評価の観点	自分	先生	自分	先生	自分	先生
1	授業中手をあげましたか（A毎日、B時々）						
2	わからないとき、友だちや先生に聞きに行きましたか						
3	勉強していることを、本で調べたり図書館に行ったりしたことがありますか						
4	先生の質問に、あれこればかげたくらいのことまで考えましたか						
5	水泳や鉄棒や漢字など、苦手なことを歯をくいしばってがんばってみましたか						
6	今まできらいな勉強で、好きになったものがありますか						
7	「このことはまかせておけ」というとくいなものがありますか						
8	いろいろな本を読みましたか						
9	ノートは、ていねいに書いていますか						
10	漢字の練習を毎日やっていますか						
11	休み時間は外で遊びましたか						
12	仲のいい友だちがいますか						
13	「ありがとう」と言われたことがありますか						
14	「係」のしごとを工夫しましたか						
15	遊びやスポーツなどでちょうせんしたものがありますか						
16	かたづけや仕事などを、おわりまでやりましたか						
17	できないひとや、わからないひとに教えたり、はげましたりしましたか						
18	「おはようございます」「さようなら」のあいさつができましたか						
19	家で学校のことを話しましたか						
20	前の自分とくらべて努力するようになりましたか						

月別プラン・ドゥ・シー〈4〉

9月の学級経営のポイント【2学期】

シルバーの3日間のポイント

準備のためのチェックリストを作っておくことも大切だ。チェックリスト例を載せておく。

□夏休みの提出物の整理方法確認。
□窓を開けて空気の入れ換え。
□児童の机とイスの水拭き。
□黒板をきれいに消してメッセージ。
□窓や床をピカピカにする。
□観葉植物に水をたっぷりそそぐ。
□学級通信を印刷（内容　道具袋、筆箱の中身確認、宿題）。
□夏休みの作品整理のためにTOSSメモや付箋・作品カードの用意。
□作品カード用の赤ペン準備。
□教科書を教室に運ぶ。
□テスト・スキルを教室に運ぶ。
□宿題提出の名簿準備。
□教科書のコピーの用意（忘れる子が多いことが予想される）。
□漢字テスト用意。
□水道から水を出す。

（1）初日に黄金の3日間のトレース

もう一度4月に話したことを話す。

Ⅰ先生が厳しくしかるとき
Ⅱ学校に来る意味
Ⅲどのようなクラスにしたいか

そういったことをもう一度話し、思い出させ、ネジを締めなおすのである。

（2）向山型作品発表会・赤入れで時短を

次のように行う。

①作品カードを書かせる。
②発表させる（その時に教師に作品カードを渡しておく）。
③発表を聞きながら付箋等に太い赤ペンでコメントを書いて渡す。

この作品発表会を行うだけで放課後に赤入れをする必要がなくなる。

子どもに頑張ったことを発表させたのであれば、「〜ということを頑張って完成させることができましたね」などのコメントが書ける。ただしこれは2日目以降に行う。初日から夏休みの作品を全員出すことはまれだからである。ゆとりをもって2日目以降に行いたい。

（3）初日から漢字テスト

初日から緊張感を持たせ、授業モードに入りたい。そこで初日のどこかで1学期の漢字テストの時間をつくる。1学期の漢字50問テストなどを行うのもよい。しおりにも漢字テストを初日からやるので勉強しておくこと、と書いておくことが必要だ。

（4）覚えていることをほめて動かす

シルバーの3日間の基本姿勢は、一学期のことをほめて思い出させていくことである。

覚えていて行動するだけでほめられる、というサイクルをつくり、もう一度リズムを取り戻させる。授業のルールや生活のルールもそうやって思い出させていく。

（5）楽しい授業

2学期の最初だからこそもう一度楽しい授業を用意する。やっぱり先生の授業は面白い！学校で勉強するのって楽しい！と思わせたい。TOSSランドを使って準備をすることがおすすめだ。その際ノート指導も同時に行う。

（平山靖）

○○市立○○小学校　平成○○年度　平山学級　学級通信　９月○日 NO.○○

Butterfly

やる気の2学期スタート

◇２学期初日からいきなりテスト。

初日から勉強の緊張感をもつことに意味があります。二日目のためのエンジンをかけるのです。

テストは漢字と計算でした。漢字は１学期末の５０問テスト。計算は１学期のまとめの計算。

結果は次の通りです。

	漢字	計算
９０点以上	１６名	１２名
８０～９０点	３名	５名
８０点未満	４名	６名

◇合格ラインは漢字ならば９０点以上です。夏休みある程度やっていたのだな、と言うのがわかります。

ぎりぎり合格、と言うのは８０点以上のラインでしょう。８０点未満だと勉強をしてきていないことが見られます。要注意。

計算は練習をしてきたかどうかもわかりますが、１学期よりもできるようになっていた、という人もいます。よって一概に合格ラインは引けません。

中でも○○君の１００点が光っていました。勉強の跡が見て取れました。

◇２学期初日に再度確認したことがあります。

学校は勉強するところ、友達と仲良くするところ、ということです。

４月に話した内容です。

２つのことをもっともっとがんばっていきましょう、ということを話しました。

◇集会の時、大変いい姿勢で聞いていたのは○○君、○○君、○○さんでした。

背中がピンとして、やる気、低学年のリーダ０である３年生としての雰囲気が伝わりました。

◇昨日は、雨が入り込んで濡れていた床を拭いてくれていた人たちもいました。感激したのでお家の人に手紙も書きました。

最初の算数の授業でも全員が授業の前からノートも教科書も準備バッチリ。こんな２学期スタートは初めてです。全員のやる気も満ちています。

そして出張掃除では、○○君がとてもよくがんばっていたよ、と教頭先生から教えていただきました。他の先生から言っていただけるのはありがたいですね。

◇久しぶりの授業がとても楽しいです。国語、体育、算数、道徳全て授業中に笑いがあり、楽しく授業ができます。

とても良い状態で２学期スタートを切りました。

行事もたくさんある２学期。最高の思い出をつくっていきます。

月別プラン・ドゥ・シー〈4〉

10月の学級経営のポイント【2学期】

校外学習成功のポイント

（1）教師が仕切って楽しいバスレク

バスでの移動がある場合、バスレクを行う。その際のポイントは教師が仕切る、という点にある。

TOSSランドでバスレクと検索するだけでもたくさんの情報がヒットするカラオケもおすすめだ。前もって教室で1人1曲歌える歌を決めさせておく。歌わせている間、ハンカチなどを回させ、歌い終わったときに持っていた子が次に歌うなどの工夫もできる。教師が仕切ってテンポよく行う。

（2）公共交通機関ではマナーの指導

公共交通機関を使用しなければならないときもある。そういう時こそマナーの指導をする機会ととらえる。

児童には公共の場でとるべき行動を教えなければならない。校外学習のしおりにも明記しておく。

①移動は間をあけないで歩く
②車内では周りに迷惑をかけない・動き回らない等
③できる限り立つ（空いていたら座る）

道徳などと連動して行うことも効果的である。当日に約束が守れていた児童はもちろんほめる。そうでなければ短く注意する。

これらのことを教えておき、当日の朝出発する前にも話すと効果的だ。

教師自身が元気で明るさを保つ

行事等で児童が浮足立っていることもある。また、教師も疲れが出てきてクラスが荒れやすくなる時期である。教師が疲れてきて、4月や9月のように授業の準備をしたり、明るくほめて生活したりすることができなくなってくる。それがクラスを荒れさせてしまう原因の1つになっていることもある。教師自身が元気でいられるようにすることが大事だ。

言葉の指導をする

言葉に目を向けさせる指導もする。「言われてうれしい言葉をふわふわ言葉といいます。例えば？」と聞き、児童にたくさん出させ、板書する。逆に「言われていやな言葉をちくちく言葉といいます。例えば？」と、これも出させて板書する。「ふわふわ言葉を声に出して言ってみよう」。そう言って感想を聞く。「ちくちく言葉を声に出していってみよう」。そう言って感想を言わせる。「ちくちく言葉」のときには、気持ちよくない、という感想が聞かれるだろう。「ちくちく言葉は言うのも聞くのも嫌なものなのです」。

最後は字を見つめさせ、感想を聞く。そうすると見ているだけでも嫌だった、という感想が聞かれるだろう。「見るのも嫌なものです。どちらの言葉が多いほうがいいクラスかな？　手をあげなさい」。そうすると全員がふわふわ言葉に手をあげるだろう。

このようにして言葉に目を向けさせ、1日を通して、ちくちく言葉を使わなかったか、ふわふわ言葉を使えたかを帰りに聞くなどもよい。児童自身に振り返らせていくことも必要だ。言葉だけでは変わらない。大事な授業と心得て、準備をして臨みたい。

（平山靖）

○○市立○○小学校　平成○○年度　平山学級　学級通信　１０月○日 NO.○○

Butterfly

言葉を大切にしましょう

◇今回は「言葉」について取り上げました。

一学期に話しておいたことです。

聞いていて、嫌な言葉ってあるでしょう。といい、発表させました。そしてそれを板書し、ちくちく言葉としました。

逆に、聞いていて嬉しくなる言葉ってあるでしょう、といい、発表させました。それも板書し、ふわふわ言葉と定義しました。

次に、ちくちく言葉を音読させました。

○○さんを指名し、どう思うか聞きました。「嫌な気持ちになった」といいます。みんなも同じです。全員嫌な気持ちになったと手を上げました。

次はふわふわ言葉を同じように音読させました。

○○くんに聞くと、いい気持ちになったと答えました。みんなも同じでした。

つまり、先ほどの内容から、次のことが言えます。

ちくちく言葉を聞くだけで嫌な気持ちになる。

よって、クラスから、マイナス言葉をなくしていくことで、みんなが気持ちよく生活できる。

次に、ちくちく言葉を２０秒間ずっと見せていました。そして逆にふわふわ言葉もずっと見せました。

見ていても気持ちは全然違います。

ここでも次のことが言えます。

ちくちく言葉は、見るだけで嫌な気持ちになる。

ちくちく言葉を書かないようにすると自分が気持ちよく生活できる。

時に言いたくなることもあるでしょう。書きたくなることもあるでしょう。しかしここでぐっと堪えて言わない、書かない、を繰り返していくことで考えが明るくなってきます。道が開けてきます。ちくちく言葉が少ないクラスはいいクラス。

ここまでが一学期のことです。簡単にまた子どもたちに話しました。

◇ちくちく言葉を使わないようにしようと頑張る人達も多くいます。それも大変素晴らしいです。

それにもまして、ふわふわ言葉を使うことも大事です。明るくなりますから。○○さんは、算数の授業が早く終わるのを感じ、「こんなに算数が楽しいの初めて！」と言っていました。ふわふわ言葉だなぁ～嬉しいなぁ～と思ってもう一回言ってもらいました（笑）クラスは笑いと笑顔に包まれました。こういう楽しく、幸せな空間にしてくれるふわふわ言葉。たくさん使えるようにしたいですね。

そしてさらにふわふわ言葉を増やすために「ありがとうゲーム」をはじめました。

一日の中で何回ありがとうと言われたかを数えるゲームです。

ありがとう、というのはそこまで難しいことではありません。

親切にしてもらったのですから。

しかし、ありがとうと言われるのは難しいです。

自分から親切にしなくてはいけない。そしてそれに気づいてもらっていないと難しい。もっと増やすには変化に気付いてそのことに感謝しなくてはいけない。そういう段階を丁寧に子どもたちに指導していきたいなと思っています。

月別プラン・ドゥ・シー〈4〉

11月の学級経営のポイント【２学期】

学芸会・音楽会指導のポイント

（1）趣意説明をする

毎日毎日練習するのではなく、きちんと授業は授業として行い、学芸会の準備を進めることが大前提である。その上で次のことがポイントになる。そして中学年であれば次のように話す。

「学校には発表の場があります。それは表現する力を高めるためです。緊張しながらでも言える心の強さ。たくさんの練習。そうやってどんな場面でも自分の力を発揮できる。そういう自分を表現する力をつけるのです」

（2）配役のオーディション

オーディションで役割を決める。台本などを児童に渡し、やりたいものを探させ、セリフを覚えさせておく。そしていよいよオーディションである。

最初の段階は声の大きさ。体育館の一番後ろにいてはっきり聞き取れることを最低条件にして臨ませる。それ以外の観点も明確にしてオーディションを行う。

（3）役の指導

指導の時に大事にしたいのが個別評定である。動きについても教師がどのような動きがいいのか、セリフの言い方等、考えておくことが必要だ。それをもとにそれぞれ十点満点で点数をつける。これは向山洋一氏のどのように指導したかの大変参考になる動画が残っている。（※詳細はＴＯＳＳ動画ランド参照）。

いじめ対策

（1）いじめ対策　問診

学校ごとにいじめのアンケートなどをとることがある。そのアンケートを書かせる時に、終わった児童にすぐに出させてはいけない。そうすると長く書いている児童に注目が集まる。裏面に次の文を写しなさい、等の作業が入っているような配慮も必要だ。

（2）いじめ対策　触診

触診とは児童の詳細な観察である。例えば、いじめの予兆を見て取ることである。机を離す、その子のものを受け取らない、ペアになってもらえない、変なあだ名がある、等である。こういう項目をつくり、児童を見ておきたい。

（3）いじめ対策　検査

検査は1人でいる子を把握しておくことである。生活目標などで「外で元気に遊ぼう」というものがあるとする。それを利用する。「今月の生活目標のチェックをしますよ。休み時間どこで何をしていたか教えてください」。全員を立たせて聞いていく。一緒に同じ遊びをしていた児童がいれば座らせていく。そうすると1人で遊んでいた児童がわかる。

これを3日間ほど続ける。そうすると1人ぼっちの子が見える。そういった子を把握しておくことはいじめの予兆を感じるうえで重要だ。

（4）もしいじめが見つかったら

いじめが見つかったらすぐに管理職や学年主任に相談し、チームとして対応できるようにする。1人で抱え込まないことが重要だ。

（平山靖）

○○市立○○小学校　平成○○年度　平山学級　学級通信　１１月○日 NO.○○

Butterfly

合奏・合唱仕上がってきました！

◇学校には様々な発表の場面があります。
　そのたびに私は子どもたちに次のように話しています。

　学校には発表の場があります。なぜそのような場があるかというと、表現する力を高めるためです。緊張しながらでも言える心の強さ。たくさんの練習。そうやってどんな場面でも自分の力を発揮できる。そういう自分を表現する力をつけるのです。

　合奏、合唱ともに朝の練習に熱が入ってきて仕上がってきています。当日さらに素晴らしいものが出せるように、たくさん練習し、自信満々で取り組めるようにしていきます。

◇オーディションも終わって、１組の配役は次のようになりました。
　○○君・・・○○
　○○さん・・○○
　○○君・・・魔王
　○○君・・・○○
　○○さん・・○○
　○○君・・・○○
　○○さん・・○○
　○○君・・・魔王
　○○君・・・○○
　○○さん・・○○

　なお、オーディションに参加できた人たちは次の通りです。○○君、○○さん、○○君、○○君、○○さんです。

　オーディションに出ること自体が大変すばらしいことです。

　やる気があります。

　やる気がある人は伸びます。

　そうやってどんどん手を挙げていくことで心が鍛えられます。

　私はとてもうれしかったです。

　必ずどこかでチャンスはつかめます。その場で全力を尽くして力をつけていってほしいと思っています。

◇立候補すること自体やる気があり、それだけで成長する心になっている。
　これは以前も言いました。

　その中でも輝いているのは○○さんです。

　どんなものにも立候補をします。その度に残念ながらなれないことが続いていますが、めげずに何度でも立候補しています。

　ひときわ輝いています。役にも、プログラムの絵にも立候補する姿…私は見ていて胸が熱くなりました。

　いつか必ずやれるよ。大丈夫。私は○○さんの姿を見つめていました。
　○○さんはとても心が成長したのを感じます。
　積極的になり、目の輝きがかわりました。

　これからもこういう姿がたくさん見られるのを期待しています。

月別プラン・ドゥ・シー〈4〉

12月の学級経営のポイント【2学期】

イベントを盛大に

楽しいことをしたい。その中で子どもに責任感や、創造性を発揮させたい。それができるのがイベントだ。

　クリスマスイベントでもいいだろう。何かを達成したイベントもいい。

　時間があれば、班ごとに企画書を書かせて、それを討議して決めるのもいい。企画書には、目的（なぜやるのか）、目標（どういう行動が見られればいいか）、プログラム（やりたいこと）を書かせる。それを討議する。時間がかかるが、子どもたちには力がつくだろう。

　もし時間がなければ、やりたいことを考えさせ、黒板に書かせ、やるものを決める。そして担当者に司会などを任せ、準備をさせていく。

　飾りつけも班ごとに分担させて準備を進める。1か月くらい準備時間をとり少しずつ進めて盛大に行いたい。

　イベントでは児童に「お客さんになってはいけない」ということも指導したい。楽しいから盛り上がるのではなく、盛り上げるから楽しくなるということを教える。そして当日は教師も盛り上げて全員で楽しむようにする。

縄跳びを文化に

　寒い時期にぴったりなのが縄跳びである。体育の時間には毎回十五分程度は取り組ませたい。TOSS縄跳び級表は優れた教材である。この縄跳び級表を使ってクラスに縄跳びブームを起こし、楽しく学習させたい。

　それには3つの仕掛けが必要だ。

（1）級表を用意する

　TOSSランドに出ている級表（TOSSランド No: 9288894：松島博昭氏作成）を使用する。児童がそれを持っておく必要がある。※使用方法についてはTOSSランドなどを参照。

（2）縄跳びシールを用意する

　級表を突破したら教師のところに来てシールを貼ってあげるようにする。その色のビニールテープでよい。それをとび縄に貼ってあげるようにする。

（3）何級かわかるようにしておく

　名簿を教室に貼っておき、何級まで行ったか塗っておくのもいい。それを毎回の体育にも持っていき、更新させる。

　こうすると児童は熱中して休み時間にも取り組む。その取り組みを学級通信でも紹介するとさらなるブームが起き、冬休みにも取り組むようになる。

冬休みの声かけ

　冬休みのしおりに書いてあることをきちんと教室で確認する。中でもお金に関することや、生活習慣に関すること、家庭での手伝いなどは指導しておきたい。

　また、年賀状も特別な事情がない限り、出してあげたい。学校の意識を切らさないためだ。年賀状という形式でなくとも、封筒に新年最初の学級通信を印刷して同封するというのもよいだろう。

　元旦にふさわしい文面であるものが望ましい。著名人の言葉や格言などもいいだろう。

（平山靖）

〇〇市立〇〇小学校　平成〇〇年度　平山学級　学級通信　１２月〇日NO.〇〇

Butterfly

縄跳びに熱中です！

◇縄跳びブームが起きています！

体育の時間だけでなく、休み時間にも熱中して取り組んでいます。

右にあるような表を使用しています。

２人で１組になり、跳ぶ回数を数えています。

その跳び方が、決められた回数できたら色を塗ることができます。横一列全て色が塗られていたらその級をクリアしたことになります。

クリアしたら私のところに報告に来ます。

私はいっぱいほめてシールをあげています。

とび縄に巻き付けてあげています。それが武道の帯のような感じになるのです。

縄跳びを見ただけでどれだけの実力なのかが一目でわかります。かっこよさの象徴になっています。

また、どこまで進んだか、体育のたびに確認し、名簿を更新しています。その名簿は教室に掲示してあります。

寒い冬の時期だからこそ運動してくれているのはうれしい限りです！

風邪をひかず、楽しく運動して１２月を過ごせるといいですね！

ちなみにもう早くも緑帯に入っている人たちがいます！

〇〇さん、〇〇さん、〇〇君です。

クラスの３トップです。

なわとびシールの色		まえりょう足	まえかけ足	まえりょう足あや	まえかけ足あや	まえこうさりょう足	まえこうさかけ足	うしろりょう足	うしろかけ足	うしろりょう足あや	うしろかけ足あや	うしろこうさりょう足	うしろこうさかけ足	二重とび
白1	20級	10	10					2	2					
白2	19級	20	20	1				5	5	1				
白3	18級	30	30	2	1			10	10	2	1			
白4	17級	40	40	5	2			20	20	5	2			
白5	16級	50	50	10	5	1		30	30	10	5			
黄1	15級	60	60	20	10	2	1	40	40	20	10			
黄2	14級	70	70	30	20	3	2	50	50	30	20	1		
黄3	13級	80	80	40	30	4	3	60	60	40	30	2	1	
黄4	12級	90	90	50	40	6	4	70	70	50	40	3	2	
黄5	11級	100	100	60	50	8	6	80	80	60	50	5	3	
青1	10級	110	110	70	60	10	8	90	90	70	60	10	5	1
青2	9 級	120	120	80	70	15	10	100	100	80	70	15	10	2
青3	8 級	130	130	90	80	20	15	110	110	90	80	20	15	3
青4	7 級	140	140	100	90	25	20	120	120	100	90	25	20	4
青5	6 級	150	150	110	100	30	25	130	130	110	100	30	25	5
緑1	5 級	160	160	120	110	35	30	140	140	120	110	35	30	6
緑2	4 級	170	170	130	120	40	35	150	150	130	120	40	35	8
緑3	3 級	180	180	140	130	45	40	160	160	140	130	45	40	10
緑4	2 級	190	190	150	140	50	45	170	170	150	140	50	45	12
緑5	1 級	200	200		150		50	180	180		150		50	15

できたらマスに色をぬりましょう

月別プラン・ドゥ・シー〈4〉

1月の学級経営のポイント【3学期】

ブロンズの3日間で進級を意識

(1) 学習モードに戻す

なるべく早く授業をする。シルバーの3日間同様、初日からテストを行うのもよい。そうできるようにしおりに宿題として明記しておく。2日目にはもう普通に授業を再開するようにする。

(2) 次の学年のイメージをもたせる

新年になり、もうあと3か月で進級する。それを児童に意識をさせ、その学年までに必要な生活習慣や学習内容をはっきりと示すようにする。4年生になったとき、部活動が始まるのであれば、朝しっかり自分で起き、学校に来ること。そして部活を言い訳にして宿題などがおろそかにならないよう、個々からの生活は当たり前のことをしっかりやろう、ということなども話しておきたい。話すだけではなく、そういったチェックを1週間は続けるなど、児童と一緒に進級を意識させる。ほめるのも当たり前のことをしっかりやっていることを改めてほめる。「進級の準備ができているね！」と力強くほめてあげればいい。そうしていくうちに生活のリズムも戻ってくる。

長縄でクラスを1つに

冬の時期に学校で長縄大会などが介されることが多い。それをクラスづくりの機会としたい。

(1) 目標を決める　1分間に90回

次のように児童に話し、具体的な目標を決める。「もうあと3か月でお別れです。最後にみんなでクラスの力をさらに高めましょう。それが長縄です。3年生なら1分間で90回を目指します。全員が協力してしっかりできれば達成できる数字です。がんばって達成していきましょう」

(2) ぜったいに責めない

クラスがもっと仲良くなるためにやるのだから、友達が引っかかっても責めない、ということを大事にする。技能面は個別評定で教師が指導していけばよい（※詳しい指導やポイントについてはぜひＴＯＳＳランド参照）。

(3) 1分で何回なのか掲示する

クラスの最高が更新されるたびに教室に掲示する。そうして明確にし、やる気を喚起する。連続とびがまだできない児童もいる。そういう子たちと積極的に休み時間に楽しく練習するようにする。そうするとほかの子たちも練習に付き合ってくれるようになる。全員で達成を目指す雰囲気を教師が作り、現状を学級通信でも発信していく。

(4) 大会で良い結果が出なくてもよい

大会で結果が出ないこともあるだろう。優勝できないとか、いつもより落ちてしまった、などである。その時はそれが最終目的ではないことを告げてあげたい。3年生が終わるまでの間に達成できるようにしよう、と声をかけ、また挑戦する。大会が目標ではなく、あくまでもクラスとして目標回数をとべた、ということを大切にしたい。

（平山靖）

〇〇市立〇〇小学校　平成〇〇年度　平山学級　学級通信　１月〇日 NO.〇〇

Butterfly

いよいよ三学期！最後の仕上げ！

◇三学期がスタートしました！
　本年もよろしくお願いいたします。
　子どもたちには次のように話しています。

三学期は、学校では次の学年に進むためのまとめの時期と考えられています。 当たり前のことをしっかりとやる時期です。 名札をつける、友達にやさしくする、宿題をきちんとやる等です。 そういう当たり前のことをしっかりやれるようにすること。 それをしっかりとやり進級しましょう。

　新学期初日からきちんと全員が名札をつけて集会に参加しました。
　それだけでも大変すばらしかったです。
　冬休みの宿題もきちんとできたことをほめました。
　ご協力ありがとうございました。
　子どもたちがよい習慣をみにつけた状態で進級できるように三学期指導していきます。

◇仕上げといっても勉強や、習慣だけではありません。
　クラスの団結も総仕上げの時期に来ました。

　全校長縄大会にむけて練習がスタートしました！
　子どもたちには次のように話しました。

長縄大会で優勝することが目的ではないのです。 長縄を通して、クラスが団結して、もっともっといいクラスになることが目的です。 みんなが一つの目標をもって努力すること。 それを全員が真剣にやること。 良い言葉でお互いに励ましあうこと。 苦手な子がいたら一緒にやさしく練習すること。 それが達成できたときにクラスの仲はぐっと深まります。 では、クラスの目標を発表します。 １分間に９０回です。３分で２７０回の目標です。 これは全員が真剣にやりぬけば達成できる数字です。 長縄大会で優勝できなくてもいいのです。 私たちの目標は優勝ではないのですから。 最後の最後まで成長していく平山学級であるようにしましょう。

　毎回の体育でも練習しています。そしてそれがない時には個別練習を行っています。
　現在は１分間で５０回！！
　記録が更新できたら紙に回数を貼っています。
　なかなか壁は高く、厚いです。
　しかし励ましあいながら子どもたちは頑張っています。
　絶対に責めない！
　これを原則にして、常に「ドンマイ！」と声を出しています。
　できない人はもちろん休み時間などに個別に練習中です！
　クラスの目標が達成できるようにぜひ応援ください！

月別プラン・ドゥ・シー〈4〉

２月の学級経営のポイント【3学期】

基礎学力の徹底

３年生も残り2か月となった。４年生に向けて必ず身につけさせておきたいことができているか、きちんとチェックしなければならない。例えば次のような内容である。

（1）国語

□学習した漢字の9割の読み書きができる

□教科書の文をすらすら音読できる

□辞書の言葉を30秒以内に引ける

□平仮名カタカナの正確な文が書ける

（2）算数

□あまりのない割り算ができる

□あまりのある割り算ができる

□かけ算の筆算ができる

これらは4年生になって躓かないために必須の内容である。それらを調査するために進級学習チェックの様なプリントをつくる。２月の初旬に全員ができているのかきちんと調べ、できていなければもう一度復習するなど、個別に対応していくことが必要である。

最後の保護者会で話すべき3点

（1）児童の成長

できる限り1人1人の成長について全体の場で話してあげたい。事前に児童には次のようなことを聞いておく。

①1年間の勉強で楽しかったこと

②この1年で上手になったことやできるようになったこと

③4年生で頑張りたいこと

ここまでわかっていて、具体的なエピソードを用意しておけるようにしたい。その際ノートや、作文、写真など具体的な物があるとなおのことよい。学級通信でそれらを紹介してもいい。

（2）4年生の学習と生活

4年生になるとどのようなことを学習するのかというのも必要な情報だ。したがって3年生では必ずここまでできなければならない、というのも伝え、春休みの家庭の復習に役立ててもらうようにする。クラブ活動などが始まることについても触れておくなど、学校に応じた生活の変化についても話しておきたい。

こういったことを資料として配布するのに騒人社の『そのまま保護者会資料』が参考になる。そのまま印刷して使うことができる。

（3）思春期について

4年生からでも思春期に入る児童はいる。保護者も気にしている。思春期の特徴についても話しておきたい。思春期は心理的に不安定になる次の3つが起こりやすいことを話す。

①親しい友人を欲する

親友がほしくなり、そのために排斥なども起きやすくなりトラブルになることもある。

②心のよりどころを求める

③これまでの価値観を疑う

疑うからこそ、悪い価値観もかっこよく見えてしまい、そちらに流れる傾向もある。家庭と学校が同じことをしっかり指導していくことが大切である。

（平山靖）

〇〇市立〇〇小学校　平成〇〇年度　平山学級　学級通信　２月〇日 NO.〇〇

Butterfly

できておいてほしいこと～学習編～

◇進級に向けて子どもたちにできておいてほしいことを示しました。
チェックリストになっています。

ご家庭で聞いてみてください。

(1)国語
□学習した漢字の９割の読み書きができる
□教科書の文をすらすら音読できる
□辞書の言葉を３０秒以内に引ける
□平仮名カタカナの正確な文が書ける

(2)算数
□あまりのない割り算ができる
□あまりのある割り算ができる
□かけ算の筆算ができる

◇三学期まとめテストのために、現在各教科復習期間に入ってきました！
漢字まとめテストも準備中です。９０点以上を目標にしましょう、と子どもたちに話をしました。

◇４年生の算数では割り算の筆算があります。
あまりのない割り算ができる
あまりのある割り算ができる
かけ算の筆算ができる
これらが素早くできれば、対応できます。
今が復習のチャンスととらえ、全力で取り組んでほしいと思っています。
ぜひ宿題のプリントや教科書の問題の解きなおし等、ご家庭でもご協力いただきたいなと思っております。
大変かと思いますが、どうぞよろしくお願いいたします。
勉強がぐっと難しくなる４年生に向けてあと２か月間をしっかり復習したいものです。

◇最後の成績をつけています。
テストの点数も大事な観点です。

テストの点数がいい人の共通点を書いておきます。

①字が丁寧である。
②話を聞くときに、先生の方を向いて聞いている。
③宿題をきちんと出している。

これは点数とあまり関係がなさそうですが、実は大きな関係があります。

点数が高い人ほど、これらの共通点が当てはまるのです。

科学的にそうだとは言い切れないかもしれませんが、教師の実感としてはそうなのです。さて、その他にもノートや普段の発表も大事に見ています。成績はその人の一部分しか評価できないもの。そう考えています。

月別プラン・ドゥ・シー〈4〉

３月の学級経営のポイント【3学期】

進級に向けた自己評価

7月に行った第二あゆみがあればそれを継続するのがいい。同じ項目に対して自分がよくなったのかどうかがわかる。それをもとに進級の希望を持たせられるように残りの1か月を過ごさせたい。

6年生を送る会の準備

6年生を送る会の準備もある。その時、6年生に喜んでもらう、という目標を持たせて指導したい。

あまり時間をかけることなく、取り組むことができる内容をいくつか紹介する。

（1）6年生が3年生でやった運動会のダンス

これを知っている先生に聞き、当時の映像などがあればお借りする。そしてそれを代表者に指導する。そうして代表者が踊り、それ以外の児童は感謝の言葉や、歌などをするというものである。全体としてそんなには時間がかからず、6年生も3年生のころを思い出すことができるおすすめの内容だ。

（2）ゲーム形式にする

6年生と3年生で○○対決をする、というようなものである。これも代表者を決めておいていただき、3年生と何かの種目で対決させる。その勝敗を全校で予想して全体を巻き込むことができる。

なるべく6年生と3年生の力の差が出ないものがいいが、最終的には6年生が勝てるようなものがいい。

そして3年生から感謝の呼びかけと歌などを送る、というものである。

別れの前に

（1）授業をしっかりと行う

2学期の終わりにしたような形で楽しく学級解散イベントを企画・開催したい。しかし忘れてはならないのは授業が第一だということである。

児童に進級させられるだけの力がついていないのにイベントだけにかまけていてはならない。

1年間の復習ができるよう、算数の教科書の問題はすべてできるようにすることや、音読がすらすらできるかのチェックや、漢字の総まとめテストなどをきちんと行い、突破させることが必要である。

そのうえで楽しいお別れイベントがあるからこそ子どもたちも充実するのである。

（2）伝えておきたい事

うまくいっている状態ならばきっと児童は解散を悲しむだろう。そういう時には、次のようなことを話してあげたい。「4月、きっと先生が担任で不安に思った人もいたでしょう。このクラスで大丈夫かなと思った人もいたでしょう。でも今とっても楽しい1年間を終えようとしています。今が一番だ。そう思って新しい生活をしてほしいと思います。この3年生の思い出がかすんでくるほどの楽しい4年生を過ごしてください」

保護者への感謝も学級通信を通して伝えられるとよい。

（平山靖）

〇〇市立〇〇小学校　平成〇〇年度　平山学級　学級通信　3月〇日 NO.〇〇

Butterfly

１年間ありがとうございました！

◇子どもたちもとても成長したなと思います。

先日の平山学級解散パーティーを見ていてそう思いました。

自分たちで企画をし、ゲームあり、歌あり、スピーチありでとても楽しい時間を過ごしました。

その時の写真や集合写真は裏面に写真で記載してあります。

６年生を送る会もそうです。

立派に司会をした〇〇君。

子どもたちの歌声。

どれも進級して素晴らしい４年生になるなぁとしみじみ見ていました。

◇これで楽しかった３年生、平山学級は解散です。

平山学級解散パーティーで子どもたちには次のように話しました。

> ４月、期待にあふれて３年生になりました。
> 担任発表の時、きっと平山先生で不安に思った人もいたでしょう。
> このクラスで大丈夫かなと思った人もいたでしょう。
> でも今とっても楽しい１年間を終えようとしています。
> 今が一番だ。
> そう思って新しい生活をしてほしいと思います。

> この３年生の思い出がかすんでくるほどの楽しい４年生を過ごしてください。

◇１年間お世話になりました。

この指導は本当にいいのだろうか、そんな思いを持ちつつ、毎日を過ごしていました。

保護者の皆様も同じ思いがあったことと思います。

不備な点、生き届かない点も多々あったことでしょう。

私自身力及ばず、子どもたちの力を伸ばしきれなかった点が多々あります。もっとこうしたかった・・・という思いもあります。

保護者の皆様からすれば、もっとこうしてほしかった！という思いも多々あることでしょう。

しかし、その時その時では、全力を尽くしたつもりです。

力及ばず申し訳ありませんでした。

本当にたくさんのご支援をいただきました。

数々の私のミスを、皆様が救ってくださいました。

私は、このクラスの担任をさせていただいたことに、心から感謝しています。

子どもたちも成長しましたが、子どもたちが素晴らしい教師となって、私のいたらなさを教えてくれました。

私もまだまだ発展途上です。

４年生になっても、活躍してくれることを信じています。

お子様の健やかな成長を、これからも陰ながら応援していきます。

大切なお子様を、本日お返し致します。

本当にありがとうございました。

担任　平山靖

〈1〉学校のホームページづくり　システムを創って共有し、学校に貢献する

人に聞く。その後に調べる

パソコンは使うが、ホームページ作りはやったことがない、という人は意外と多いかもしれない。ホームページを作るのに特別な技術が必要な場合もあり、ホームページを作った経験の無い人にはハードルが高い印象がある。

担当になったらまずは、

前年度の担当者に聞く

校内に前年度までの担当者がいた場合は聞いて作業した方が早い。

もし、異動等で前年度までの担当者がいなかった場合は自分で調べて作成していく。恐らくは、担当していた教員が、後任者のためにホームページの更新の方法等を教育計画などに残しているはずである。参考にしながら作業を進めるとよい。

それでも分からないことがある。

そんな時はインターネットで【ホームページ作成】と検索をかける。「ホームページの作り方」「初心者のためのホームページの作り方」「無料ホームページの作り方」など、実に多くのページがヒットする。参考にしながらホームページを作成していく。その際に、ホームページの更新の方法や記事のアップロードの方法を残しておくとよい。

方法を伝えて、残す

ホームページの更新の仕方や写真、記事のアップロードの方法に慣れてきたらやることがある。

1　方法を伝える
2　方法を残す

大切なのは方法を伝えることだ。システムをシェアする。職員会議でホームページの更新の方法を職員間で共有する。自分だけが方法を知っている状況だと全ての作業に関わる必要が出てきてしまう。各学年のページを更新するように頼んでも、自分が全て作業するようなシステムでは限られた時間を有効に活用できない。方法を共有することでミスも減らすことができる。

私の職場では、ホームページ担当の教員が全職員に向けて、ホームページの更新方法を紹介していた。作業中の画面のスクリーンショット（パソコンの画面を画像として残すこと）を用いて分かりやすい文書を残していた。画像だけでなく注釈も付いていたのでパソコンの操作が不慣れな教員も文書を見れば記事のアップロードができていた。

しかし、これだけではまだ足りない。

各学年に、ホームページ担当の教員をおく

ここまで詰めることでシステムとして成り立つ。学年のページはそれぞれの学年に任せる。これによって責任者も明確になるためどの学年がページを変更していないかがすぐに分かる。学校全体に関わるページの更新は管理職に任せるのも1つの方法である。写真は自分で撮影しておくが記事の更新をお願いするのである。管理職に頼めない場合は自分で変更をしてもよい。その時は、学年のホームページ担当を別の教員にお願いしておけばよい。

年度末は教育計画にホームページの作成方法を記載する。教育計画の作成は12月から2月にかけて行われる。年度末になってくると何かと仕事が立て込んでくるため、変更点があった場合はすぐ

に反映させる。後でやろうとしても忘れたり、抜けたりするからだ。

担当は1人だが、「方法を伝え」、「方法を残す」ことで校内にシステムを作り、ホームページ作りに対する敷居を少しでも低くすることが教員の負担感を減らすことにもつながる。

学校内でホームページ担当になったら

1　行事を確認する

学年の行事や校内の行事が、いつあるか、を確認する。必要であれば年度内の行事を表にしておくと見通しを立てやすい。学年によっては社会科見学先で撮影を断られることがある。直前に確認してからでは遅くなってしまうが、あらかじめどこに行くのか、何をするのかがわかっていれば慌てることがない。

2　写真を保存するフォルダを作成する

校内パソコンの学年のフォルダ内に作成する。撮影した写真を次から次へと保存すると何の写真か分からなくなってしまう。フォルダには、番号と行事名で名前を付けておく。こうすれば、写真に個別に名前を付けるよりも早く済み、どの行事の写真かが分かる。下の図のように番号は「01」から始める。そうすることで行事名とかぶることが無い。4月から順に保存していけば年度終わりには年間の写真フォルダが行事順に記録される。合わせて、ほかのクラスにもフォルダのことを周知しておきたい。そうすれば自動的に写真が集まってくる。ホームページを更新するときに慌てなくてすむ。

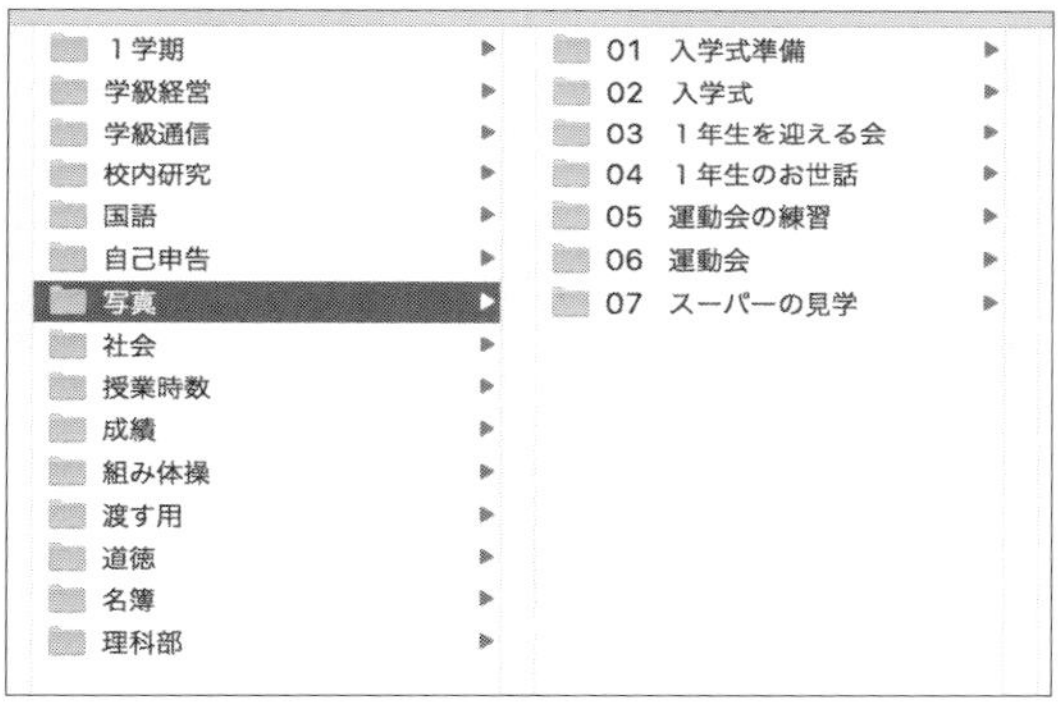

3　写真は学年のものを

ついついクラスの写真だけを撮ってしまいがちだが、ホームページには学年の様子が分かる写真を載せたい。背面から、全体の様子が分かるように写真を撮る。行事の写真であれば、初め、中、終わり、というように時間をずらすことで行事の様子が伝わりやすい写真になる。

クラスごとの写真も撮る。3クラスであれば3クラス分撮影する。放課後、撮影しておいたことを伝えておく。写真があれば保護者会などに使うことができるからだ。

4　ホームページのレイアウトを考える

ホームページに載せることを考えて写真を撮影する。これを意識するだけで写真の撮り方が少し変わってくる。何となく撮影しているだけでは写してはいけないものも写してしまい、ホームページに載せる際に使えないことがある。私は一度失敗したことがある。「顔が写っている」ということで管理職から止められた。

ホームページに載せられる写真であれば学級通信にも載せることができるので、まさに一石二鳥だ。

学年内でホームページ担当になったら

ホームページを作ると聞くと難しいことをする印象が強い。慣れていない仕事だとミスも起きやすいが、システムを作ればミスを減らすことができる。

まずは、1人で仕事を抱えすぎないためにもシステムを作ることを意識する。学年でも学校全体でもそれは同じだ。そして、共有する。共有することが時間を生み出すことにつながる。システムを作り、共有することで若手でも十分に学校に貢献することができる。

（中野翔太）

〈2〉学校でIOTを構想する

社会科：IOTを使ったスーパーマーケットの授業

IOTとは

「IOTのコンセプトは、自動車、家電、ロボット、施設などあらゆるモノがインターネットにつながり、情報のやり取りをすることで、モノのデータ化やそれに基づく自動化等が進展し、新たな付加価値を生み出すというものである。これにより、製品の販売に留まらず、製品を使ってサービスを提供するいわゆるモノのサービス化の進展にも寄与するものである」

と総務省では説明されている。

スーパーマーケットのIOT化

現在、深刻化する人手不足などを受けて、スーパーマーケットなどの小売業が改革に乗り出している。

【セルフレジ】

ある大手コンビニエンスストアでは、一部の店舗で、深夜の時間帯に「無人レジ」を導入すると明らかにした。

お客さんは専用のスマホアプリを使い、選んだ商品のバーコードを読み取り、支払いを完了するシステムである。

店舗は完全に無人化されるのではなく、店員はその時間帯、商品の整理や陳列業務に集中することで、より少人数での店舗運営が可能になる

【タブレット付きの買い物カート】

買い物カートに取り付けたタブレットで、近くにあるお買い得品などを知らせるサービス。

スーパーで買い物するお客さんの位置を売り場に設置した簡易通信機器を使って把握し、クーポンを提供する場所を通った際に、そのクーポンをカートに備え付けのタブレットに配信する。タブレットには、クーポンの他に、レシピや店内マップなどの情報も表示される。

お客さんとしては、自分が買いたい商品のコーナーでお得なクーポン情報が見られるため、迷っている商品があれば、クーポンのついている商品のほうを選択したくなるというねらいがある。

【未来型スーパーマーケット】

生鮮食品の上に大型スクリーンが備え付けてあり、お客さんが商品を手に取る。または、手に取ろうとすると、動作認識機能がお客さんの動作を認識し、目の前の大型スクリーンに「価格」「栄養素の情報」「生産者の情報」「消費・賞味期限」「農薬や肥料の情報」「アレルギーを引き起こす可能性のある物質」「おすすめのレシピ」などが表示される。

また、動作認識機能は、骨格や顔から、性別や年齢も認識し、どのような年齢や、性別の人がこの商品を手に取ったかの情報を、データとして蓄積していくことができる。手に取ったが購入せずに棚に戻したという動作も認識をするので、どのような年齢や性別の人が、「興味を持ったが買わなかった」と言う情報も得られるようになる。

さらに、事前にクレジットカードや住所の情報などを登録していれば、動作認識機能に対し、「購入」の動作をすることで、レジを通らず会計することもできる。

お客さんは、商品の情報があることで安心して商品を買うことができるメリットがあり、お店には、諸品の情報をより多く与えることで、より多くの商品が売れたり、より高価な食品が選ばれたりするメリットもある。

【AMAZON　GO】

米アマゾン・ドット・コムが運営するレジが不要のスーパーマーケット。

専用のアプリで入店用のバーコードを表示し、入り口にあるゲートにそのバーコードをかざして

入店をする。棚から欲しい商品を持ち上げるだけで、アプリのカートに商品が自動的に追加され、購入をやめる場合は、一度選んだ商品を棚に戻すだけでその商品はアプリのカートから自動的に削除される。選んだ商品を持ち、ゲートを通って外に出ると、自動で決済が完了する仕組み。

　通るだけで物品購入が行われるため、万引きがなくなることや、店員の人数を減らすことができるメリットがある。

今までと最先端スーパーマーケットの比較

授業の流れ

①もし、あなたが買い物をするならどこで買い物をしますか。

・スーパーマーケット
・コンビニ
・デパートなど。

②ノートに「○○を買うなら……で買う」と3つ書いて、持ってきなさい。

・野菜を買うなら、……で買う。
・お肉を買うなら、……で買うなど。

③どうして、スーパーマーケットでたくさん買うのだろうか。

・いろいろな商品がある。
・駐車場があるので、一度にたくさん買えるなど。

④写真から売るための工夫をできるだけたくさん見つけなさい。

・商品を取りやすくする工夫。
・商品が安心、安全だとわかる工夫。
・産地がどこだかわかりやすくする工夫など。

⑤お店に買いに来た人は何を見て買い物をしていると考えますか。

・値段を見て買う。
・産地を見て買う。
・アレルギー項目を見て買う。

⑥今度、スーパーマーケットに見学に行きます。見て確かめたいこと、聞いてみたいことをノートに書きなさい。

・実際に見学に行き、メモを取らせる。

　⑦スーパーマーケットの秘密を発表しなさい。

・その後、ノートに見学したまとめを見開き2ページでまとめる。

⑧最先端のスーパーマーケットです。写真から売るための工夫をできるだけたくさん見つけなさい。

・レジがない。
・カートにタブレットが付いている。
・商品の上に大型のディスプレイがあるなど。

⑨最先端のスーパーマーケットには、どのようないいところがありますか。ノートにできるだけたくさん書きなさい。

・手に取るだけでいろいろな情報を得ることができる。
・自分の知らないお勧めのレシピや商品の情報を店側から教えてもらえる。
・レジで並ばずに会計ができるなど。

⑩あなたが買い物をするなら、今までのスーパーマーケットと最先端のスーパーマーケット、どちらを選びますか。理由も書きます。

・私は、今までのスーパーマーケットで買い物をします。なぜなら、お店の表示ではなく、実際に自分で商品を確かめてから買いたいからです。
・私は、最先端のスーパーマーケットで買い物をします。なぜなら、自分の知らないお勧めのレシピを知ることができたり、クーポンの情報を店側から教えてもらえるので、安く買い物ができたりするからです。

　ＩＯＴやＡＩといった新しい技術が次々と飛び出している現在。スーパーマーケットなどの小売業の現場も徐々に変化しはじめている。

　教科書に載っている情報も使いながら、その時代に合った授業を行っていく必要がある。変化に敏感な若手教員が貢献できる分野である。

（鈴木昌太郎）

〈3〉学校のＩＣＴ

3年生からＩＣＴ活用の基礎を指導する

学習指導要領に求められるＩＣＴを活用した学習活動

> ＩＣＴ等を活用した学習活動等を充実するよう改善するとともに、情報手段の基本的な操作の習得やプログラミング教育を新たに位置付けた。
>
> （小学校学習指導要領解説総則編　平成29年6月より）

現学習指導要領には、教員がいかにＩＣＴ機器を使いこなすかということや、フィルタリング機能の措置、情報セキュリティの確保が中心に記載されている。どちらかと言えば、子どもたちの活用のことよりも校内のＩＣＴ環境や教員の指導力向上の記載が目立つ。目立つと言っても、解説総則編と総合学習編にしか「ＩＣＴ」の文字はない。

次期学習指導要領総則には、前記のように学習活動により子どもたちのＩＣＴ活用に重きが置かれて書かれている。しかも、多くの教科でＩＣＴの活用に関する記載がある。

それだけグローバル化の進展や絶え間ない技術革新に対応できるよう子どもたちを育てていくことが求められているのである。よって、3年生からＩＣＴ活用の基礎「タイピング」を指導する。

ローマ字指導と平行してタイピングを指導する

> コンピュータで文字を入力する際は、第2章第1節国語第3の2（1）ウ「第3学年におけるローマ字の指導に当たっては、第5章総合的な学習の時間の第3の2の（3）に示す、コンピュータで文字を入力するなどの学習の基盤として必要となる情報手段の基本的な操作を習得し、児童が情報や情報手段を主体的に選択し活用できるよう配慮することとの関連が図られるようにすること」を踏まえる必要がある。
>
> （学習指導要領解説総合的な学習の時間編　平成29年6月より）

第3学年からローマ字の指導が始まる。その際に、コンピュータでの文字入力を指導する必要がある。

何の指導もしなければ、多くの子どもたちはローマ字表とキーボードを見ながら、人差し指のみで打ち込んでいくだろう。

家庭で日常的にコンピュータを活用できる環境にある子どもの活用能力とは、大きな隔たりがある状態である。当然、指導に支障が生じる。

よって、タイピングの指導をする必要がある。もちろん1時間全てをタイピングの指導をするのではない。各教科でコンピュータを活用する機会の際に、5分程度でよい。

以下の指導をする。

> ①ホームポジションに指を置く。
> ②キーボードは絶対見ない。
> ③正しい指で打つ。

①ホームポジションに指を置く。

タイピングをするときは、ホームポジションを保ちながら指を動かすことをまずは指導する。

打つ前はホームポジションに指を置いておく。打ち終わったらまたホームポジションに指を戻す。

このような手順でタイピングを行うことを指導するのである。

ホームポジションとは次ページのように、指を

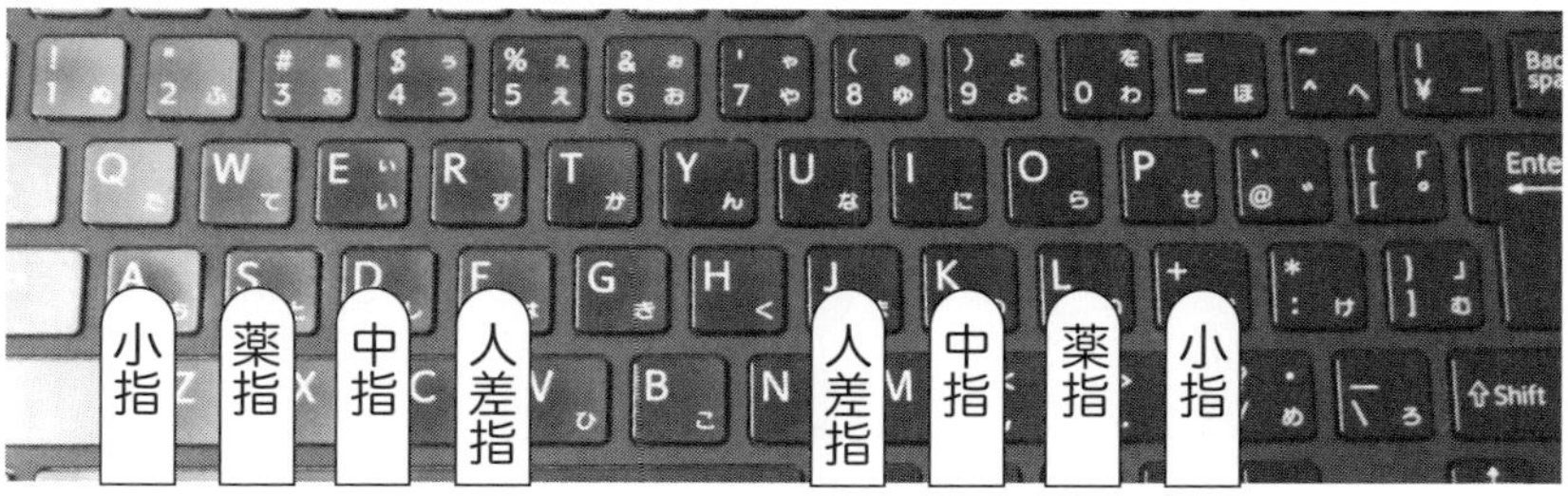

置く位置である。

「F」と「J」のキーに出っ張りがある。

ここに人差指を置く。他の指は人差指の横に並べていく。

指を伸ばして置き、窮屈そうにする子がいる。その場合は、

「優しく卵を持つように指を曲げてごらん」

と声を掛ける。

それでもできない子は、実際にやって見せたり、力を抜かせ手を持ち、指を置く場所を教えたりするとよいだろう。

タッチタイピング時はキーボードを見ないので、この出っ張りを頼りに、ホームポジションを保つようにする。

②キーボードは絶対見ない。

タイピングを指導する時、キーボードは絶対見ないように指導する。キーボードを見ているうちは、タイピングは身に付かない。また、速く打てない。

大人もそうだが、子どもたちもついついキーボードを見てしまう。だが、見ているうちは上達しないことを告げる。

「自転車の補助輪を付けている間は、絶対に補助輪なしで自転車を乗れるようになりませんね。キーボードを見てしまうことは補助輪を外さないのと一緒です。見ているうちは上達しません」

③正しい指で打つ。

日本語入力はローマ字入力で行うのが一般的だ。初期状態がローマ字入力なので、大抵の方は問題ないが、打つ前に念のために確認をさせる。

その後、母音からタイピング指導する。

タイピングでは、どの指でどのキーを打つかが決まっている。

自己流の指使いでタイピングを覚えてしまうと、打つ速度は速くならない。

「ホームポジション。左手小指。打つ。『あ』。ホームポジション。右手中指1つ上。打つ。『い』。ホームポジション」

というように、初めのうちは打ちにくいだろうが、正しい指使いを指導する。

そして、隣同士でホームポジションに指を戻していることと、キーボードを見ずに正しく打てていることをテストさせる。

まずは、母音を打てるようにさせる。その後、

「30秒でどれくらい打てるかな？」

と言って、「あいうえお」を繰り返し打たせる。

この際、5文字で改行させることも教える。

1回目終了後記録を確認する。これを2回行う。

2回目は30秒でと言いながら40秒計る。

ほとんどの子が1回目より記録がいいだろう。

記録が伸びていることを実感できるから、ただのタイピングでも楽しくなる。

これを毎時間5文字程度ずつ増やしていく。

母音を覚えてしまえば、子音はさほど大変ではない。5分程度で終えることができるので、毎時間できる。

子ども同士で確認させるのが鉄則

日常的に使っている子と初めて使う子がいる。

当然、活動の速さに差が出る。

教師は使い慣れていない子の指導に行く。

そうすると、指示されたことが終わった子は暇になる。教師のみが忙しい状況になる。そして、遊んでしまう子が出てくる。そうならないためにも、子ども同士で進行状況を確認させる。できていない子にはできている子が教える。

教師は基本的に全体を見るようにし、トラブルのみに対応する。これが鉄則である。

（阿妻洋二郎）

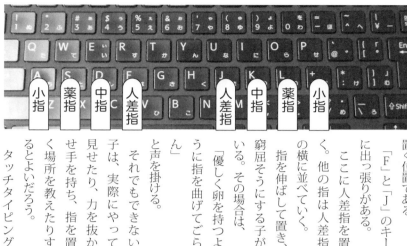

〈4〉スマホゲーム紹介、ネットモラル

スマートフォンを使うほど学力が低下する

スマートフォンを持つ児童の低年齢化

現在、スマートフォンにタブレット端末、ゲーム機もネットにつなぐことができるようになっている。

便利な反面、使い方を間違えると危険な目にあったり、友達同士のトラブルにもつながったりする可能性が非常に高い。

内閣府の調査（２０１６年11～12月現在）によると、青少年のスマートフォン所有率は小学生でも27％、従来型携帯電話いわゆるガラケーでは、28・2％で合わせると半数以上の児童が所持していることがわかる。

また、そこに家庭で使用しているタブレット端末やゲーム機を合わせえるとほとんどの児童が何らかの通信機器を持っていることになる。

長時間使用すると勉強の時間がなくなるだけでなく、心身にも悪影響を与えかねない。

ＬＩＮＥでのトラブルの原因

ＬＩＮＥは主にメッセージのやり取りや通話をするためのサービスである。メールなどと異なる点は、特定のグループを作成し、そのグループ内だけでメッセージのやり取りをできることだ。

そもそも、なぜ小学校でもＬＩＮＥのトラブルが起きてしまうのだろうか。

まず、野球やサッカーなどのクラブチームでの活動や学習塾などに通っている児童の親が、従来型携帯電話ではなくスマートフォンを持たせてしまう。

次に、スマートフォンを購入するときに、「ＬＩＮＥができなくなるから」と子どもに言われ、フィルタリングソフトを導入しない親が多い。例え、フィルタリングソフトを導入したとしても、携帯電話会社の回線を使用しているときは有効になるがＷｉ-Ｆｉ経由のネット接続では機能しないのである。つまり、コンビニなどに設置してある無料Ｗｉ-Ｆｉには効果がないのである。

こういったことは大人よりも子供の方が詳しいことが多い。こうして、大人の目をかいくぐり友達同士のトラブルへとつながっていく。

しかし、親が頭ごなしに、

「スマートフォンを使うな。ＬＩＮＥをするな」

と言っても、聞き入れない子どもが大多数であると思う。子どもが納得するようなしっかりとした趣意説明を行うことが重要である。

スマートフォンを使えば使うほど学力は下がる

仙台市で七万人の小中学生の学力調査と学習習慣などを聞くアンケートを分析したところ、スマートフォンの使用時間と成績の関係について驚くべき結果が明らかになった。

結論から言うと、「スマートフォンを使えば使うほど、成績は下がる」という結論がでた。

しかし「スマートフォンを使う時間が長くなると相対的に勉強時間が減るから成績が下がるのではないか」という意見もあるだろう。

それに対して、この調査では家庭での勉強時間を、「30分未満」、「30分～2時間」、「2時間以上」という3つのグループに分けて分析を行っている。それぞれテストの平均正答数を出し、グラフ化した。３つのグループ全てでスマートフォンの使用時間が長くなるにつれ、正答率が下がるという結果になった。

つまり、勉強時間に関係なく、スマートフォンを長時間使うと、成績が下がることが判明した。

さらに興味深い調査結果がでた。

勉強時間が「2時間以上」でスマートフォン使用が「4時間以上」の子どもの正答率は55％だっ

たのに対して、勉強時間が「30分未満」でスマートフォンを「まったく使用しない」という子どもの正答率は60％であった。

すなわち、「2時間以上勉強したが、4時間以上スマートフォンを使う子ども」は、「勉強はほとんどしないが、スマートフォンをまったく使わない子ども」の成績と同じになった。勉強時間に関わらず、スマートフォンの使用時間が長ければ、せっかくの学習効果が消えてしまう調査結果となった。

ＬＩＮＥを使用するとさらに学力が低下する

もはや日本人の生活においては必要不可欠となってきたＬＩＮＥ。このＬＩＮＥの使用時間と学力に焦点を当てた調査も行われている。

結論から言うと、「ＬＩＮＥを使用すると、深刻な成績の低下をきたす」という結果が出ている。

先ほどの調査同様、家庭での勉強時間を、「30分未満」、「30分〜2時間」、「2時間以上」という3つのグループに分けて分析を行い、それぞれテストの平均正答数を出し、グラフ化した。

その結果、勉強時間が2時間、ＬＩＮＥが4時間以上の生徒の点数は約49点に対して、勉強時間は30分未満だが、ＬＩＮＥをしない生徒の平均は59点だった。ＬＩＮＥをしない生徒は、勉強時間が短いにもかかわらず10点も高い成績を出したのだ。

つまり、「ＬＩＮＥはしないが、勉強時間が30分未満の生徒」の方が、「ＬＩＮＥをするが、勉強時間4時間が以上の生徒」よりも、成績が良かったという調査結果がでたのである。

勉強時間に関わらず、ＬＩＮＥの使用時間が長ければ、せっかくの学習効果が消えてしまうことになることがわかった。

学力が低下する原因

さらに、この調査から、スマートフォンの場合には使用時間を1時間に抑えることで、成績への悪影響をとどめることができると考えられるが、ＬＩＮＥの場合には、過去に使用したことがあるというだけで成績に悪影響が出てしまうことがわかった。

ＬＩＮＥを使うことで脳の中の「前帯状回」という部分が小さくなってしまうのではないかと調査者は推理していた。

実際に、ＬＩＮＥなどの通信アプリを使っていると勉強に集中することができなくなると感じたことがある人も多いのではないだろうか。

「勉強をしようと思っても頻繁にメッセージが来たり、自分が送ったメッセージに返信があるかどうかが気になったりして集中が妨げられる」

「ＬＩＮＥの通知音が鳴れば『どんなメッセージがきたのだろう?』『早く返信しなければ』など色々な考えが頭に浮かぶ」などの理由が考えられる。

さらに、大人と違い、友達から仲間はずれにされることに不安を持ちやすい思春期の子どもたちは、本来勉強に使うべき集中力をＬＩＮＥの方へ向けてしまいやすい。

スマートフォンの使用時間が1時間未満と答えたグループは、単に使用時間が短いというだけでなく、スマートフォンを持っていても、自分自身で使い方をコントロールできるということがわかる。このような自制心がいい影響を与えていると

子どもが納得する説明をする

スマートフォンによって、生活はとっても便利になった。

しかし、長時間使い続けると脳に悪影響をおよぼし、学力やコミュニケーション能力の低下を招いてしまう。だからといって、教師や保護者が強制的に使用の制限をするのは難しい。

きちんとなぜスマートフォンの長時間の使用がよくないかという趣意説明を教師や保護者が行うことで、子どもに危険性を理解させることが重要だと考える。

（鈴木昌太郎）

〈1〉新学習指導要領の方向性——ＡＬを見える化する～理科教材で～

「主体的な学び」を実現する3つの条件

「アクティブ・ラーニング」は、新学習指導要領では、「主体的・対話的で深い学び」という表現に変わった。

まずは「主体的な学び」について考える。

「主体的な学び」を実現するために必要なことは何か。私は次の3つが重要だと考えた。

> ①魅力のある学習
> ②明確なステップのある学習
> ③反復のある学習

この3つを満たす学習として、『わくわくずかん』（正進社）を使った「クイズブックづくり」を紹介する。

子供たちにとって、クイズづくりや本づくりはとても魅力的な学習のようである。「先生、いつやるんですか？」と楽しみに待つ子も多い。

3年生の子供たちは理科の学習で植物や昆虫について1年間かけて学習しているので、その総まとめとして学年末に行うと良い。

さて、どんなに魅力的な学習でも、何をしたら良いか分からなければ、子供たちの興味もだんだんと失われていってしまう。だからこそ、「明確なステップ」を教師が示すことが大切だ。

それも、一度教わったことを自分で「繰り返す」ことでゴールに近づいていける。そんな工夫のある学習ならば夢中になって子供たちは続けるだろう。

この「クイズブックづくり」はそんな条件を満たしてくれる学習である。

付箋紙を使って協働を実現する

クイズブックは3人1組で作らせるのがおすすめである。

チームの3人でどんなクイズブックを作るのか話し合ってテーマを決める。

「学校にある植物クイズブック」
「学校にいる昆虫クイズブック」
「きれいな花　クイズブック」

様々なテーマが考えられるだろう。考えるのが難しければ、教師が例示をしても良い。

1冊の本は8ページで構成される。表紙と裏表紙を除いた6ページがクイズを載せられるスペースである。1ページ1問とすれば、6問のクイズを掲載できるということになる。

この学習では「付箋紙」を使う。付箋紙1枚にクイズを1問書いていくのである。なぜか。

> 作業を3人で同時進行することができる。

協働を取り入れることで、作業にかかる時間を大幅に短縮することができるのである。

いろいろな付箋があるが、私のおすすめは「ＴＯＳＳメモ」である。罫線が入っており、3年生の子供たちでも整った字を書きやすい。罫線の色が薄く、印刷するときれいに消えるのも大きな利点である（東京教育技術研究所のＨＰから購入できる）。

明確なステップと繰り返し

さらに、子供たちにはクイズの書き方も教える。

> ①わくわくずかんの中からクイズに使いたい記述を見つける。
> ②その記述が答えになるような問いを書く。

ＴＯＳＳメモの上部に問いを書かせ、その下に三択を書かせる。これだけである（空いたスペースには絵を描かせるのだが、それは後で良い。時間差ができたときの時間調整に使うこともできる）。

１問できる度に教師の所に持ってこさせる。１枚だけならすぐにチェックできる。「合格か不合格」を伝える。待っている子の列ができないようにすることがポイントだ。

１枚合格すれば、あとは同じ繰り返しである。子供たちは自分で作業を進めることができる。

繰り返すことで「問いを作る」という経験が蓄積され、その力を定着させることができる。

対話する必然性をつくる

子供たちに作らせる問題数も指定すると良い。

> １人３問（ＴＯＳＳメモ３枚）以上。

なぜか。すでに述べたとおり、クイズブックに必要な問題数は６問だからである。

９問を６問に減らす必要が出てくる。だから、「対話の必然性」が生まれるのである。

> どのクイズを採用するのか。どの順番で載せるのか。その理由は何か。

グループでこれらのことを話し合わせる。

大切なことは２つ。

> Ａ話し合った内容をアウトプットさせる。
> Ｂ合否を評定する。

アウトプットは教師に対してでも良いし、クラス全体にプレゼンする機会を設けても良い。ねらいや時数、つけたい力によって変わってくるだろう。

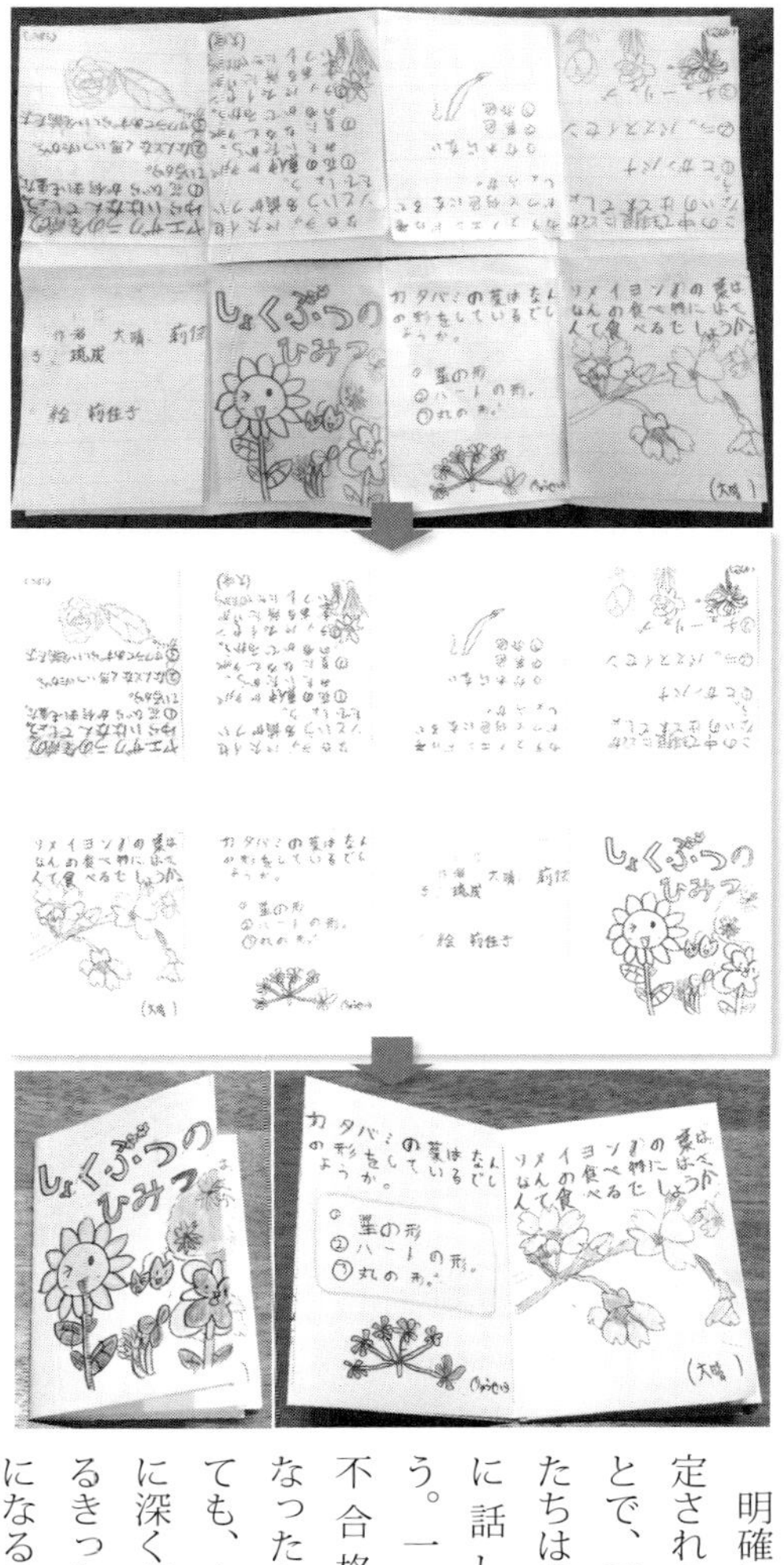

明確に評定されることで、子供たちは真剣に話し合う。一度、不合格になったとしても、さらに深く考えるきっかけになるはずである。

最後の仕上げである。ＴＯＳＳメモの空いたスペースには昆虫や植物の絵を描かせる。

そして、できたクイズを最後にＢ４用紙に貼っていく（Ｂ４用紙を８等分すると、ちょうどＴＯＳＳメモと同じ大きさになる）。

表紙と裏表紙も書かせ、３部印刷をする。

メンバーそれぞれが着色をする。

用紙の真ん中に切りこみを入れて折りたためばクイズブックの完成だ。

この方法は他教科等にも応用可能である。国語「もうどう犬の訓練」の発展学習として「はたらく犬クイズブック」も同様に作成できる。

（太田政男）

〈2〉新指導要領の方向性―対話指導の方法

自分の考えを広げ深めるための「対話」

新学習指導要領では、「主体的・対話的で深い学び」の実現に向けた授業改善が求められている。「対話的な学び」とはどのようなものか。解説・総則編には、授業改善に必要な視点として次のことが示されている。

> 子供同士の協働、教職員や地域の人との対話、先哲の考え方を手掛かりに考えることを通じ、自己の考えを広げ深める「対話的な学び」が実現できているかという視点。

「対話」という言葉からは、児童同士の話し合いや、発問を通した教師と子どものやりとりが思い浮かぶ。そのような学習活動はこれまでも実践されてきたが、活動をしているからよしとするのではない。次のことが重要なのである。

> 対話によって、子どもが自分の考えを広げ深めることができたか。

この視点を忘れてはならない。そして、教科の目標や単元の目標、指導計画を見通して対話指導を組み込んでいくカリキュラム編成力も必要になる。

教師との対話で最も大切なのは「発問」

対話の対象は、子ども同士、教師や地域の人、資料を通した先哲などとあるが、ここでは「教師との対話」という視点で対話指導を考える。

教師と子どもの対話というと、具体的には教師の発問に子どもが答えていく場面である。

その時、最も大切なのは次のことである。

教師が発問によって子どもの考えを広げ深めること。

教師の発問によって子どもの学びは大きく左右されるのである。

発問で見えなかったものを見えるようにする

発問で見えなかったものを見えるようにする

3年生の国語で学習する「モチモチの木」（東京書籍等）を例にあげてみる。

夜中に腹痛で苦しむじさまが、豆太に次のように言う場面がある。

「ま、豆太、しんぺえすんな。じさまは、じさまは、ちょっと、はらがいてえだけだ」

その場面で、次のような発問をしたとする。

> じさまは豆太に何と言いましたか。

この発問では、子ども達は書かれているじさまの言葉をそのまま答えるだけである。分かっていることをたどっているだけで、考えの広がりも深まりも生まれない発問である。このように1問1答する繰り返しの授業では、教師との対話は退屈でつまらないものになってしまう。

では、次のような発問はどうだろうか。田口忠博氏の授業実践である。

> じさまの言葉の中に、じさまの痛みが激しいという証拠になる言葉があります。その言葉を丸で囲みなさい。

表面上は「ちょっと痛いだけだ」とじさまは言っているが、そのせりふには、激しい痛みを感じさせる表現が隠れている。「ま、豆太」と、「じさまは、じさまは」の繰り返しの部分である。この表現があることで、痛みのために一息に言えないじさまの苦しい様子が浮かび上がってくる。

子ども達はこの発問により、じさまの言葉に注目して読み直し、今まで見えていなかったその部分を見つけようとするだろう。

向山洋一氏は発問について次のように述べている。

> 発問というのは、今まで見えなかったものを発見させることだ。
> （『授業の知的組み立て方』向山洋一著　明治図書）

発問によって、子ども達が自分だけでは気づかなかった表現の工夫に気づくことができれば、考えの広がりや深まりを生み出すことができたことになる。

読み取ったことを絵で表す発問

「モチモチの木」の中で、モチモチの木は様々な姿で描写されている。季節の移り変わりだけではなく、豆太の心情や成長によっても木の見え方が変化している。豆太とモチモチの木の関係は重要であり、読み取らせたいことの１つである。

そこで、次のような発問をする。遠藤真理子氏の実践である。

> 豆太はいろいろなモチモチの木を見ています。どのようなモチモチの木を見たのですか。

子ども達に白い紙を渡し、マジックでモチモチの絵を描かせる。１枚の紙に１つの木を描くように指示する。

絵に描くという活動をするためには、モチモチの木について描写されている部分を正しく読み取らなければならない。しかも、豆太が見ている木という条件がついている。子ども達は文章を慎重に読み直して、読み取ったことを絵にしていくことになる。絵を描くことを通して、今まで見えていなかったものに気づいたり、友達と自分の読み取りを一目で比べたりすることができるようになる。

描いたモチモチの木の絵をみんなが出し合い、分類したところで次の発問をする。向山洋一氏の授業実践による発問である。

> この中で、豆太にしか見えなかったモチモチの木はどれですか。（『子どもが論理的に考える楽しい国語授業の法則』学芸みらい社）

「豆太にしか見えなかった木」という新たな視点が加わることで、子ども達はさらに文章を読み直し、今まで見えていなかった証拠を見つけていくことになる。

正しいと思う絵の番号を自分のノートに書く。挙手して人数を確認し、どれが正しいのかを検討していく。その検討の過程で、教師との対話を超えて子ども同士の対話が自然と生まれてくる。読み取ったことを絵で表すという発問により、学びに広がりと深まりが生まれる展開になっている。

教材研究を支える書籍・サイト

効果的な対話指導を行うためには、優れた発問が必要不可欠である。そのためには、まず自分で教材文を読み、発問をいくつも作るという教材研究が必要である。また、先輩教師の授業実践を読み、様々な発問にふれることは教材研究の一助となる。

書籍やＴＯＳＳランドのサイトなどには、優れた実践が数多く紹介されており、発問だけでなく授業の組み立ても参考になる。

「モチモチの木」の実践については、以下の書籍やサイトで紹介されている。

『「国語」授業の新法則　３年生編』（学芸みらい社）ＴＯＳＳランド

ＮＯ．８５０８２５１　遠藤真理子氏
ＮＯ．４３８６２７０　田口忠博氏
ＮＯ．８３５５５９０　堀田和秀氏
ＮＯ．７５５６４５３　武田晃治氏

（山田典恵）

〈3〉モジュールの入れ方・カリキュラム管理

新学習指導要領の総則では、「10分から15分の短い時間の学習」を、授業時数としてどう位置づけるかが新たに規定されている。

その授業の形として、2つの形が示されている。

> ①15分の短時間を活用した授業
> ②45分と15分の組み合わせによる60分授業

①の場合は、基礎基本の定着のために繰り返しの学習を行うのに適している。

②の場合は、45分では十分に行うことが難しい活動、例えば社会科見学やまとめの時間、討論などの場面で考えられる。

①と②の場合を授業時数として含めるためには、以下の条件がある。

授業時数として含めるための条件

> （1）教師が単元や題材など内容や時間のまとまりを見通している。

たとえば、15分で行う国語の学習が、現在学習している単元と無関係の内容だったり、思いつきでバラバラなことをやったりしていては、授業時数に含めることはできない。15分の授業のねらいを明確にして、単元全体の指導計画の中にきちんと位置づけられていることが必要なのである。

よく行われている朝読書は、子どもが自分の興味・関心に基づいて選んだ本を読書している場合、授業時数には含まれないのである。

> （2）指導内容の決定や指導の成果の把握と活用等を責任をもって行う体制が整備されている。

各担任によって短い学習時間の捉え方がまちまちだと、学校としてどのような成果があったのか把握していくことは難しい。

その時間を学校の教育課程にどう位置づけていくか。どのような力をつけていくか。それらを校内で検討し、共通理解しておくことが必要である。

ところで、外国語活動や学級活動などは短時間の学習を授業時数に含むことができるのだろうか。新指導要領では次のように示されているので承知しておく必要がある。

> 当該教科や学習活動の特質に照らし妥当かどうかの教育的な配慮に基づいた判断が必要であり、例えば、道徳科や特別活動（学級活動）の授業を毎日10分から15分程度の短い時間を活用して行うことは、通常考えられない。

> 外国語学習の特質を踏まえ、短時間の授業を行う際は、まとまりのある授業時間を確保した上で、両者の関連性を明確にする必要がある。

中学年で行う外国語活動は、短時間の学習のみを行うことはできない。短時間の学習を行うならば、必ず45分間の授業も行う必要があるからだ。このことを校内で周知して教育課程を編成しなければならない。

短時間の学習時間に基礎・基本の力をつける

基礎・基本の学力を身につけるには、短時間に繰り返し学習するのがよい。3年生では、例として以下の学習などが考えられる。

> ローマ字の学習

3年生で学習するローマ字は、英語や総合など幅広い学習で活用していくものであり、パソコンやタブレットを操作するための基盤となる技能である。ローマ字を読み書きできる力はぜひつけておきたい。教科書では、ある時期に集中してほんの数時間学習することになっている。しかしとてもそれだけでは定着しない。ローマ字は短時間の学習を何度も繰り返す方が効率よく確実に覚えられる。

学級の実態も考慮しながら、どの時期にどの教科の単元と関連させて学習するかを明確にして取り組むとよいだろう。

ＴＯＳＳ子どもランドには、ローマ字を楽しく学習することのできるコンテンツが登録されている。インターネットが使える教室環境ならばぜひ活用したい。

辞書引き

国語辞典の使い方も、３年生でぜひ押さえておきたい学習内容である。45分の国語の授業で基本的な使い方を学習した後、短時間の授業を活用して定着を図っていきたい。

子どもは辞書を見るのが好きである。図や絵も載っていて分かりやすいのも魅力だ。読書の時間に辞書を選んで読んでいる子もいる。しかし、興味のない子は自分から開こうとはしない。辞書を開く機会を意図的に作らなければ、辞書の魅力に気づかず、使い方も身につかないまま1年が終わってしまう。

毎日2、３語ずつ辞書を引いた場合と、何もさせなかった場合を比べると1年後には辞書を引く速さに大きな差が出てくる。様々な教科で活用することのできる辞書引きの技能は、学力の基礎基本である。短時間の学習を繰り返し行って、３年生のうちに身につけさせたい。

辞書引きの学習は、単に辞書を引く技能を高めるだけではない。例えば教科書の物語文には現在ではあまり見られなくなった昔の道具などの言葉が出てくる。そのような言葉を辞書で調べて理解することにより、物語の世界のイメージをより一層深めることもできる。

地図記号

地図記号も3年生で扱うことになっている。身近な地域の様子を地図に表したり、地図から町の様子を読み取ったりする時に地図記号は重要な役割を果たす。

地図記号は、学校、病院などの「建物・施設」、畑や果樹園などの「土地利用」、鉄道、駅、道路などの「交通」に関するものなどに分類される。「老人ホーム」や「博物館」「図書館」など、最近になってできた地図記号もある。

子ども達の関心は高いが、数が多いため覚えるのに苦労することが多い。多様な地図記号を覚えるためには、やはり繰り返して学習していくことが必要である。短時間の学習時間に、フラッシュカード、クイズ、ビンゴなどをしながら楽しく定着させていきたい。

算数の学習内容の定着（復習・計算練習）

通常の授業時間だけでは十分理解できない児童もいる。短時間の学習で練習問題を解くことを繰り返すことにより、学習内容の定着を図ることができる。

学習プリントやドリルワーク、教科書の問題など、様々な教材ややり方がある。どの教材を用いるにしても、学習の始め方や、答え合わせはどうするのか、終わったら何をするのかといった一定の学習システムを作っておく必要がある。

そうすることで、子ども達は見通しをもって課題に取り組むことができ、短い時間を有効に使うことができる。

（山田典恵）

〈4〉学習活動のバリエーション

国語　国語辞典指導

3年生では国語辞典について学ぶ単元がある。

このときのポイントが2つある。

1つ目は国語辞典を使いたいと思わせることである。2つ目はその単元だけで終わらせず、普段の授業から辞書をひかせることである。

辞書を作る人になったつもりで意味を書く。

子どもには次のように指示する。

「辞書を作る人になったつもりで、次の言葉を説明しなさい。ノートに書けた人から持ってきなさい。」

まず、説明させる言葉は「青」である。

子どもたちが持ってきたノートに丸をつけ、どの考えも認め、ほめていく。その後、黒板に考えを書かせる。

・絵の具の色
・地球の色
・海の色
・空の色

発表させた後、「辞書をひいて確かめてごらん」と指示する。

国語辞典には「晴れた空のような色」「青信号の略」などが載っている。「空の色」と書いた子は大喜びである。

次に考えさせるのは「赤」である。子どもたちからは次のような考えが出る。

・血の色
・火の色
・夕焼けのときの空の色
・赤信号の略

「夕焼けのときの空の色」「赤信号の略」と書いた子は特にほめた。「青」で調べたことを生かして書いているのだ。

子どもたちは「先生、辞書をひいていいですか？」と言って、調べたくてしょうがない様子である。

同じパターンで「右」「石」「手」「猫」「学校」「鼻」などの言葉を説明させていく。

辞書引き競争

1つの単元では辞書を引く技能は身につかない。よって、毎時間の国語の授業で短時間の辞書引きを行う。

まず、黒板に調べさせたい言葉を1つ書く。最初は簡単なものがよい。

「隣の人とペアで辞書引き競争をします。見つけたら隣の人と一緒に立ちなさい」

子どもたちが、1ペア、2ペアと立っていくのに合わせて、教師は「1番、2番……」と言っていく。

立った子には調べた言葉の意味を、声に出して読ませておく。先に立った子に空白の時間を与えないためである。

全員が立つのを待たずに、5ペアぐらいが立ったところで、国語辞典の何ページに書かれているかを確認する。

同じようにして、3〜5ぐらいの語句を辞書で調べていく。

毎回やっていると、辞書をひくのが早くなってくる。そうしたら、ペアではなく1人ずつの競争にしていけばよい。

算数　わり算

3年生で初めてわり算を学習する。ここでのポイントは次の3つである。

１つ目は九九の定着率を把握し、身についてない子にはフォローをすることである。２つ目は計算を確実にできるようにさせることである。そして、３つ目は文章問題を解けるようにすることである。

九九ができない子へのフォロー

わり算の学習をする上で、九九は生命線である。しかし、クラスに少なくとも1人は九九が定着していない子がいる。

その子への支援として、九九表を配るようにしている。これは九九ができない子だけでなく、全員に配るのである。そして、教科書の一番後ろのページに貼らせる。

「いつでも九九表を見ていいですからね。」と言っておく。こうすることで、九九ができない子は安心して九九表を見ることができる。繰り返し九九表を見ることで、少しずつ九九を覚えていくのである。

他にも、授業の最初の1分間で九九のフラッシュカードをするなど、九九が確実に定着するようにしていく。

計算の基本型

わり算の計算では九九を使う。例えば6÷２の計算であれば、２の段の九九を使う。２×３＝６だから、６÷２＝３、というようにである。

これを頭の中でやるのが難しい子がいる。あまりのあるわり算になると困難を極める。

そのため、上のような補助計算を書かせる。

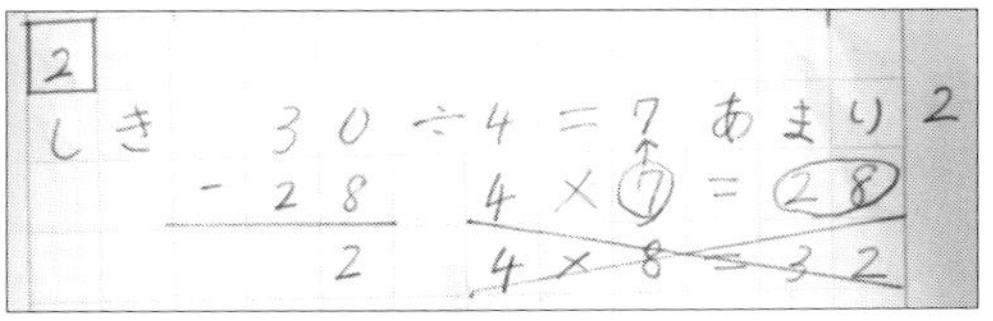

４×７＝28、４×８＝32を書き、32は30を超えているため×をする。４×７の７を丸で囲み、そのまま上にうつす。28を30の下にうつし、引き算の筆算をする。その答えを「あまり２」と書く。これらを教師が黒板に少しずつ書いてみせながら、ノートに書かせる。

算数の時間になると突っ伏してしまう子も、この方法でわり算の計算ができるようになっていった。

図をかかせる

計算問題は解けるが、文章問題が解けないという子は多い。あまりのあるわり算の単元では、あまりについて考えさせる問題がある。

次のような問題がある。

「30本の花を4本ずつたばにします。花たばはいくつできますか」

この問題は立式しやすい。30÷４である。考えなければならないのは答えである。

子どもに図をかかせ、できた子から持ってこさせ、何人か黒板にかかせた。そして、黒板にかかせた図を検討させた。「あまりの２本はたばにするかしないか」ということで討論になった。

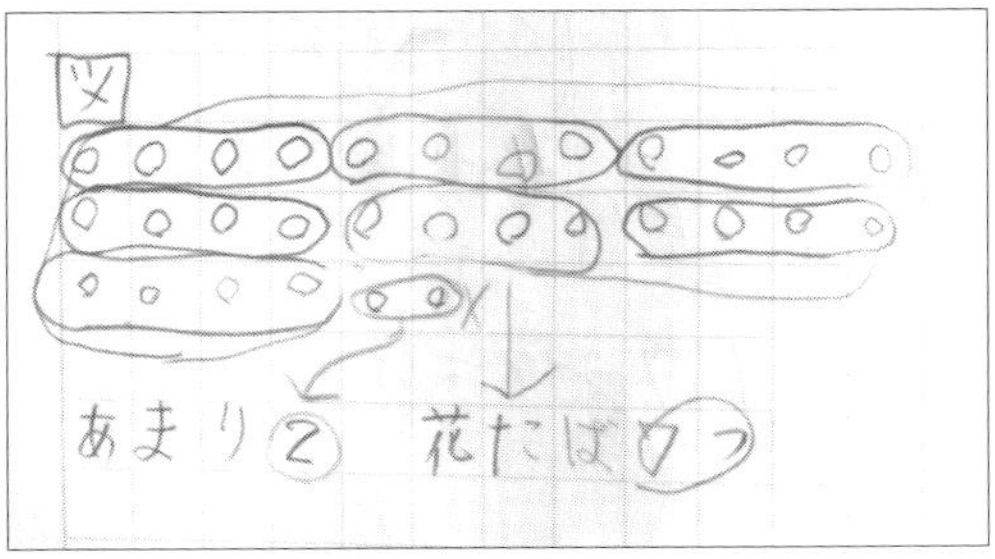

「もしも、『全部花たばにします』と問題に書いてあれば、あまりの２本は花たばにふくめるけど、全部と書かれていないから、あまりの2本は花たばに入れてはいけない」という意見が出た。この意見に多くの子が納得し、答えは7つだという結論に至った。

図をかかせることで、支援が必要な子も問題場面をイメージできる。また、黒板にかかせ、それを検討することで討論に発展させることができた。

（板垣大助）

〈5〉席替えのバリエーション

新採時代の失敗経験

「先生、席替えはしないんですか？」

新規採用で初めて担任を持った5月、1人の子が言った。他の子も続けて言う。

「去年は毎月やってましたよ！」

こうなるとやらないわけにはいかないと思い、

「じゃあ、席替えをしましょう」

と言って、そのやりとりを終えた。子どもたちはすごくうれしそうである。

その日の学活の時間に席替えをすることにした。特に何も考えず、クジ引きで席を決めた。クジを引き、子どもたちはわくわくしながら、新しく決まった場所に自分の机を移動した。

ある男の子が次のように言った。

「えー！　お前のとなりかよ！」

隣の席になった女子に対して言っているのである。私はこの場面で少しは注意したかもしれないが、大して厳しく言わなかった。

それからしばらくして、ふと子どもたちの席を見ると、何組か隣同士の席がくっついていないことに気が付いた。注意してもなかなかよくならないのである。

この年の1学期は靴隠し、陰口など、いじめがクラスの中で頻繁に起こった。もちろん、学級は荒れた。

席替えをする際の趣意説明

子どもたちに席替えをせがまれたときに、今は流れにまかせてやらないようにしている。大切なことは教師がコントロールすることである。なぜ席替えをするのかを、趣意説明する必要がある。学級では、次のように話す

> 今から席替えをします。
> 4月に「学級や学校は何のためにあるか」という話をしました。
> 1つ目はかしこくなるため、2つ目は友達と仲良くなるためです。
> 席替えも同じです。かしこくなるためには、その人に合った席で勉強するのが一番です。先生はみなさんが勉強しやすいように席を決めます。
> もう1つは、誰とでも仲良くするために、席替えをします。仲の良い人と近くの席になるかは分かりません。
> 文句が出る場合は、席替えはしません。

ここまで言っておけば、文句は出ない。もしも文句が出れば、「文句が出たので席替えはしません」と言えばよい。

席替えの方法

席替えにはバリエーションがある。いくつか紹介する。

出席番号順

4月の最初は出席番号順の席順にすることが多い。それは、初対面の日に子供たちを名前で呼ぶためである。

私は春休みには、1人1人の名前と顔を前年度の顔写真を見て覚えるようにしている。しかし、写真で見るのと、実際に見るのとでは印象が違う場合が多い。顔つきや髪型が変わっている子もいる。そのため、4月の最初の頃は出席番号順にしておく方が覚えやすく、間違えない。そのようにして、子どもとの関係を作っていくのである。

教師が決める

教師が決める場合、主に次のことに配慮しなければならない。

①身体面について
②学習について

それぞれについて述べる。

①身体面について

まず考えなければならないのは「視力」である。子どもや保護者からの要望、視力検査の結果等をふまえ、黒板の字が見えにくい子を優先的に前の席にしていく。

以前担任したある学年の保護者から「うちの子の視力が下がっているようなので、座席は前にしてください」と連絡帳に書かれていた。少し前に病院に検査に行ったそうだ。この時は席替えの時期を待たず、その日のうちにその子の席を前にした。

次の日、「すぐに対応してくださり、ありがとうございます」という連絡をいただいた。視力については何よりも優先すべきである。

他にも、足を怪我して松葉杖をついている子がいるような場合も考えられる。そのような時は横の方にすると良い。松葉杖をついて、机と机の間を歩くのはせまくて難しいからだ。また、授業中にその子がノートを持ってこなくてもいいように、できるだけ前の席にしてこちらが机間指導するようにする。

②学習について

基本的に次のような子たちは、前の席にするようにしている。

ア　離席がある子
イ　全体への一斉指示が入りにくい子
ウ　聞き返しがある子
エ　手先が不器用な子

これらの子が前にいることの利点は、教師がすぐに個別で対応することができることである。

例えば、全体への指示が入りにくい子へはその子へ前もって、「○○くん聞いてね」と声をかけておいたり、目を合わせたりすればよい。聞き返しがある子も同様である。

この他にも、勉強が苦手な子を前にする場合もある。すぐに支援できるようにするためである。

ただし、個別で関わる時間はできるだけ短くするようにしている。前の席でみんなが見ている中で、ずっと自分のところに先生がいるのは、勉強ができないとみんなに教えているようなものだからである。

お見合い方式

学級がある程度落ち着いてきたときは、できるだけ楽しい雰囲気で席替えを行いたい。方法の1つに対面方式がある。これは向山洋一氏が『教室ツーウェイ』２００７年9月号（明治図書）で紹介した方法である。次のような手順で行う（男女が隣同士の席であることが条件である）。

①女子を教室の後ろに行かせる。このとき、前を見ないように言う。
②男子に席を選ばせる（希望した席が重なった場合は声を出さずにじゃんけんをさせる）。
③男子を教室の後ろに行かせ、女子と同様に前を見ないように言う。
④女子に席を選ばせる（希望した席が重なった場合は男子と同様の方法で決める）。
⑤全員をもとの席にもどし、席を移動させる。

この方法で行うと、子どもたちは大興奮で席替えを始める。

（板垣大助）

〈1〉非認知能力育成トレーニング
視知覚認知フラッシュカード

発達障害児の様々な課題と視知覚認知

「見る」ことの困難が、学校生活に与える影響は多岐に渡る。音読や書字などの座学。ハサミを使う、ボールを操作するなどの実技。そして、相手と適切な距離をとる、相手の表情を捉えてコミュニケーションをする対人関係面にも使われる。

一口に「見る」と言っても、その機能は大きく2つに分かれている。

目の前のものを捉える時に、まずは「入力」を行う。脳内で「処理」されることで「見た」ということになる。人間の認知の80%はこの「視知覚機能」によって行われている。

この視知覚機能に問題を抱える子どもは6~10%存在している。「黒板の字が写せない」「鏡文字を書く」「字形が整わない」という視知覚由来の難しさを抱える子が、30人学級であれば1~3人はいるということになる。

視知覚機能を集団の中でどう向上させるか

普通学級の集団内で、視知覚機能の課題のある子どもをトレーニングすることは難しい。

学校現場における目のトレーニングといえば「ビジョントレーニング」がセオリー。ビジョントレーニングは個別に行う方法が多い。視知覚機能の課題を持つ子を発見したとしても、集団指導の中でトレーニングしていくことは難しい。

また、ビジョントレーニングは前述の「入力」に対する方略である。他方の「処理」に課題がある場合のアプローチは一般化していない。

「処理」の不全がもたらす困難性

「処理」の不全がもたらす最も分かりやすい困難性は「鏡文字」である。形もあっている、画数もあっている。しかし、左右だけがきれいに逆になる。

この場合、「視空間認知」の課題にアプローチが必要だ。視空間認知は、上下左右の弁別や、物と物の位置、他と自分の位置などを確認する視覚機能である。字形が整わない、下の写真の「さ」のように、「はね」が書けないのも、ここに起因する。

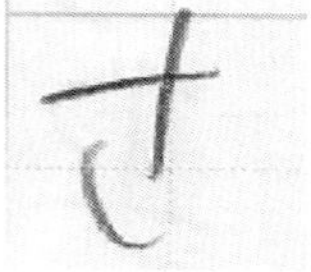

「しっかりはねましょう」

「逆、逆。いつも言ってるでしょ」と言っても、改善に目覚しい効果がないことを実感している教師は少なくない。しかも、低学年を担任すれば鏡文字に悩む子は2人や3人ではないこともある。昨年度、入学前の保護者に向けて行った相談会では、子どもの発達に何らかの心配があり相談をした家庭7件のうち、6件から「鏡文字」について話題に上った。はっきりとした診断がない子供も含めれば、やはり集団に向けたトレーニングが必要だ。

視知覚トレーニングフラッシュカード

先述のような状況の1年生が入学してくることを受け、1学年には「視知覚トレーニングフラッシュカード」（東京教育技術研究所）を使用した集団療育を要請した。このフラッシュカードは「きえたのはなあに?」「どうぶつあて」「おなじむきにてをのばそう」など、課題に合わせたセットがある。「視空間認知」には「おなじむきにてをのばそう」を使用する。子どもたちはカードに書かれた矢

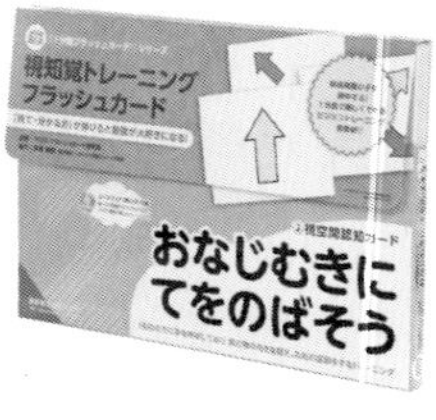

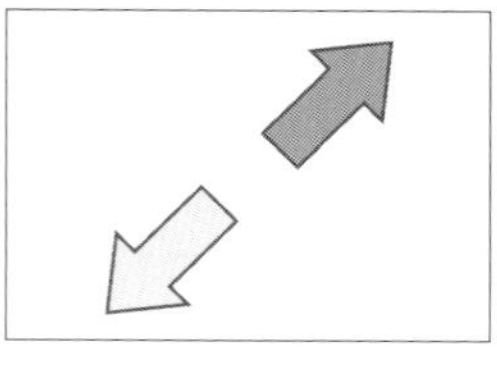

印の方向へ手を伸ばす。教師は次々とカードをめくるだけ。フラッシュカード形式のため、ちょっとした時間に、学級全体に向けてトレーニングが可能だ。

このトレーニングを1週間続けたところ、前述の様に「はね」のない「さ」を書いていた子の字は左の様に改善が見られた。「はね」が正しく書ける様になったのだ。

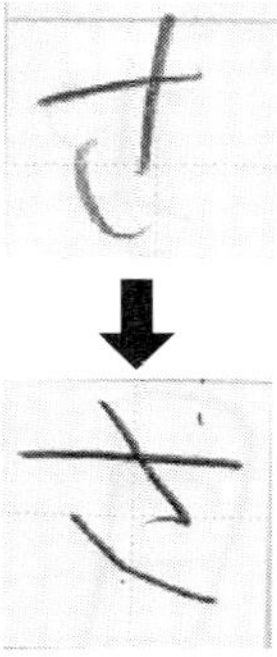

音読の困難性へのトレーニング

音読に関わる認知機能には「図地弁別」と「視覚閉合」がある。

「図地弁別」は、注目すべき情報と、背景とを区別する視覚機能で、問題を抱えている場合、黒板の黒い部分と、チョークの部分の、どちらが重要な情報なのかを機能的に判別することができず、互いに同化して見えてしまう。こうなると、黒板に書かれた字を写すことはできない。教科書になると、挿絵と文字列とが重なって判別され、読むことは相当な困難になる。

図地弁別の力を育てるためには「よくきいて　よくみてね」のカードを使用する。下の様に、形・形の色・背景の色が違うカードを次々とめくっていく。まずは「形を答えます」と言ってめくる。次は「後ろの色を答えます」。3周目は「形の色を答えます」と言って、注目させる部分を次々と変えていく。GO-NO GOを図（形）と背景（地）で行うことで、判別する力をトレーニングする。慣れてきたら一周の中で「形」「後ろの色」「形の色」と次々と変えていくと負荷が高まる。

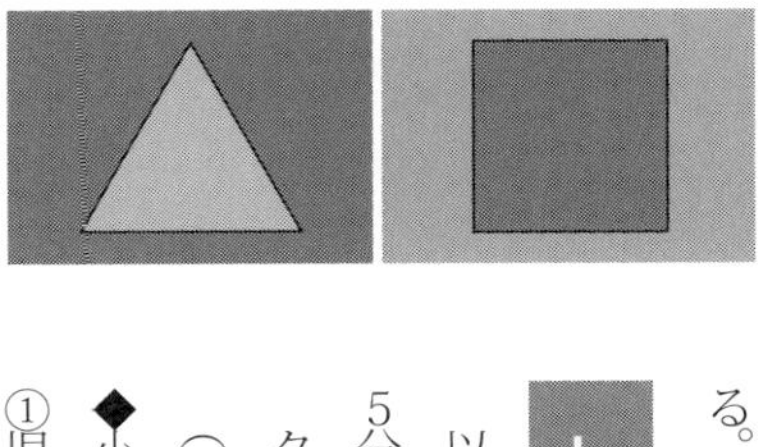

行を読み飛ばしたり、読み間違えが多い子は、「視覚閉合」を鍛える必要がある。これは断片から全体を認識する視覚機能で、問題を抱える子は、「魚をとるはりきりというあみを」という文章を読む際に、「魚をとるは、りき…りというあみを……」と、単語をまとまりでとらえ、読むことに困難が生じる。

これを鍛えるために「どうぶつあて」のカードを使用する。丸い穴の空いたカードを、ライオン、犬などのカードに重ねて、一部だけを子ども達に見せる。「何の動物ですか?」と聞き、答えさせる。

トレーニングの効果を検証する

以上のカードを用いて、勤務校の支援学級で1日5分、20日間のトレーニングを行った。ターゲットは、読みの流暢性と、字形である。

（1）読みの流暢性の変化

◆小学校2年生　男子3名　30秒間に読めた字数

①児（LD）　42字　→　60字　（1・5倍）

②児（ASD）　80字　→　127字（1・5倍）

③児（ADHD）87字　→　105字（1・2倍）

（2）字形の変化

書字にも困難を持つ①児に、トレーニング開始前に書かせた字が下右の写真。「いのしし」を「いのじじ」となっており、図地弁別の弱さと、「ぬ」が「め」になるといった「視空間認知」の弱さを抱えていることがわかった。

20日間のトレーニングの結果、左の様に不要な濁点が消え、「ぬ」を正しく書ける様になった。

全体的な字形も改善している。

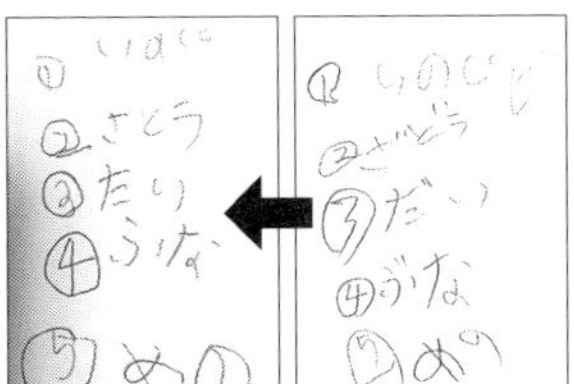

わずか1日5分。楽しくトレーニングをしながらこの結果は、大人も子どもも嬉しい。（原良平）

〈2〉インクルーシブの教室対応　UDで誰でも学べる授業を目指す

3年生は「ギャングエイジ」と呼ばれる、閉鎖的な仲間集団形成の時期である。

1〜2年生までは、「個」で動いたり遊んでいたりしていたものが、5〜6名の集団を形成するようになっていく。

そしてこの小さな集団で、いいことも悪いことも一緒に行動していくようになる。好奇心が大きく、様々な「やんちゃ」と呼ばれることをしていく年齢でもある。

ギャングエイジに対応したインクルーシブの視点

このような発達段階に到達している3年生にとってインクルーシブを実現する第一要素は、

「学級経営」

である。

ギャングエイジは悪いことばかりではない。仲間意識が芽生えてくるので、集団としてまとまりも出てくる。

3年生ならば、まだまだ排他的な人間関係ではないので、ASD（自閉症スペクトラム）など集団行動が苦手な子供たちも「学級経営」の良さにより集団に入っていける可能性がある。

特にこの時期は、「ペーパーチャレラン」や「五色百人一首」などイベント性が強く、どの子とも関われるような学級経営のキーとなるものを積極的に取り入れていきたい。

例えば、五色百人一首である。学級経営では多くの先生方が使っている素晴らしい教材である。

「勝ち負け」がはっきりとつくことで、熱中しやすい。また「源平リーグ戦」を行っていくことで、男女混じって多くの子供達と顔をあわせることになる。さらに自然な流れで手を触れ合う瞬間などが生まれるので、男女の仲を形成することができる。

もちろん発達障がいの子供たちも例外ではない。

ペーパーチャレランもクラス全員を巻き込んでランク付けが行われる。次々に順位が変動し熱中状態になる。さらに「この子が！」というような子供が高得点を取る「逆転現象」が起こりやすい。

またドッジボールなども体育の時間以外に位置付けて楽しいものにしていきたい。「監獄ドッジ」「王様ドッジ」「陣地制限ドッジ」「複数ボールドッジ」などバリエーションもたくさん用意しておきたい。

このような「楽しい学級経営」を基盤とすることで集団への入りやすさを実現することができ、インクルーシブを実現できるはずである。

学習場面における配慮でインクルーシブを実現する

（1）長期記憶の外部委託支援を行う

3年生の算数で最大の課題となるものは、「割り算」の概念である。その前提条件として「九九」がまだまだ定着していない子供が発達障がいを持つ子供を含めても多いことが予見できる。

割り算をするときに、

「2×1＝、2×2＝4、2×3＝6……」

と思い出すだけで相当な時間が取られてしまい学習がなかなか進まないことが増えてしまう。

結果、子供たちも自信を失ってしまい、学習への意欲が失せてしまう。

ワーキングメモリなどの関係から長期記憶への定着が難しいので根性論ではクリアすることができない課題である。

そのような時に必要な配慮が、

「長期記憶の外部委託支援」

である。

九九の表を誰にでも見える位置に張り出しておく。それをいつでも見てよいようにしておく。

アメリカの公立学校では、このようなポスターがたくさん教室に貼り出されており、いつでも見てよいようになっていた。長期記憶へのアクセスになんらかの困難さを抱える場合は、できるだけ外部に手がかりとなるような支援を提示する方が、様々な学習の展開と定着をスムースにしていく。

もちろんこのような支援は必要がなくなったら、全体支援ではなく個別支援に切り替えるなど支援を段階的に減らしていく工夫も必要である。

また、個人の手元にこのような「長期記憶の外部委託支援」の教材をおいておくことは効果的である。

ＴＯＳＳ掛け算九九尺などは、その代表的な教材であろう。

さらに「足し算引き算」に課題がある場合は、「子供用百玉そろばん」「子供用20玉そろばん」などを操作できるような配慮も必要となる。

長期記憶への配慮が必要な子への支援を実現することがインクルーシブを実現するための1つのユニバーサルデザインになる。

（2）漢字の学習に困難さを抱える子供への支援

3年生ともなると、漢字の画数が増え、形も複雑さを増してくる。ユニバーサルデザインを進めて行く中で学習の困難さが軽減される子供もいる。しかし、いよいよ集団の中における「合理的配慮」を行う子供も増えてくる学年でもある。

漢字の学習における合理的配慮の事例をいくつか紹介していく。

①拡大したマスで例示し、拡大マスで書字させる

複雑に入り組んだ形が小さな文字で表現されるとすべて真っ黒に見えてしまう子供もいる。さらにそれを同じ小さなマスに表現しようとするとこれも苦しくなってしまう。

例示する漢字も、書かせる文字も拡大マスを使うことでかなりの取り組みやすさが出る。

②紙と鉛筆以外のもので取り組ませる

例えば空でラミネートしたシートの下に拡大した漢字を敷き、そこをホワイトボードマーカーでなぞらせる。

鉛筆では微細な動きで覚えにくかった漢字が、何回も滑らかに腕全体を使いながら覚えることができる。何回も消せるので、自尊感情も下がりにくい。

③最初の書き出しの支援をする

練習のときは書けるのにテストになると途端にできなくなる子供もいる。これは「長期記憶へのアクセスの手がかり」を失っている可能性が高い。

テストで漢字の1画目、2画目だけを書いてあげる。すると「あ～！　思い出した！」と書ける子供は意外に多い。または、漢字の一部分だけを示してあげることで書けるようになる子供もいる。ちょっとした支援が長期記憶へのアクセスを容易にする。

④なぞるのも漢字の学習

これらの支援でもさらに難しい子供は、「なぞらせること」を行う。そもそも視知覚課題もあるかもしれないが、なぞることはどこの子供でも簡単に取り組める支援の1つである。

「なぞるのもお勉強のうちだからね」と一声をしっかりとかけておきたい。

⑤漢字一画欠落クイズ　漢字たしざんクイズ

それでもなかなか定着が難しい子供たちは、「書くことにエネルギーと集中を使い果たしている」可能性も高い。

そんなときは、「漢字一画欠落テスト」を行う。漢字のどこか一画だけが欠落しているテストである。その一画を埋めることができたらＯＫである。

また、漢字をばらばらに分解して、それらを足していくテストなども取り組みやすい。

思い出すべき漢字のパーツが目の前にあるだけで、さっと正しい漢字を思い出し書ける子供は多い。

このような個別の合理的配慮をするときに気をつけたいことがある。

それは合理的配慮を提供する旨を「保護者と合意形成する」ことだ。こちらが良かれと思ってやった支援でも保護者から反発されることもある。お互いに気持ちの良い支援を展開していくべきである。

（小嶋悠紀）

〈3〉学習困難視点による教科書教科別指導

1・2年生の内容を複合的に学習する3年生

抽象が理解できない学習困難

3年生は教科書の内容の抽象度が増す。

1・2年生の学習内容を組み合わせて活用する内容が多い。1・2年生の内容ができていないと3年生の学習でつまずいてしまう。

3年生の学習困難を改善するポイント

【国語のつまずきポイント】

(1) 画数の多い漢字が書けない。

1年生で山、川、木などの象形文字が中心。↓2年生で木偏に反で板など、偏と旁の学習が教科書にあるように、組み合わさった漢字が増える。

認識のプロセスに困難のあるLDや学力低位の子どもは、漢字を「丸暗記」してきた子が多くいる。

その子たちは2年生の後半から限界を感じ、3年生の漢字の書字に難しさを感じる。

【主な原因】

積み上げができていない。

【対策】

①拡大する。

教材を大きくするだけで、入力の負担が減り、書くことができる子どももいる。ただし、毎回それをやるのは大変だ。

そこで良い教材が「あかねこ漢字スキルノート」(光村教育図書)だ。

この教材の柱は右上に、大きく漢字があること。

これはかなり大きめで、指書きや繰り返しなぞりがきをさせるなど、その子に合わせて使うことができる。

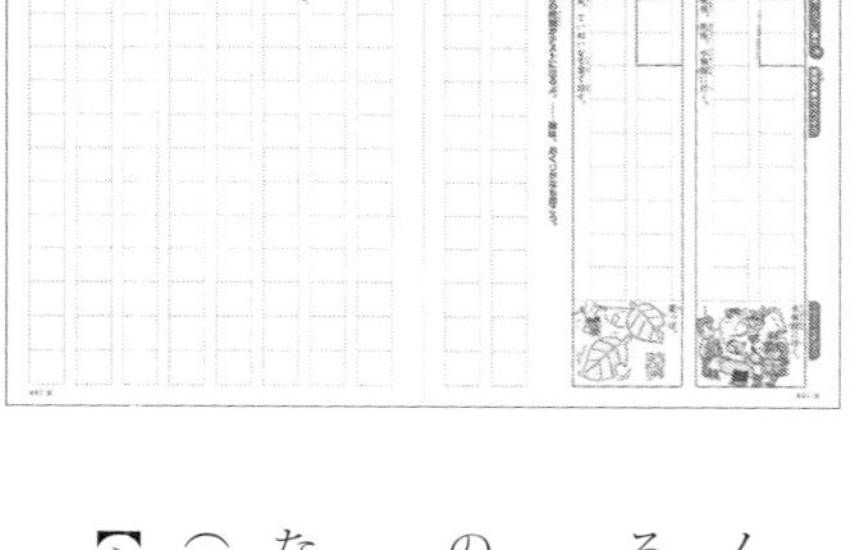

家で宿題として個別に頼んでやらせてもよい。

②パーツに分けた漢字指導

3年生段階に来ると、今まで丸暗記をして覚えていたものを部分に分けて考えられる子が出てくる。

例:「台」↓カタカナの「ム」と「口」で「むくち」などと覚える方法をつかむ子がいる。

その前提として、カタカナのムや漢字の口がわかっている必要がある。

③1・2年生の漢字の復習

1年生や2年生の漢字を改めて練習する。一度やった学習なので、嫌がらずにやる子どもが多い。

授業の時間に、新出漢字を扱った後、他の子がノートに練習をする時間に1年の漢字スキルをやる。

宿題として、他の子が日記を出すかわりに、この子には、復習としての漢字を出す。

その子に合わせて、量を増やさずにできるような配慮をしてあげたい。

(2) 促音をローマ字で書けない。

【主な原因】

pやtを重ねることが判断できない。

【対策】

ＴＯＳＳ Ｋｉｄｓ Ｓｃｈｏｏｌのローマ字教材を使う。「p」の部分に隙間があり、

例:「kippu」→「ki」「p」「pu」のように区切って認識し、カードを操作して覚える。

【算数のつまずきポイント】

(1) あまりのあるわり算が解けない。

例:14÷3＝4あまり2

【主な原因】

工程が多くて対応できない。

この計算ができるためには、

①3×□の計算で見通しを立てる
②12÷3の技能（わり算の計算）
③14－（マイナス）12（3×□）であまりの算出

という3つのステップができる必要がある。

つまり以下3つの「正確さ」が求められる。

①2年生の九九
②わり算の学習
③ひき算の計算

今まで「たし算」「ひき算」「かけ算」と個別に出ていたものが、複合的に出てくる。そのため、なんとかついてきていた知的に苦しい子、複雑な工程に抵抗のある子が、学習についてこられなくなる。

これらの対策として通常学級で補修をしていく時に有効なのが、TOSSランドの学習ゲームコンテンツだ。特に効果が高いものを紹介する。

【対策】

「勇者騎士ナリガイガー」で練習する。

勇者騎士ナリガイガーでは、

たし算（くりあがりなし）
足し算（くりあがりあり）
ひき算（くりあがりなし）
ひき算（くりあがりあり）
かけ算（すべてのけた）
わり算（あまり含む）

という6つのステージがある。ステージの中で敵がいて、10問ごとに必殺技でやっつける。武器が変わっていくので、子どもは大熱中する。

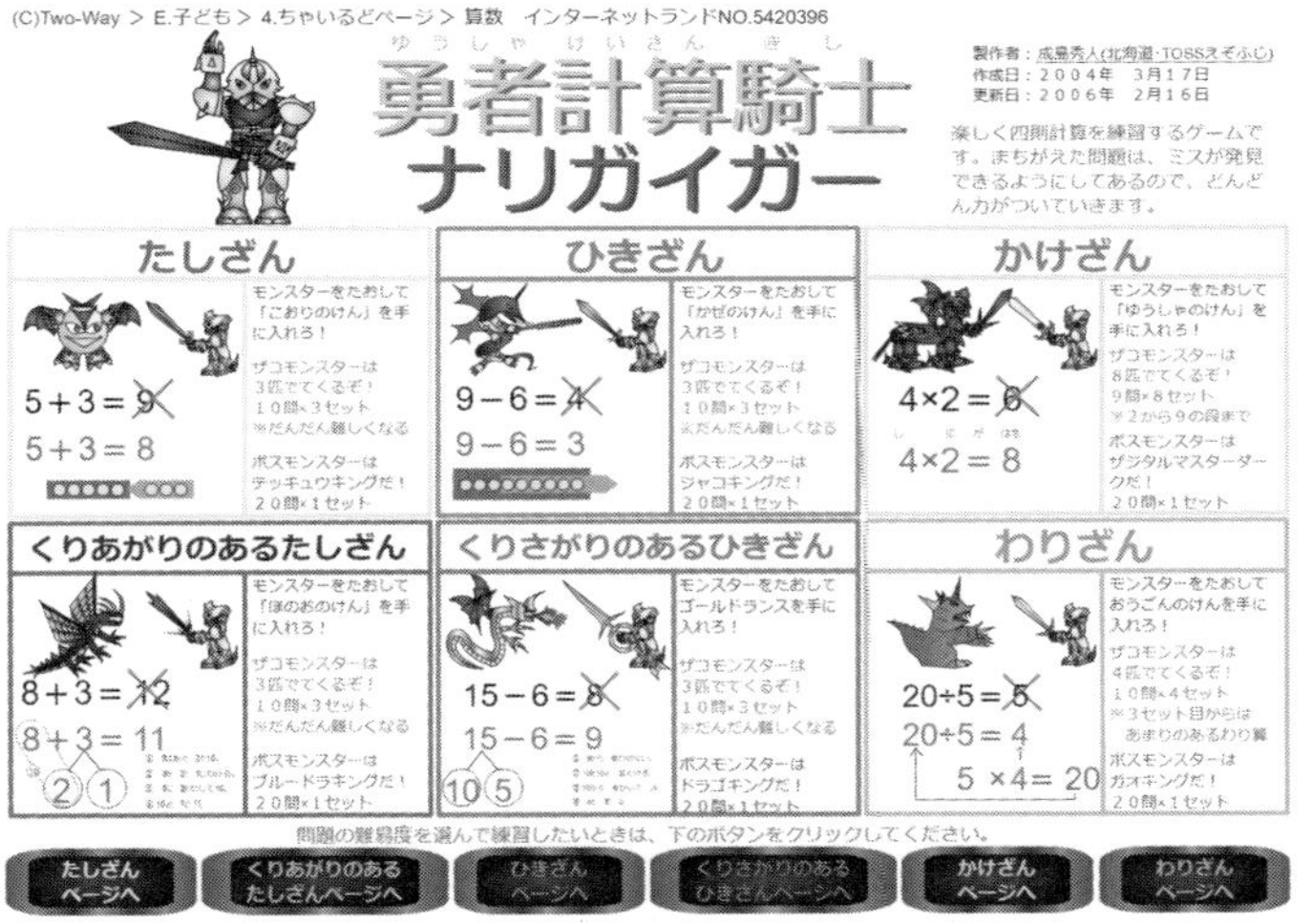

さらにピンポイントで苦手に合わせた学習もできる。わる数が7だけやるなど、クラスの子どもの苦手に合わせて解くこともできる。

毎時間の算数の導入で5分程、または、学習が終わる最後にご褒美として取り組むのが一番効果的だ。

パソコンの時間で個別に取り組ませるのもいい。

苦手な子は補修的にやらせ、特異な子は、「ぜんもん」で、かけ算はランダムで81問、わり算は１４２問を解くことでどの子にも対応する。

自尊感情を維持する

LD傾向が強い子どもの場合には、本当にできるようになりにくい子どももいる。漢字は読みができればOKとする場合もある。

「4年生までの読み書き算ができれば将来の就職で困らない」ということも言われていた。

しかし文明の利器がある現在。実際には、読めれば書けなくても、日常の生活で困ることはほぼない。自己肯定感を下げすぎなければ、将来の就職では困らない場合が多い。

また、高学年になって別の技能で学習の仕方を補って、習得できる場合もある。

重度の子どもの場合には、将来的には診断をもらうことまで配慮する。

必ずその学年の漢字学習を完璧にできなくてもよいという配慮をもつことも、子どもを追い詰めないために、必要な場合もある。

（小嶋悠紀）

〈4〉個別支援計画づくりのヒント
ABC分析と姿勢保持のアセスメント

問題行動を分析的に明記する〜ABC分析の手法を用いる〜

問題行動について個別支援計画に示す時に、

「このような行動をやっています」

と書くだけではどのようなことが「原因」となって行動を起こし、その結果どのような「いいこと」が子供に起こっているかがわからない。

条件が整う→行動する→行動の結果「いいことが生じる」→その行動を次も生じさせる

これが子供の行動の増減を決定づける。

行動の「原因」に目を向けなければ、対応方針は立たない。

行動の結果に目を向けなければ、問題となっている行動を減らすことはできない。

問題行動を分析的に個別支援計画に明記する必要がある。

これはアメリカのIEP(個別の支援・教育計画)では当たり前に個人の分析が掲載されていた。

これらの分析をするにあたり、ABC分析の手法を用いる。

「A：原因　→　B：行動　→　C：結果」

で1つの問題行動の発生を明記する。

ここで重要なのはA：原因をできるだけ多く記載することである。

すると問題行動発生の主たる要因が見えてくるので、どのような支援をすればよいかの見通しがつく。

対応方針は「できるだけ原因から子供を遠ざける」支援をすることである。

次に注目するのはC：結果である。

問題行動の結果、子供にとって「いいこと」「有利な状況」が発生していないかをチェックする。

問題行動を起こすことで、

「やらなくていい活動を生み出していないか」

「特権的な状況を提供していないか」

「気持ちの良い刺激になっていないか」

「大人や友達の注目を集めてしまっていないか」

などをチェックする。

もし、そのような状況を与えているとすれば、そのような状況を生み出さない「行動への反応」を導き出す必要がある。

ABC分析を用いた分析を個別の支援計画に記すことで、その後に担当する先生方の支援のヒントにもなる。

姿勢保持や座るイスのアセスメント

発達障がいを持つ子どもたちにとって「姿勢保持」は重要な課題である。

基本的に体幹の筋緊張状態が緩いことが多い。

筋緊張の状態の簡単なアセスメントの仕方は様々あるが、いくつか紹介する。

①すぐに頬杖をつく、机にねそべる

体幹の筋緊張状態が弱いと、姿勢を維持することが難しくなる。そのため、別の支点が必要になる。頬杖はその1つの典型例である。

椅子の上に留まるには、別の支点（ひじをつく、背中を背もたれにつける、頬杖をつくなど）を作り出し、いくつかの支点で支えて座るほかない。

様々な支点を用いることでようやく椅子というものに腰掛けているという状態が維持できる。

②両足、片足を正座の形で椅子に座る

椅子に座ってバランスを保てない子供の中に、足を折りたたむことでバランスを取っている子供も多い。片足、両足を正座の形で座ってしまう子供たちはその典型例でもある。

③目をつむって20秒間両手を平行に維持

子供に目をつむらせて、両手を開き目の前に突き出させる。

その状態で20秒間維持させる。筋緊張が弱いとその手が徐々に下に下がってきてしまう。筋肉を常に維持する状態が保てないことで、手が下がってきてしまうのだ。

④片足でのバランス

片足でバランスが取れるかもとても重要な筋緊張維持の1つの指標である。

両足それぞれで片足で立たせる。目をつむってそれぞれ片足で立たせる。

それぞれ10秒ほど維持ができてほしい。

まだまだ様々なアセスメント方法があるが。これらのことができないと、腰立をして座ることが困難である。

また自閉症スペクトラムの子供たちは「接触に過敏性」を持っている。

接触過敏性があると、肌に触れていなくても、「その感触に非常に敏感に反応してしまう」という事態が生じる。

椅子など固いところに過敏性を感じる子供もいる。逆に柔らかいものに過敏性を感じる子供もいる。

しかし、このようなことを教師自身がアセスメントできていないと「姿勢の悪いだらしない子供」「我慢ができない子供」としか捉えてもらえない。

そうなると毎日教師に「いい姿勢になりましょう」と言われ続ける。筋肉の問題なのにやる気の問題にされてしまうのは大きな苦痛である。

アメリカの教室を見て驚かされたのが、「座る椅子」の豊富さである。

子どもたちは、通常学級でも多種多様な椅子に座っていた。これも合理的配慮の一環としてアメリカで普通に実現されていたことである。

そこでどのような合理的配慮を「座る」ということで行えばいいのか、実際の実践から紹介したい。

①腰回りのバランスを確保する「ビーズクッション」

体幹の筋緊張状態を助けるには、様々な支点を「固定できる」補助具が必要だ。

しかし、日本で売られている物はほとんどが高い。

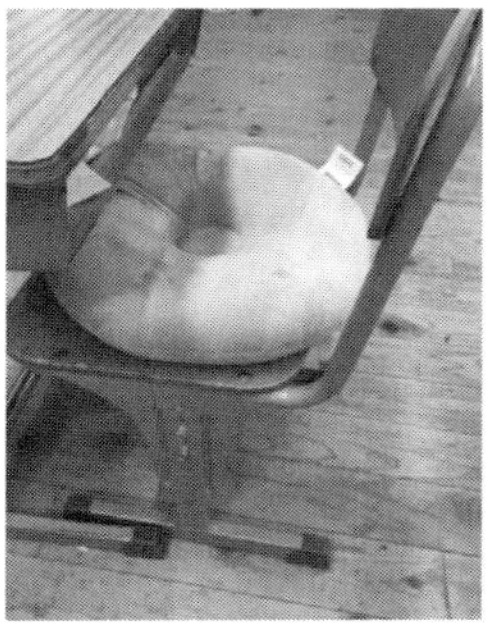

そこであるホームセンターに売っていたのが写真のビーズクッションである。

ビーズクッションなので、座り込むと、子どものお尻と太ももの形に変形する。その結果、両ふとももと腰回りに支点が作り出されるので、クッションに体が固定される。これだけで姿勢が一気に保持できるようになる。

写真の子どもは、どうして斜めにしか座れなかった子どもである。しっかりとクッションの支点で姿勢を保持することができるようになった。

わずかな変化だが、姿勢を保持するために必要な支援が一気に行われる優れものである。

②バランスボールで刺激を入れながら学習する

バランスボールの椅子はアメリカでもよく見られた合理的配慮に適する椅子の1つである。

写真の物は、足がついているので転がりにくい特徴がある。

子どもは、常にボールの上で動きながら学習する。集中できないのではないかと思われるが、そんなことはない。「動くことでドーパミンが出る」「過剰な意識を他へ飛ばしながら学習が成立できる」という配慮が可能である。この椅子のおかげで学習に向かうことが困難だった子どもが学習に向かえるようになった。座ることへの合理的配慮をさらに広めていきたい。（小嶋悠紀）

【1学期】特別活動・学級レクリエーション

楽しい集団遊びで盛り上がろう

3年生は集団遊びが大好きである。1学期は、たくさん遊ばせよう！

盛り上がるドッジ～5つの変化形・変わり種～

ドッジボールは、「鬼ごっこ」「ドロケイ」などと並び、クラス遊びの王様と言える。ただ、通常のドッジボールには、次のような問題点がある。

・力の強い子の独壇場になり、力の弱い子はただ逃げるだけになってしまう。
・ゲームが進むにつれ外野が増え、ただ立って見ているだけの状態が続いてしまう。

そこで、以下、5つの変化形を紹介する。

①　ボール2個バージョン

最初は1個
←
途中から2個

・通常のドッジボールだがボールを2個にする。
・初めから2個でスタートする。または途中から2個にする（ただし教師が「今から2個行きます！」と大きな声でコールすること）。

2個にするだけでスピード感が増し、強い子も当てられてしまったり、弱い子にもボールが回ってきて当てたりと、変化が生じる。

②　王様ドッジボール

男女混合の2チームをつくる
←
王様にはゼッケンをつける

・男女混合で2チームに分ける（1・2号車対3・4号車など。あまりチームの力のバランスに神経質にならない方が良い）。
・それぞれのチームで、1人「王様」を決める（立候補ジャンケンなど）。相手チームに知らせる。
・「王様」が当たった時点で当てたチームの勝ち。ポイントは、王様を守った子をほめることである。次第に、みんなで王様を守るようになる。

③　隠れ王様ドッジボール～王様ドッジの秘密バージョン

・王様ドッジボールと同じだが、「誰が王様か、相手チームに知らせない」バージョンである。ただし、教師には伝えさせる。

最後まで誰が王様か分からなく、面白い。もし、途中で相手チームの誰が王様か推定できたら、子供達同士で「○○さんが王様！」と言っても良い。

④　監獄ドッジボール

当たったら「監獄」に入る。
←
味方の異性がキャッチしたら復活

・男女混合2チームに分ける。
・外野は女子2～3名にする（あまり強くない女子のボールなら、内野のキャッチ率が上がるからである）。
・当たったら、チームのコートの外の監獄（直径3メートルほどの適当な円を描いておく）に入る。
・味方の「異性」が敵のボールをノーバウンドでキャッチしたら、監獄の中の人は復活できる（1キャッチにつき「1人ずつ」ではなく、「一気に全員」復活できる）。

気に全員」復活できる）。

ポイントは教師が以下のことを声かけすることである。

・逃げてばかりではなく、当たっても良いから積極的にボールをキャッチしにいくこと。
・監獄の中にいる人は、味方の異性に「取ってください！　お願いします！」と丁寧にお願いするようにすること。大人しい子がキャッチし、ヒーロー（ヒロイン）が生まれるのが、監獄ドッジボールの醍醐味である。

基本的に、ボールは１個が良い。キャッチの確率がアップするからである。が、校庭などでボールが遠くまで行ってしまうような場合には、２個にするなど、調整する。

⑤　男子対女子ドッジボール

男女別の２チームをつくる
←
男子が勝つごとに男子のコートを狭くする

・男子が勝つごとに、男子のコート狭くしていく。
「え～！　ずるい！」などと男子が文句を言ってくる。教師は、「そうかぁ。去年の先生のクラスの男子は、これでも勝ったんだけどなぁ」と言うと、「よっしゃ、やってやる！」となる。

盛り上がるドロケイ～「ゼッケン」を着せよう～

男女混合（男女別）２チームをつくる
←
ゼッケン（または赤白帽）をつける

・クラスを警察と泥棒に分ける。男子対女子でも良い。警察を泥棒より少なくする場合もある。
・警察は、泥棒をつかまえる（タッチする）。タッチされた泥棒は、牢屋（ジャングルジムなど）に入る。まだ生き残っている泥棒にタッチされたら、復活できる。
・泥棒が全員捕まったら終了。

盛り上がるポイントは、それぞれに「ゼッケン」を着させることである（なければ、赤白帽子でも良い）。チーム感、仲間感が出て、ない場合よりずっと盛り上がる。

盛り上がる腕相撲大会～「左場所」から始める～

予選は一斉に
←
準決勝・決勝はみんなの前で

・「左場所」（全員が左腕で対戦する）で行う（別の機会に「右場所」を行う）。
・隣同士で対戦→班の勝った同士で対戦→１号車の中の勝った同士で対戦→各号車の勝った同士で対戦→決勝戦

勝った同士が対戦している時に、負けた同士を対戦させても良い。準決勝、決勝は周囲に子供達を集め、盛大に行うのがポイントだ。

チャンピオンと教師が最後に勝負しても良い（教師が絶対勝てる自信がある場合にのみ！）。

盛り上がる「いかだゲーム」

代表ジャンケン・負けたら机を減らす
←
もう乗れなくなったら負け

・男子と女子に分け、それぞれ机を隙間なく付ける。椅子は使わないので端などに寄せておく。
・上履きを脱ぎ、机の上に上がる。
・各チームの出席番号の若い順に、代表ジャンケンを行う。
・机をつけて２つのいかだをつくる。
・負けたチームは、机を１つ減らす。これを繰り返す。

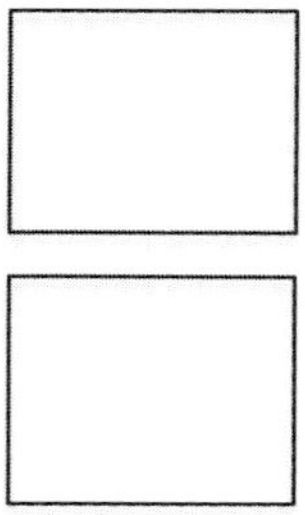

・落ちてしまったり、もう乗れなくなったりしたら、負け。

単純なゲームだが、盛り上がる。ただ、以下の安全面での声かけが必要である。

・押したり、引っ張ったり、動き回ったりしない。
・危ない時には、中止にしますよ。

教師が周囲にいて安全を確保する。

（佐藤良平）

【2学期】特別活動・学級レクリエーション
「まつり」活動を楽しもう

3年生2学期。学校行事での「こどもまつり」など、お祭り系の活動を紹介する。

「こどもまつり」は「お祭りらしさ」が大切

「こどもまつり」の出し物は、4つのタイプに分類できる。

・縁日系（まとあて・ボーリング・魚釣り等）
・教室大改造系（お化け屋敷・迷路等）
・工作系（ブンブンごま・プラ板・スライム等）
・運動系（アスレッチック等）

様々な店があるから良い。ポイントは、「お祭りらしさ」を出すことである。ここでは、縁日系の「魚釣り」「ボールすくい」を紹介する。

魚釣り～1分間で何匹釣れるか競おう！

ブルーシートの海に魚を泳がす
←
1分間で何匹釣れるか競う

・海の生き物を10～20種類ほど画用紙に印刷する。魚釣り用の魚の絵柄は、インターネットや本で手に入る。
・子供達に色ぬりをさせる。
・切り取る。
・口の部分にクリップを付ける。
・割り箸の先に凧糸を巻き付け、釣竿を作る。円形のミニ磁石を用意し、凧糸の先に巻きつければできあがり。
・ブルーシートを広げて海を演出すると、ぐっと雰囲気が出る。

ストップウォッチで、1分間で何匹釣れたか記録を取り、掲示するようにした（立った状態で釣るルールとした）。

ボールすくい～破れにくいポイがポイント！

破れにくい4号のポイですくわせる！
←
数を記録して掲示する

スーパーボールを50～100個ほど用意する（ネットでまとめ買いがお得）。

・ポイを用意する（金魚すくい用の、プラスチックの枠に使い捨ての和紙を張ったもの。箱でまとめ買いする。強度に段階がある。小学生であれば、一番破れにくい4号が破れにくくて良い）。
・すくったボールを入れるカップを用意する。
・プールを用意する（ネットなどで安く手に入るが、水漏れ必至なので、大きなプラスチックの入れ物等で代替することも考えられる。家庭からは借りない方が良い）。

こちらも、取れた数を記録して掲示する。

班対抗系ゲーム～5種目～

5人班、1人1種目にエントリー
↓
総合得点を競う！

1班5名を想定して行う。4人班の場合は、どれか1つを削るか、1人が2種目に出るようにする。

事前に、以下の5つのタイトルのみを知らせて、誰がどの種目に出るのか、決めさせておく。

①お題付き歌合戦～簡単な歌で～

お題「生き物が出てくる歌」
↓
歌えた子にポイント！

・各班から代表者を1名ずつ前に出させる。
・事前に画用紙に「お題」を書いておく。お題を出して、歌を思いついたら手を挙げる。指名されたら歌うことができる。例えば、お題「生き物」なら、生き物の名前が出てくる歌（「かたつむり」「かえるのうた」「ちょうちょ」など）を歌ったら1ポイント獲得となる。「花」「春（夏・秋・冬）の歌」など。

②覚えてしりとり～記憶力が物を言います～

前に出た言葉をつないでしりとり
↓
言えなくなったら負け！

・各班から代表者を1名出させる。
・前に横1列に並ばせる。
・端の子からしりとりをスタートさせる。その際、初めの子が「りんご」と言ったら、次の子は「りんご、ゴリラ」のように前に出た言葉を言わなくてはいけない。その次の子は、「りんご、ゴリラ、ラッパ」のように言う。
・言えなくなったら負け。他のグループにポイントが入る。

③お箸使える?～豆つかみ競争～

用意ドンで豆を1粒ずつ移す
↓
1位に5ポイント！など

・各班から代表者を1名出させる。
・カップ（1人分2つ、移す前用と移した後用）・割り箸・小豆（1人分10粒程度）・机を班の数分用意する。
・カップの豆を割り箸で1粒ずつつかみ、もう1つのカップに移す。早く全て移し終わった子の勝ち。

④覚えて消して～記憶力で勝負！

・各班から代表者を1名出させる。
・黒板に1～30までの数を書く。
・代表者は順に、3つまで好きな数を言う。言われた数は消す。
・すでに出た数を言ってしまったり、言う数がなくなってしまったりしたら負け。他チームに1ポイントが入る。

⑤滑舌クイズ～早口言葉で爆笑～

・各班から代表者を1名出させる。
・事前に画用紙に「お題」を書いておく。例えば、「手術室」「新春シャンソンショー」「あぶりカルビ」など。
・代表者は順に、お題の言葉を言う。「正しく」「速く」言えたらポイントを与える。

5種目の各班のポイントは記録しておき（記録担当を決めておくと良い）、合計して結果発表を行う。

最後に、ゲームが終わったら、失敗などを責めたりしないこと、一生懸命やって失敗したからみんなが楽しめたことを伝えて終わる。

（佐藤良平）

【3学期】特別活動・学級レクリエーション

「終了記念パーティー」紹介

学年末のお楽しみ会は、1年間のうちで最も盛大に行いたい。転校する子もいるかもしれない。その場合には、お別れ会も兼ねて行うと良い。

以下、3年生終了記念パーティー（&○○君お別れ会）の内容を紹介する。

事前準備～班で分担方式がおすすめ！

教室を8つの場所に分ける

←

班で分担し、全員で飾り付けを行う！

「教室の飾り付け」の時間が楽しいひと時となる。手先の器用な女の子が、お花の作り方などを男子に教える姿がほほえましい。

教室の飾り付けは、「班で分担する（全員で行う）」ことがポイントだ。

例えば、教室を次のように8つに分ける。

①窓側
②廊下側
③前方壁
④後方壁
⑤天井A
⑥天井B
⑦黒板
⑧後方黒板

・班単位の立候補ジャンケンで、担当を決定していく。
・担当場所が決まったら、「プラン」を紙に描かせると、見通しが立つ。
・輪飾りの輪は、教師が事前に折り紙を二センチほどの幅に裁断機で裁断しておくと良い（子供が切ると、時間がかかるため）。
・その他、色画用紙、マジックペン、リボン、お花紙などを用意しておく。飾り付けの時間だけでも、数時間を見込んでおく。

プログラム～各ジャンルから1つずつ

内容にはジャンルがある

←

同じジャンルでかぶらないようにする

内容には以下のジャンルがある。1ジャンル1種目が良い。子供はそれぞれ得意なものが異なるからだ。

・室内レク系（フルーツバスケット等）
・知的な遊び系（百人一首等）
・運動系（ドッジボールや鬼ごっこ等）
・一発芸系（目立ちたい子を活躍させる）
・全員スピーチ系

始めの言葉・終わりの言葉は、あると不思議と会が引き締まるので、入れると良い。

全員による歌も良い。とくに学年末は、さみしさも相まって、良い雰囲気になる。

フルーツバスケット～変化のある繰り返し～

初めは1種類からスタート

←

2種も可、3種も可

最後にフルーツバスケット解禁

・フルーツの種類は、四種類くらいが良い（多すぎると覚えられないし、動く子が減るため）。

・「隣の席に移動」は、なしとする。

・初めのフルーツのコールは1種類のみとし、徐々に解禁していく。

・あまりダラダラやらないのがポイント。

百人一首大会～100枚での本格試合～

4人組で対戦

←

色ごとに並べさせ、詠む

・五色百人一首を教室で行っている場合には、盛り上がること間違いなしのプログラムである。全色（１００枚）を４人で対戦する。

・青→桃→黄→緑→橙のように色ごとに並べさせる。

・教師が詠むときも、青→桃→黄→緑→橙の順で読む（石坂陽氏の実践）。

・リーグごとの1位を表彰すると良い。

ドッジボール大会

あまり手間をかけずに

←

とにかく全員でドッジボールを楽しむ！

・通常のドッジボールでも良い。

のど自慢～目立ちたい子を活躍させる！

何でも良いから前に出たい子にさせる

←

爆笑の渦になる！

・一発芸や手品等でも構わない。

・グループでも可かどうかは、目的に応じて示す。

全員スピーチ～発表力を鍛える～

事前にスピーチ原稿を書かせておく

←

スムーズなスピーチになる

・1年間での心に残ったことや、お別れする友達へのメッセージを書かせ、読ませる。

給食時間もプログラムに位置付け、「ランチタイム」と名付けるだけでも、楽しい雰囲気になる。

司会（男女各1名）・始めの言葉・終わりの言葉・それぞれのプログラムの担当者（1～2名ずつ）を決めておくと良い。

座席はシアター形式（映画館のように、机を後ろに下げ、椅子のみを前方向きに並べる）が良い。

※参考：向山洋一氏『竹山君お別れ会』音声CD

（佐藤良平）

【1学期】保護者会・配布資料

「手」を離して、「目」を光らせよう

学習面について

国語の学習では、国語辞典を使い始めます。また、毛筆書写が始まります。

算数では、「わり算」「かけ算の筆算」「小数・分数」などを学習します。高学年に向けて基礎・基本となる重要な学習がたくさん出てくる学年でもあります。

社会では、自分たちの住んでいる市区町村について学習します。まちの様子やまちのお店や工場で働く人々について学習します。また、八方位や地図記号などを学習します。

理科では、身近な昆虫や植物を育てながら、成長の過程や体の仕組みについて勉強します。また、風やゴム、電気や磁石などの学習も行います。

音楽の学習では、リコーダーの学習がスタートします。

総合的な学習の時間がスタートします。主な学習内容は、国際理解、情報、環境、福祉、児童の興味関心に基づく課題、地域や学校の特色に応じた内容となります。

外国語科活動がスタートします。3年生では、会話が中心の学習となります。

3年生の特徴

3年生の子供たちの特徴は、一言で言って、元気です。とにかく何にでも興味を持って取り組みます。だからこそ、その興味・関心を広げることが非常に大切です。逆に大人の側がその興味・関心を広げなければ、すぐにやめてしまうのも特徴です。

ですから、大人の側が、子どもの小さな変化に気づき、さまざまな情報を提示していくことが重要になってきます。ぜひ、ご家庭でも、気にかけてください。

また、友達関係も変化が出てくるのが3年生です。

いわゆる、ギャングエイジと呼ばれる時期に突入します。ギャングエイジとは、友達と集団で行動することを好むようになることです。今までは、おうちの方と過ごすのが一番楽しかったのが、変化してくる時期です。集団で行動することにより、さまざまルールを覚えていくのです。これも大人への大切な変化ですから、温かな目で成長を見守りましょう。

子育て四訓

子育て四訓という教えがあります。少し長いのですが、紹介させていただきます。

一．乳児はしっかり肌を離すな
二．幼児は肌を離せ手を離すな
三．少年は手を離せ目を離すな
四．青年は目を離せ心を離すな

3年生は、ちょうど三のあたりでしょうか。学校生活にも慣れた子供たちから少しずつ、手が離せるせるようになるのではないのでしょうか。

例えば、宿題は自分だけで取り組むことができる。また、明日の学校の準備も自分ひとりでできる。そのようなことができるのが、3年生の成長なのだと思います。だからこそ、おうちの方の協力が必要なのです。ここで、目を離すと今まで身についてきたことが、できなくなってしまいます。ぜひ、3年生では、「手」を離していただき、「目」を光らせていただければと考えております。

（大井隆夫）

北九州市立高須小学校３年学年だより

サン３SUN

平成２７年 4月 13日(月)

新学期が始まり，一週間が経とうとしています。先週末には，新一年生も入学し，活気あふれる学校生活がスタートしました。

また，今週は，早速，家庭訪問が始まります。お忙しい中，時間調整をしていただきありがとうございました。保護者の皆様とお会いできることを，私たち担任もとても楽しみにしています。どうぞ，よろしくお願いいたします。

さて，中学年の仲間入りをした３年生，低学年のころにはなかった学習が始まったり，新しい用具が必要だったりします。文章ばかりで読みにくいかとは思いますが，以下の文について読んでいただき，ご理解・ご協力をお願いいたします。

必要な学習用具について

○リコーダー

音楽の学習で使用します。市販されているものを購入されても構いませんが，学校の方でも購入のお世話をさせていただきます。本日，申し込み袋を配布しています。

アウロスリコーダーソプラノ ￥1450 4月２０日申し込み締め切り

○国語辞典・漢字辞典

国語の学習で使用します。授業では，学校のものを使うこともできますが，個人用をご希望の方は，こちらも申し込み袋を配布していますので，申し込まれてください。なお，漢字辞典は，４年生で使います。

光村図書出版国語辞典・漢字辞典 各￥1850 4月２０日申し込み締め切り

○習字道具

国語の学習で使用します。市販されているものを購入されても，すでに習い事などで使っているものでも構いませんが，学校の方でも購入のお世話をさせていただきます。こちらは，まだ申し込み袋が届いていませんので，届き次第，配布します。申し込み締め切りは，袋に記入しておきますので，よろしくお願いいたします。

なお，市販されているものを購入される方は，５月の連休明けくらいまでにご準備ください。

※お願い

学校にお金を持たせる場合には，お手数ですが，連絡帳に一筆書いていただくようにお願いします。また，子どもたちには，担任に必ず手渡しをするように指導しています。保護者の方からも，そのように話していただけると助かります。紛失などの事故防止のため，ご協力をお願いいたします。

3年の学習に必要な道具を示す。

学習について

新しい学年の学習内容を紹介する。

◎ 先週，時間割を配布しましたが，３年生になり，授業時間が増えています。月・火・木は６校時までとなりますので，下校時刻についてお間違えのないようにお願いいたします。また，２年生までの「生活科」がなくなり，新たに「理科」「社会」「総合的な学習の時間」が加わりました。学習内容については，２４日(金)の懇談会の折に詳しく説明させていただこうと思っていますが，「総合的な学習の時間」につきましては，学年合同で学習をしたり，教材によっては，ある時期に集中して学習したりすることがあり，時間割通りにできないことがあります。年間７０時間の授業時数については，責任をもって行いますので，その点はご了承ください。

◎ ３年生の家庭学習時間の目安は，３０分です。（１０分×学年） 宿題の量もそれにともない多くなっていると思います。子どもたちにとっては，初めは少し抵抗があるかもしれませんが，すぐに慣れます。頑張るように励ましていただくと助かります。

その他のお知らせやお願い

学習道具や学校のきまりを示す。

◎ 家庭訪問期間中の下校は，13時半ごろになります。

◎ 学習用具や持ち物に記名をお願いします。

◎ 本日，「高須小学校よい子のきまり」を配布しています。今年度から新たに加わった項目もあります。学校でも読み合わせをして指導をしましたが，ご家庭でも，ご家族一緒に読まれて，確認していただくようにお願いいたします。

◎ 連絡帳に，次の日の持ち物や宿題，連絡事項などを書くようにしています。毎日，目を通されてサインか押印をしていただくようにお願いします。担任の方も，書いた後か次の日の朝にチェックをして押印するようにします。また，ご家庭からの連絡や質問などありましたら，小さなことでも遠慮なくご記入ください。

◎ 筆箱の中には，鉛筆５本以上，赤鉛筆，青鉛筆(赤青鉛筆でも可)，消しゴム(柔らかく消しやすいものが望ましい)，定規(15ｃｍ程度・折り畳み式は不可)，黒の名前ペンを入れておくようにお願いします。

◎ クーピー(色鉛筆でも可)，はさみ，のり(スティクのり)を，20日(月)までに持たせてください。常時，引き出しの中に入れておくように指導しています。なお，クレパスについては，必要な時に連絡しますので，ご家庭で保管しておいてください。

【2学期】保護者会・配布資料　2学期に大切な生活習慣づくりを

生活習慣について

2学期は、1年間で一番長い学期です。そんな時こそ、やはり生活習慣が大切です。

2つのポイントで見てみましょう。

（1）忘れ物

毎日、次の日の用意をする習慣は、身についていますでしょうか。

習慣というのがポイントです。

家に帰ってから、学校で貰ったプリントを出し、宿題をして、あすの学習の用意をしてから遊びに行く。

習い事をしている子や、おじいちゃんのおうちに帰る子など様々な子供がいますので、これは1例です。

しかし、毎日習慣になっているということがポイントです。

習慣になることで忘れ物は、グッと減ります。

ぜひ、ご家庭でもう一度学校から帰ってからの生活をお子様と話し合われてください。

（2）家庭学習

3年生になり、おうちの方がずっとついていなくともお子様1人で行うことも可能になっていくのではないかと思います。

そこで、高学年に向けてもう1歩先の家庭学習を目指していただきたいです。

なぜ、家庭学習にこだわるのかといいますと、ひとえに中学校へ行ってからの学力に関係してくるからです。

中学校では、小学校と違い教科担任制です。教科別に課題が出されます。その課題に取り組みつつ、復習をする。

その学習を支えるのが、机の前に座る習慣です。

習慣とは、すぐに身に付くものではありません。ぜひ、お子様が素直な今から取り組んでいただきたいです。

家庭学習の目安は

学年　×10分

です。

宿題だけでは、到底30分もかからないはずです。

学校で習った漢字や計算をもう一度解く。

また、日頃疑問に思っていることを調べ、ノートにまとめる。

日記を書いてみる。

いつもより長い『ハリーポッター』などの物語の本を読んでみるなど、ぜひ、お子様と習慣づくりにチャレンジしてみてください。

持ち物について

3年生の算数科の学習では、かけ算の筆算や分数のたし算・ひき算が出てきます。

計算の度にたくさんのノートを使います。

なぜたくさんノートを使うかというと、余白を開けて、見やすく、間違いを減らし、ていねいに書くためです。

ご理解、宜しくお願い致します。

ご協力を宜しくお願い致します

3年生の社会科の学習では、買い物調べでご家庭にご協力していただくことが、度々ございます。

たいへんお忙しいとは思いますが、子供たちのインタビューなどに、どうかご協力宜しくお願い致します。

（大井隆夫）

行事があった時には、必ず、保護者の方への感謝の言葉を書く必要がある。

北九州市立高須小学校３年学年だより

サン３SUN No.16

平成２７年　11月　2日(月)

学習発表会　ありがとうございました！！

先日は、学習発表会、大きな拍手ありがとうございました。良い発表ができるように、子どもたちは自分の課題を持ち、時には休み時間を使って一生懸命に練習をがんばりました。本番では持てる力を出し切り、本当にすばらしかったです。私たち担任もとてもうれしく思いました。お家の方もたくさん誉めて下さったようで、今日は朝から、「大きい声ってほめられたよ」「すごいって言われたよ」と、子どもたちが、口々に話しかけてきました。子どもたちには、とてもよい成功体験になりました。この学習発表会で培った力をこれからの学校生活にも生かしていきたいと思います。

秋が深まってまいりました。学校の周りの山々もきれいに色づき始めています。朝晩の冷え込みも厳しくなってきました。風邪を引かないように手洗い・うがいの励行・衣服の調整など、よろしくお願いします。

１１月の行事予定

３日（火）　文化の日
６日（金）　フッ素塗布　希望者
１７日（火）　社会科見学
１８日（水）　４時間授業　１３：３０下校
２０日（金）　高須フェスティバル１・２校時
２３日（月）　勤労感謝の日
２７日（金）　パソコン学習

新しい友達紹介　よろしくお願いします

１組　川口《かわぐち》　秀斗《しゅうと》くん　（赤坂小より）

行事予定を示す。保護者が一番気にして見るところである。

学習予定

国語・・　せつめいのくふうついて話し合おう
　すがたをかえる大豆　絵や写真を使ってせつめいする
　れいをあげてせつめいしよう
　食べ物のひみつを教えます
社会・・　働く人とわたしたちのくらし
　工場で働く人と仕事
算数・・　１けたをかけるかけ算の筆算
　重さ
理科・・　太陽の光をしらべよう
　光の進み方
　光をあてたところの明るさとあたたかさ
音楽・・　いろいろな音のひびきをかんじとろう
　おかしのすきなまほう使い　まほうの音楽　パフ
図画工作・　でこぼこもようのなかまたち
体育・・　鉄棒運動　幅跳び　高跳び
道徳・・　人の心のうつくしさ　すすんではたらく
　いのちの力　みんなのものを大切に
総合的な学習の時間・・　おとなりの国　韓国に

社会科見学に行く時は、詳しく日程や必要なものを記入しておく必要がある。

お知らせやお願い

◎１１月１７日（火）に社会科見学に行きます。見学地は、いのちのたび博物館、高塔山、しゃぼん玉石鹸工場です。時間は、９時出発、１５時帰校予定です。いつも通り、登校させてください。

持ち物　○お弁当　○水とう　○しきもの　○お手ふき　○しおり　○赤白ぼう
　○名札（必ず、つけさせてください）
　○筆記用具（えんぴつ３本（キャップ付き）けしゴム１個）
　たんけんバックのポケットに入れるので、バラで持たせていただいて、かまいません。

どうぞ、よろしくお願いします。

【3学期】保護者会・配布資料　いよいよ高学年、思春期の特徴は？

学習について

3学期は、3年生の学習のまとめです。

3年生で勉強したことを紹介します。

・国語辞典の使い方がわかり、言葉を探すことができる。
・ローマ字を読むことができる。
・習字をすることができる。
・かけ算の筆算をすることができる。
・わり算をすることができる（あまりのある場合を含める）
・時刻や時間を求めることができる。
・棒グラフを読んだり、書いたりできる。
・コンパスと使うことができる。
・地図記号をいくつか知っている。
・方位磁針を使い、東西南北を知ることができる。
・温度計を使い、温度を測定することができる。
・リコーダーを演奏することができる。

ぜひ、ご家庭で見て、聞いて、褒めてあげてください。

4年生になると、新しい学習、クラブ活動が始まります。

また、算数ではわり算の筆算が出てきて、学習の内容もいよいよ高学年となってきます。

これからの成長について

3年生も終わり、いよいよ高学年の仲間入りです。3年生や4年生の前半までは、ギャングエイジと呼ばれる世代です。

しかし、4年生の途中からは、高学年。今までの子供たちにはない、劇的な変化が訪れます。特に、女の子は精神的に発達が早いと言われています。

高学年になると、早くも思春期を迎える子供もいます。

そこで、思春期の4つの特徴を書きます。

・それまでは、先生やおうちの方が言っていることが正しいと思っていた価値観が、本当は、正しくないかもしれないという価値観を持つようになる。
・たった1人でいいので、なんでも話せて心の底から信頼できる、本当の友達を持ちたがる。
・身近な運動クラブの先輩などに対して、強力な憧れを持つようになる。
・思春期でいろいろな悪さをするが、何をしても許してもらえるという、どこかで心の港を求めている。

このように、今まで可愛く愛らしかった我が子は……という、劇的な変化が起こります。

しかし、これも大人への成長への1歩です。温かな目で見てあげてください。

ご理解、宜しくお願い致します。

春休みの過ごし方につて

ぜひとも、3年生の復習に力を入れて頂ければと考えています。

特に、上記の

・かけ算の筆算
・わり算

は、これから進級しても必要となります。

また、3年生で学習した漢字についても同様です。どうか宜しくお願い致します。

（大井隆夫）

最初の文章では、常に教師の姿勢を示す必要がある。

北九州市立高須小学校３年学年だより

サン３SUN No.22

平成２８年３月２日(水)

いよいよ　最後の月

元気いっぱいの３年生の子どもたちと出会ったのが、ついこの前のような気がします。いよいよ３年生最後の月となりました。

みんなで一緒に、真剣に学んだり、運動に取り組んだり、笑ったり・・・様々なことがありました。それが今では、とても良い思い出です。

その思い出をさらに輝くものにするために、８３名が仲良く自信を持って進級していけるように、最後の大切な月を心して指導していくつもりです。

どうぞよろしくお願いします。

３月の行事予定

１７日（木）　１４：００下校（卒業式準備のため）
１８日（金）　第３２回卒業式（３年生はお休みです）
２０日（日）　春分の日
２１日（月）　振替休日
２３日（水）　給食終了日　大掃除
２４日（木）　修了式

３月号の場合は、来年度４月も行事予定を示すことが親切である。次の学年の準備ができる。

４月の行事予定

７日（木）　始業式
１２日（火）　入学式
１３日（水）　給食開始

家庭でも学習に協力が必要な場合は、通信で連絡しておくと快く協力してもらえる。

★社会科の学習について

社会科の学習で、「お父さん、お母さんが子どものころ」という学習があります。お父さん、お母さんが子どものころのくらしは、どんな様子だったのかをご家庭でインタビューをします。お忙しいとは思いますが、ご協力よろしくお願いします。

学習予定

国語・・　本で調べて、ほうこくする文章を書こう
・ことわざについて調べよう
心にのこったことを、自分の言葉で表そう
・モチモチの木
三年生をふり返ろう
・わたしの三大ニュース
社会・・　変わるわたしたちのくらし
昔の道具とくらし
算数・・　間の数
よみとる算数
口を使った式
みらいへのつばさ
そろばん
もうすぐ４年生
理科・・　おもちゃショーをひらこう
音楽・・　音をあわせて楽しもう
歌おう声高く　かね　エーデルワイス
図画工作・のこぎりひいて、ザク、ザク、ザク
くつ下や手ぶくろにまほうをかけると
体育・・　ラインサッカー
道徳・・　あと、ひとこと　風船と花のたね
総合的な学習の時間・・　すみれ学級の友達と仲良くなろう

お知らせやお願い

先月、土曜日授業の七輪会でのお手伝い、ありがとうございました。火を使う体験活動で安全面で保護者の方々に見守って頂き、無事に終えることができました。ありがとうございました。

先日配布しました教科書継続使用についてのプリントにもございましたが、保健の教科書は、４年生でも引き続き使用いたします。現在、全員分３年の担任が預かっていますので、そのまま来年度４年の担任へと引き継ぎたいと思います。よろしくお願いします。

インフルエンザがたいへん流行しております。北九州市でも、たくさんの方が感染しているとのことです。学校でも手洗い、うがい、換気をしています。また、休日には、なるべく人ごみを避けるなど、予防にご協力よろしくお願い致します。

３年生から４年生は教科書の継続使用がある。保護者には、必ず伝える必要がある。

4月

国語　「きつつきの商売」登場人物・主役の定義を指導する

教材解釈のポイントと指導計画

本教材は場面に着目して読む力を習得することをねらいとしている。

そこで、物語を分析的に読むコードを教える。

「きつつきの商売」は登場人物、主役、要約といった分析的に読むコードの指導が入りやすい教材であることから、以下のように指導計画を設定した。

①範読、音読（すらすら読む）
②登場人物・主役を検討する。
③昔話「桃太郎」で要約を学習する。
（ＴＯＳＳランド等を参照）
④・⑤場面を要約する。
⑥役割読みをする。

授業の流れのアウトライン

> 登場人物をノートに箇条書きしなさい。

次の登場人物が出される。

・きつつき
・うさぎ
・野ねずみの家族
・野ねずみのお父さん
・野ねずみのお母さん
・子ねずみ
・ぶなの木

発表後、登場人物の定義を教える。

> 登場人物とは、物語の中で、人間と同じように話したり、考えたり、行動したりする人や動物や物のこと。

定義をノートに写させ次の発問をし、登場人物を検討させる。

> 黒板に書かれた登場人物の中で、おかしいものはありませんか。

児童から「ぶなの木」が出された。

> おかしいと思った理由をノートに書きなさい。

理由の中に、登場人物の定義を使う児童がいる。それを取り上げて褒めることで、登場人物の定義を理解させる。

次に主役の検討をさせる。

> 物語の主役は誰ですか。

ここでも児童が混乱することのないように主役の定義を教える。

> ①物語の最初から最後まで登場している。
> ②一番多くの気持ちが書かれている。
> ③気持ちや行動がガラッと変わっている。

登場人物と同様に定義を使って発言する児童を取り上げることで、主役の定義も理解させることができる。

また、次の物語教材の単元で同じように活用させることができる。

学習困難状況への対応と予防の布石

登場人物を箇条書きさせた時に、「どうして登場人物だと思ったのか」という問いに答えられるようにしたい。

そのために登場人物の定義を教え、ノートに書かせる。定義を教えることで、どの子も問いに正対して答えることができるようになる。

（田中悠貴）

4月

社会　わたしたちの校区　副読本と座席

副読本で市内を概観する（2時間）

初めて社会を学習する。説明せずに市等で作られている副読本を配り、自由に見させる。教科書だと何の学習をするのかわからない。副読本だと自分の町のことを学習することが理解できる。

市の施設の写真ができるだけたくさん載っているページを開けさせる。写真を1枚ずつ示しながら問う。

> ①行ったことある人？
> ②その時のお話が出来る人？

一言ずつ言わせて次々写真を変えていく。これだけでとても盛り上がる。自分の体験と写真を一致させていくこともできる。

> ③あなたが知っている〇〇市の有名なものをできるだけたくさん箇条書きにしなさい。

市内か市外かで簡単な討論になる。施設の説明も自然にするようになる。

> ④〇〇市の地図を書きます。

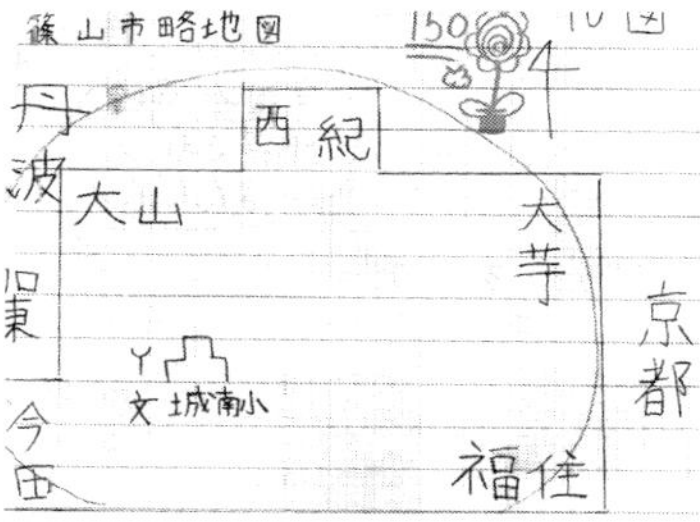

教師が簡単な略地図を示し写させる。

市内の各地域名・自分の学校、市役所等の有名な場所1、2箇所、近隣の市町名、方位記号を入れる。1、2ケ月は毎時間5分くらい時間を取り、練習・テストをすると確実に書けるようになる。

自分の座席の位置を書く（2時間）

3年生では、最終的に簡単な校区地図や家から学校までの地図が書ければいい。

空間認知は自分から同心円状に広がる。まずは教室の自分の座席から始め、教室の位置、学校の地図が書ければいい。

> じぶんの席を赤く塗りなさい。

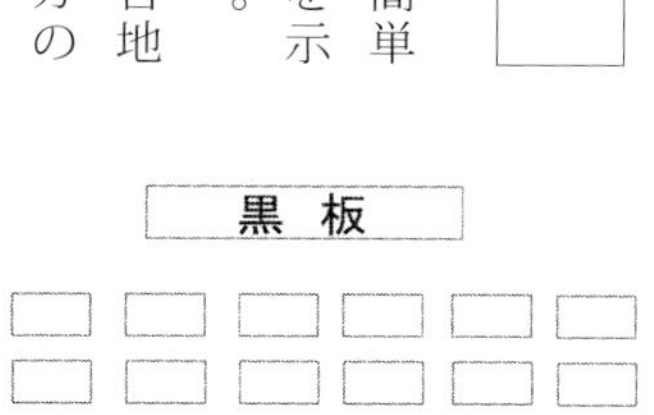

上のような黒板と机の配置図を配り、色を塗らせる。

> いろんな場所に行って、本当に合っているか確かめなさい。

自然に友達と相談しながら確かめる。いろんな場所から見る練習にもなる。

> ①前から〇番目と書きなさい。
> ②後ろから〇番目と書きなさい。
> ③右から〇番目と書きなさい。
> ④左から〇番目と書きなさい。
> ⑤友達に図を使って説明しなさい。

その後、更に2時間で「隣の教室」「同じ階にある他の教室と自分の教室の位置」「運動場の遊具の位置」を同じように地図に色を塗ったり書き込んだり説明させたりする。最終的に自分の学校の地図を書かせて4月は終了となる。

（川原雅樹）

算数　いろいろな方法で15× 4の答えを考えよう

本時における対話とは「説明し合う」ことである。説明の型を示すことで、簡単に説明ができるようになる。

15× 4をいろいろな方法で求めてみよう

【問題】いろいろな求め方で、15× 4の答えを求めましょう。

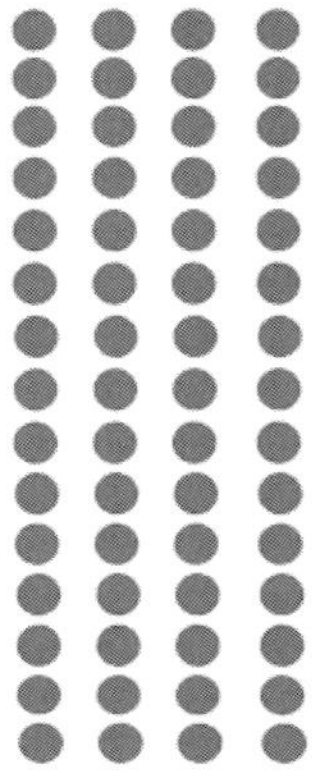

指示１：一目で分かるように、図を丸で囲んだり、補助線を書き込む。

この指示によって、子どもからは下記のような解決策が出された。

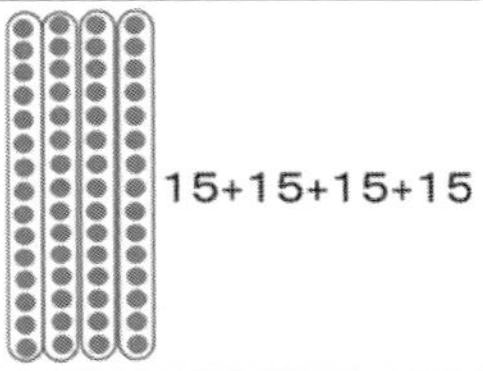

15 ずつ４つに分けました。
式　15+15+15+15＝60
答えは 60 です。

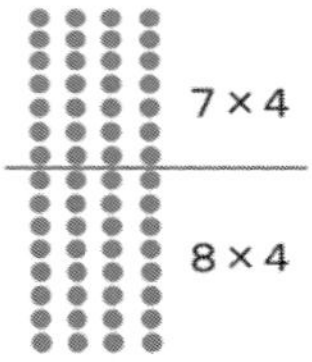

７と８に分けました。
式　７× ４＝28
　　８× ４＝32
　　28+32＝60
答えは 60 です。

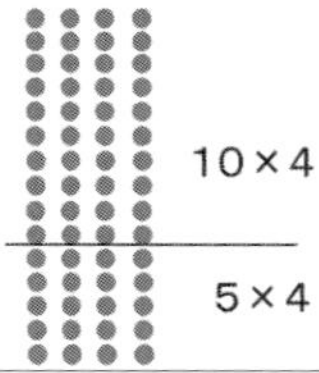

10 と５に分けました。
式　10× ４＝40
　　５× ４＝20
　　40+20＝60
答えは 60 です。

考えを説明する

自分の考えを図で表したら、簡単な言葉や原理で説明させる。

指示２：「どう分けましたか。式と答えを言いましょう」

「15 ずつ４つに分けました」

「式。15+15+15+15 は 60。答えは 60 です」

「７と８に分けました」

「式。７× ４は 28。８× ４は 32。28+32 は 60。答えは 60 です」

「10 と５に分けました」

「10× ４は 40。５× ４は 20。40+20 は 60。答えは 60 です」

ここでは「分けました」という言葉が説明のキーワードになる。簡単な言葉で説明をさせる。これを型にすることで、あとは式と答えを話すだけで、誰でも簡単に説明することができる。

自分の考えを相手に話すことで、かけ算の求め方についての深い学びになる。　（細田公康）

4月

理科　身の回りの生き物の様子

様々な生き物の色、形、大きさなどを比較しながら、差異点や共通点をもとにそれぞれの生物に固有の形態があることを捉えるようにする。

校庭の生き物探し

校庭に出る前に「どんな生き物が見つかるかな？」と予想させて名前を挙げさせ、板書する。教科書などの口絵を見てもよいことにする。生き物をたくさん探そうという意欲が高まる。

１回目の野外観察では、見つけたものの名前と気づいたことを簡単に表に書かせる。生き物の名前は、カタカナで書くことを指導する。名前が分からないときは「青い小さな花」のように書くように指示する。いろいろな生き物を見つけることを優先する。

生き物　はっけん　カード

見つけた生き物	気づいたこと
タンポポ	きいろい花がさいている。
テントウムシ	たんぽぽのくきにいた。
ナノハナ	きいろい花がいいにおい。

教室に戻ったら、班内で見つけた生き物を発表させる。

『わくわくずかん』（正進社）のような簡単な植物図鑑、昆虫図鑑などを用意しておき、名前を調べさせる。

観察カードに特徴を記録する

２回目の観察では、生き物の１つについて、色、形、大きさなどを調べ、観察カードに色鉛筆で色づけして記録する。小さな生き物をよく見るために、虫めがねを使う。事前に教室内で虫めがねの使い方を練習しておく。

カタバミ　３年　１組　森はな子

４月　16日　てんき（はれ）　場所《ばしょ》　花だんのすみ

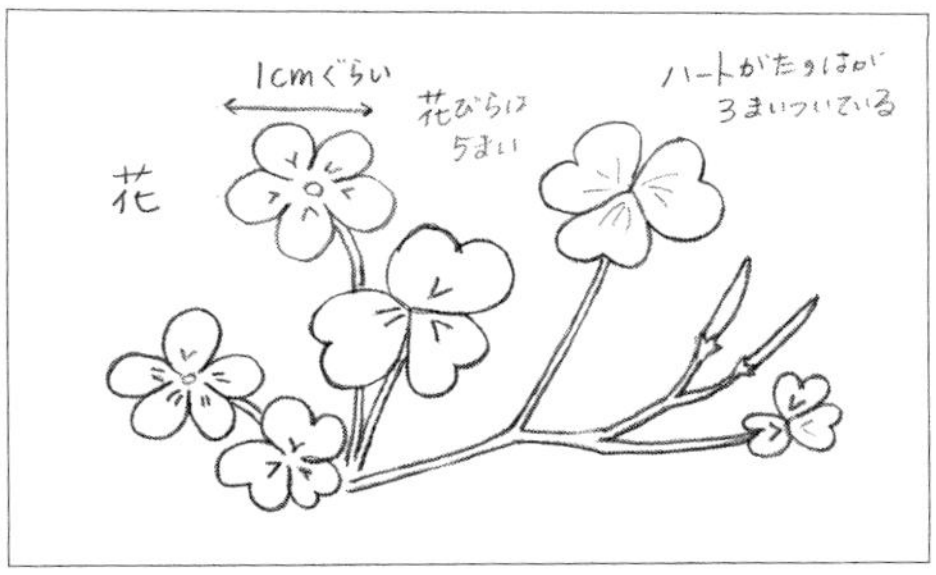

形　はっぱはハートがた、花はさくらみたい

色　きいろの花　はっぱはきみどり

大きさ　たかさは10cmくらい　花は1cmくらい

気づいたこと　くきはほそくてひょろっとしている。ほそながい実があった。

カードを黒板に磁石で掲示したり、床に並べたりして、似ている点や違う点を見つけさせる。

【予想される児童の気付き】

①きいろい花が多い。タンポポ、アブラナ、ジシバリはどれも花がきいろい。

②タンポポとジシバリは、花びらがたくさんあるところが似ている。

③ダンゴムシはさわると丸くなるけど、テントウムシは足を引っこめるだけ。　（小森栄治）

（図版提供：森泉真理）

4月

音楽　音楽に合わせて身体を動かそう

子どもの体をほぐす

始業チャイムとともに、CDを流す。

指示　音楽に合わせて歩きます。

まずは教師が手本を示す。笑顔で楽しそうにやって、子どもたちを巻き込んでいく。

指示　出会った友達とハイタッチ。

フレーズの切れ目でハイタッチしたり、方向転換したり、教師主導で楽しく進める。

指示　まねをします。肩たたき。左手あげて。いち、に、さん、し、ご、ろく、しち、はち。

子どもが揃うのを待たずに、すぐに始める。

教師と子どもは向かい合っているので、教師は鏡で右手をあげ、自分の左肩を叩く。

すぐに反応できない子もいるがやり直しや注意はしない。笑顔で、「いち、に……」と始める。

指示　立ちます。横1列。隣の人の肩をやさしく叩きます。

6～8人程度で横1列を作る。1人で行った時と同じように、子どもには、左手をあげ、左の人の肩を8拍叩かせる。

左右練習を繰り返し、できるようになったら、4拍子の曲に合わせて、肩たたきをする。

行進し、8拍目で友だちとハイタッチ

子どもを立たせ、その場で足踏みさせる。教師は、「いち、に……」と8拍分の拍を数える。

指示　教室を自由に行進します。拍に合わせて行進します。「はち」で、近くの友達とハイタッチをします。

4拍子の曲をかけ、行進させる。曲が終わったら、席に戻らせる。

教師：何人の人とハイタッチができましたか。

子A：5人です。

子B：6人です。

子C：7人です。

T：ハイタッチの数が1番多かった○○さんが今日のチャンピオンです。他の人もたくさんの人とハイタッチができました。

拍に合わせて動く活動で、子どもの体をほぐし、自分の体の感覚に気づかせる。

どれくらいの力で肩を叩くのか、どれくらいの距離で友達と近づくのか、どの位置で友だちと手が合うのかなどを、体感させていく。

アイコンタクトで、笑顔で、言葉で友達と関わらせていく。

名前よびあそ遊び（ふしづくり1段階）

教師が子ども達の名前を呼び、拍にのって「はあい」と返事をさせる。

手を打って拍に合わせ、タンタンタンウンのリズムを刻ませる。

（1）教師が名前をよぶ（全体→子ども）

T：名前よびあそびをしましょ　C：しましょ

T：花子さん　　花子：はあい

T：ひろしさん　ひろし：はあい

（2）子どもが子どもの名前をよぶ（4人組で）

C全：花子さん　　　花子：はあい

C全：ひろしさん　　ひろし：はあい

ことば	花子さんV	はあいV
手拍子	○○ ○ V	○○○V

いずれも、○○○V（タンタンタンウン）のリズムに乗って言葉を言うことがポイントだ。

（川津知佳子）

4月

図画・工作　図工の授業始めは、酒井式で「自画像」を

4月、図工の授業始めは、「自画像」がよい。酒井式描画法で。描き進めていけば、打率10割。誰でも満足のいく絵が描ける。描いた自分も、今までに描いたこともないような生きている人間の絵にびっくりするはずである。「先生の言うことを聞いてがんばれば、必ず成功する」という信頼関係も築いていける。

自画像の描き方

【準備物】

・8つ切り画用紙・黒ペン・クレパス

【自画像の描かせ方ポイント】

①カタツムリの線で描く。

②触覚に頼って描く。

③1つ1つパーツに集中して描く。

【描き方順】

1　黒ペンで生きている自分を描く

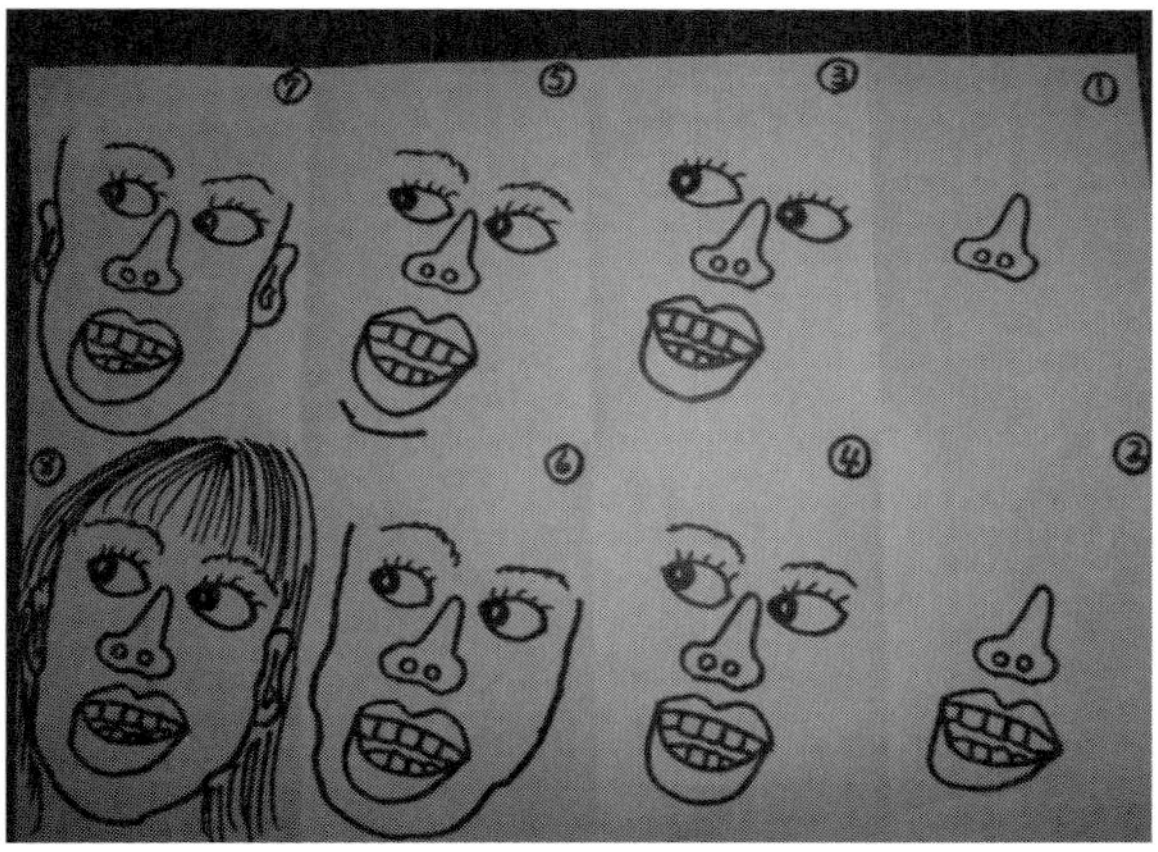

鼻→口→目→まつげ→眉毛→あご→顔輪郭→耳→髪の毛→(めがね)

鼻→「鼻の穴」「小鼻」「鼻柱」と触りながら、少し傾けて描く。

口→「上唇」「下唇」と触らせ、ぱくぱくさせながら、生きている口を描く。

目→上瞼《まぶた》、下瞼《まぶた》、目の玉。目の玉は右か左によせて描く。まつげも描く。

眉毛→内側から外側へ一本一本描く。

あご→小さかったら、下の方にあごを描かせる。教師が位置を決めてやると良い。

輪郭→あごから片方ずつ頬を、触りながら、堅い・柔らかいを意識して描く。

耳→中のごにょごにょも描く。

髪の毛→頭の頂点から、1本1本描く。

2　クレパスで彩色する

クレパスを折って、横にして彩色する。線は踏まない。黄土色を基本にして、朱色や赤を混ぜながら、ティッシュや綿棒でこする。ほっぺの部分は、ぽちゃぽちゃといいながら、まるい感じで塗っていく。

子どもの顔と絵を見比べ対話

描いた本人の顔と絵を見比べさせるとよい。「似てる！」「そっくり！」と、声がかかり、教室に笑顔が広がる。下に目標をつけると、簡単に、4月、授業参観の掲示になる。

（佐藤貴子）

4月

体育　基本技「開脚跳び」を全員跳ばせる

3年生から器械運動は「基本的な技」の習得を目指す。跳び箱運動の基本は開脚跳びである。

まずは、跳び箱を跳ばせるためには、腕を支点とした体重移動を体感させればよい。

準備する跳び箱4種類。「高学年用」「中学年用」「低学年用」「幼児用・障害児用」の4種の跳び箱が必要である。

跳び箱の高さは学年の数値（3学年なら3段）が通常だがそれより1段下から始める。

単元の流れ

第1時…跳び箱遊び・開脚跳び
第2時…開脚跳び・台上前転
第3時…台上前転
第4時…台上前転・発表会

実際の授業（開脚とび）

体重移動の方法が、向山式跳び箱指導（A式・B式）である。この方法でやれば、ほとんどの子は跳べるようになる。向山氏は「95％は超える」と言っている。実践すると分かるが衝撃な指導法である。跳んだ子どもも、跳ばせている私自身も魔法にかかったような衝撃が体を駆けめぐるのだ。

まずA式である。跳び箱をまたいで座らせる。そして腕をついて跳びおりさせる。縁側に腰掛けるみたいに、跳び箱の端に腰掛けさせてやらせることもある。両足の間に入れた両腕で体を持ち上げさせる。指示は「体を持ち上げてゆっくり跳び降りてご覧なさい」となる。簡単な動きなので子どもはできる。「跳び箱を跳ぶというのは、このように両腕で体を支える事なんだよ」と説明する。更に「体重のかかり方が変わるだろう」と言って5、6回やらせる。

続いてB式。教師が跳び箱の横に立つ。走ってくる子の腕を片手でつかみ、お尻を片手で支えて跳ばせる。子どもを平行に運ぶような感じで補助するのだ。片手で支えられない場合は、反対側の補助の人を増やして2人でB式をするとよい。

「跳ぶつもりで跳んでごらん。大丈夫、先生が助けてあげるから」と指示をして7、8回行う。見ている友達も、自分事と思い必死に応援やアドバイスを送り始める。主体的・対話的な場面が生まれる。

すると練習をしているうちに、手にかかる体重が軽く感じてくる。これが衝撃なのだ。初めて補助してみても、この軽くなる感覚はとってもよく分かるはずだ。もう大丈夫だ、跳べると教師が思ってから、更に2回くらい余計に跳ばせる。そして、いよいよクライマックス。手で支えるふりをしながら、突然手を引っ込める。跳べた自分に始めは驚くが、すぐに喜びに変わる。跳べたらもう1、2回跳ばせる。これで完成。通常の学級ならば、見ている子ども達から拍手が起こる。

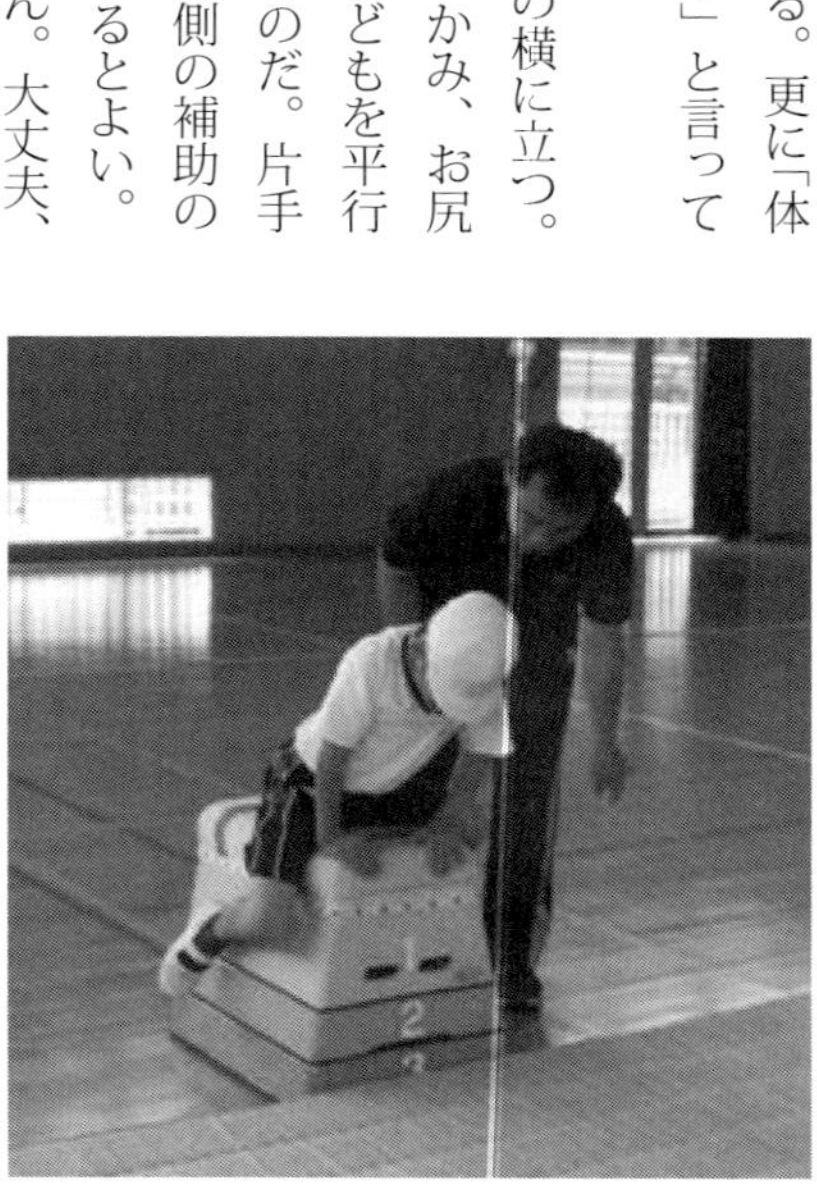

後日、「初めて跳べたドラマ」について全員に作文を書かせる。それを学級通信で報じ保護者の便りなども載せる。子どもたちの言葉を元に深い学びが展開できる。

（桑原和彦）

4月

道徳　黄金の３日間で勝負

4月の道徳のポイント

4月の道徳の授業のポイントは、授業のフォーマット化である。

子供たちとは、1年35時間の道徳の授業を行っていくのである。だからこそ、どの授業スタイルで行くかを、自分自身で確定しておくことが重要である。

私は、河田孝文氏の追試である道徳授業を行っている。その授業の内容は、次のとおりである。

まず、教師が資料を読み聞かせをする。

次に、ノートにわかったこと、気づいたこと、思ったことをノートに書く。

そして、その内容をまとめたものを黒板に書き、意見を交流させる。

最後に、友達と意見交換した感想をノートにまとめる。

このような流れで毎回、授業を行っている。

毎回というのが非常に重要なポイントである。毎回行うことで、子供たちは、この授業スタイルになれ、様々な意見を交換することができるようになっていくのである。

4月のオススメ資料

4月は、子ども達の身近な話題を取り上げた教材を選定した。

勤務校では、光文書院の副読本を使用している。4月は、「いただきます」という資料がある。

内容は、子供達の身近な話である、給食からスタートする。

そして、その時に、いただきますという挨拶をする。

実は、その時に、どのような意味で誰に対して挨拶をするのかということは、深くは誰しも考えられていない。

だからこそ、その時に誰に対して「いただきます」を言うのかを考えさせる。

正直に言って、これには答えがない。

4月は、多様な意見を認める貴重な機会としたいものである。だから、「いただきます」は特におススメの教材である。

特に、子供たちは最初意見をなかなか出さない。なぜならば、間違えたらどうしようと、常に担任教師の様子を伺っているからである。

その時にこそ、最も指導すべき教材である。

対話指導のポイント

4月なので、まずは、発言することに対して耐性ができていない子供が多いのが現状である。

発言しなさいと言っても、教室は、静寂に包まれるはずである。

このような時にこそ、教師の力量が問われるのである。

どのような発言も褒める教師のバックボーンが問われるのである。とにかく褒めて褒めて褒めまくる。そのような姿勢が必要である。

そのような姿勢を教師が持つことにより、どの子も発言したいという状況の素地を作っていくことが4月の段階の指導ポイントである。

だから、何かしら発言した児童に対して、褒めまくる姿勢を持っていることが重要である。もし、内容がなかったとしてもである。

その指導1つ1つが、のちのち、非常に大きな力となるのである。

どのような発言も受け止めることのできる教師の姿勢こそが、何よりも重要な指導ポイントである。

（大井隆夫）

4月

英語 スタートはこれ!誰もができる自己紹介の授業

全員が「できた」と感じる授業をする

３年生の４月。学習指導要領では、３年生から外国語活動の授業が開始する。すでに、１、２年生から開始している学校もあるだろうが、週に１回、本格的に外国語活動として学習することは初めてだという子供もいるだろう。

外国語活動との出会いの時に、「難しかった」「できなかった」という気持ちで授業を終えてはならない。どんなに勉強が苦手な子供でも、普段活躍できない子供でも「できた」「活躍できた」と感じるような授業づくりを意識したい。

自分の名前を伝え合うことから

井戸砂織氏の実践に「Hello, I'm Saori. I'm?」と始まる自己紹介の授業がある。手順を以下に示す。

①全体にまず、自分の名前を言う。
②I'm? と相手の名前を言わせる。
③１人に話しかけ、名前を言わせてから、
Nice to meet you. Nice to meet you, too.
と握手をし、力強くほめる。
④全体に再度「Hello, I'm Saori. I'm?」と話しかける。
⑤再度個別に話しかけ、３人と話すことを示す。
⑥Talk to three people, ready go! と友達とやりとりをさせる。

TOSS 英会話セミナーなどに参加し、ライブで体感することをお薦めする。

この実践は、何年生でやっても「できない」ということはなかった。小学校１～６年生まで、どの学年でも追試可能な授業である。１～３年生ならば、Nice to meet you. をなしにして、Bye! と、ハイタッチさせてもよい。様子を見て Nice to meet you. を教えていくのでもよい。名前を言わせ、交流させる、というのは、どの学年でもでき、しかも、最初の授業で行うことで、誰もが「英語で話せた。」という達成感を味わうことができる。授業開きにはうってつけの実践である。

井戸氏がさりげなく行っている手順には、１つ１つに意味がある。

まず全体になげかける。

全体を巻き込むのである。

その後、１人の子供に話しかけ、ほめる。

「自分も話しかけてもらえるかもしれない」と思う。ほめてもらった子供のことが羨ましくなる子供もいるだろう。教師と ALT でデモンストレーションをするのもよいが、その後、このパーツを入れることが重要である。

再度全体に向けて話しかける。

「自分も指されるかもしれない」と思うので、より一層巻き込まれ、声を出して練習するようになる。

この、ステップが重要である。

ほめる

活動や流れはよいのに、ほめることが足りないと、効果が半減する。ほめ言葉のバリエーションも大切だが、「子供たちがほめられた！　と感じていること」が重要である。ほめることに関しては、ライブで体験したり、模擬授業をしたり、セミナーで「ブース体験」をしたりすることが重要になる。

最初の授業でできるだけたくさんの子供が「ほめられた」と感じられるよう組み立てたい。

（小林智子）

4月

総合　パソコンを使ってみよう

新学習指導要領の目玉は次である。

プログラミング学習

「スマートフォン」「タブレットＰＣ」などといった情報活用機器を使いこなすことが求められている。

小学生から、これらの機器を使用して情報を取捨選択することが当たり前になるのである。

小学校で学ぶ基本的な操作スキル

基本的な操作スキルは全部で５つある。

①アプリケーションソフトの操作
②文字入力（20分間２００文字）
③電子ファイル整理
④情報の報告や発表（プレゼンテーション）
⑤インターネットや電子メール

これらの技術を小学校卒業までに身につける必要がある。

実際に操作をしながら、これらの機器の技術を身につけていくとよい。

授業の流れは、以下のように行うとよいであろう。

例えば、①のアプリケーションソフト操作では、パソコンに付属のお絵かきソフトや文字入力ソフトを使用して練習するとよい。特にマウスの操作は、ソフトを起動させて使っているうちに覚えることができよう。

②の文字入力では、ローマ字入力を練習するとよいであろう。学習指導要領でもローマ字の学習を3年生から開始することになっている。

④のプレゼンテーションでは、デジタルカメラで撮影したり、インターネットサイトから探したりした画像を貼り付けることができるようにしたい。さらに画面を工夫することで、分かりやすい説明ができるとよいであろう。

グループ学習でスキルが向上する

操作スキルを身につけるには、グループによる学習が効果的である。基本操作スキルを練習していけば、必ず習熟度に差が出てくる。

そんなとき、得意な子が苦手な子に教えてあげることによって苦手な子のスキル向上が早まる。

また1人で操作するのが難しい時、グループメンバーの手助けによって操作を早く覚えることができる。

さらに、グループの中で得意な子がモデルとなり、まねをすることによって操作スキルが向上するという効果を期待できる。

グループ学習によって対話的な学びになり、思考が深まる。

（梶田俊彦）

5月

国語　「言葉で遊ぼう」説明文の問いと答えを読み取るスキルを指導する

教材解釈のポイントと指導計画

・段落構成が「初め」「中」「終わり」に分かれていること。
・「初め」の中に「問い」があり、「中」に「問い」に対する「答え」となる事例が列挙され、「終わり」は、全体のまとめが記されていること。

この2点を理解させるために指導計画は以下のように設定する。

> ①範読、音読（すらすら読むまで）
> ②段落・構成分けをする。
> 　問いの文と答えの文を探す。
> ③・④・⑤中の段落を要約する。
> ⑥全文要約をする。

「言葉で遊ぼう」を以上のように指導した場合、次の「こまを楽しむ」も同じ流れで指導する。1つめの説明文で基礎を学び、それを生かして、2つめの説明文で習熟していく。

授業の流れのアウトライン

「言葉で遊ぼう」の第2時に問いの文と答えの文の実践を紹介。説明文には算数のように問いの文があることを教える。

> 問いの段落はどれですか。

段落ごとに「問い」があるかを読み進めることで問いの段落が明確になる。

> 問いの文はどれですか。

「問い」の文は、「〜か」で終わる文になっていることが原則である。

「言葉で遊ぼう」には、2つの問いの文がすでに赤線が引かれている。

・言葉遊びには、ほかにどのようなものがあるのでしょうか。
・また、どのような楽しさがあるのでしょうか。

> 問いの1文字はどれですか。

「問い」の1文字とは「か」である。問いの文が確定した後は、「問い」に対する「答え」を探すのである。

> 問いの段落に対して答えの段落はどれですか。答えの文はどれですか。

説明文教材では、答えの文は「このように」とまとめられている事が多い。「言葉で遊ぼう」では2つの問いの文が1つの答えの文でまとめられている。

最後に「問い―答え」をつなぎ合わせる事で正しいかどうかを確認する。

> 問いの文と答えの文をつないで、意味の通る文章にしなさい。

このような文ができる。

・言葉遊びには、いろいろあります。
・言葉遊びには、それぞれに楽しさがあります。

問いの文と答えの文をつなぐことで、筆者が何を伝えたいのかを明確にする。

学習困難状況への対応と予防の布石

「問いの文」と「答えの文」をイメージできるように例示すると良い。「今日の天気はなんですか」「雨です」や「あしたは遠足がありますか」などの例示を入れると、問いと答えをイメージさせることができる。

（田中悠貴）

5月

社会　校区探検①　地図を広げよう

グーグルアースで概観する（1時間）

グーグルアースで日本を出す。

> みんなが住んでいる場所を指指しなさい。
> お隣の人と話し合いなさい。

これだけで大騒ぎとなる。どこかわからない。説明せずに続ける。

> ①兵庫県。みんなの住んでいる県です。
> ②篠山市。みんなの住んでいる市です。
> ③篠山城です（有名な場所を示す）。
> ④みんなの学校です。
> ⑤篠山市です。
> ⑥兵庫県です。
> ⑦日本です。

学校まで出し、最初に戻っていく。日本での自分の位置を大体知ることになる。再度、日本を示し「みんなの住んでいる場所を指指してごらん」とすると、多くの子が指せるようになる。

再度、同じように学校まで示す。

> どこを見てみたい？

多くの子が「自分の家」と答える。グーグルアースで校区探検となる。

> ○○はどこにあるか指指して。

何となく方向も理解できるようになる。

副読本に載っている場所、年間で見学に行く場所に行ってみる。1年間学習する場所が何となく理解できる。

校区探検に出かける（4時間）

グーグルアースで見た場所に実際に出かける。地図を書く練習もさせる。まずは近くまで出かけ1本道から始める。徐々に距離と道を増やし、地図を書かせていく。最終的には「家から学校」までを個人で書く。また自分の地域を友達と書き、合体させ校区地図を完成させる。

> ①学校を書きなさい。
> ②道を1本書きなさい。
> ③ゴールの○○を書きなさい。

上のように書かせる。学校とプール、近くの山を書くことで、それぞれの位置関係も理解できるようになる。

書けた子からノートと筆記用具を持たせ、門などに並ばせる。

ゴールまで何度か止まり指示する。

> まわりの物を地図に書き入れなさい。

最初、子供たちは絵で詳しく書く。そのうち面倒くさくなって図や記号で書き込む。「怖い犬がいた」等、独特の情報を書き込む子も出てくる。大いに褒める。こうして地図を書くことに慣れていく。

（川原雅樹）

5月

算数　クラスが熱中した「わり算の問題づくり」

本時における対話とは、自分が考えた問題を相手に話す。また、相手の問題を聞いて解くことである。子どもたちが問題を出し合い、解き合うことで考えが深まっていく。

問題作りのための２つの型を示す

【問題】　８÷２の式になる問題をつくりましょう。

問題文を考えることが苦手な子が多い。そこで下記の２つの問題の型を示す。

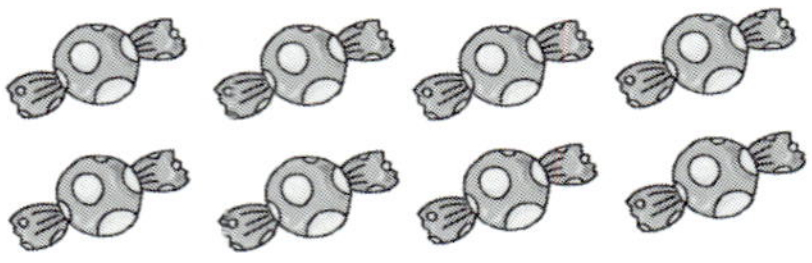

指示１：「８÷２の式になる問題を作ります」

①　□個のあめを、□人で同じ数ずつ分けると、１人分は何個になりますか。

②　□個のあめを、１人□個ずつ分けると、何人に分けられますか。

□の中に数値を入れるだけなので、誰でも簡単に式をつくることができる。２つの型を示すことで包含除と等分除の式を学ぶことができる。

自分で作った問題を友達に出してみる

指示２：「自分で問題を作って、友達に出してみましょう」

問題を作ることを子どもに伝えると、次のような質問が出てきた。「先生。あめ以外でもいいですか」

もちろん、あめ以外でも良いことを伝えると、子どもたちから「やった！」と声が上がった。そして、次のような問題が出てきた。「チョコが６枚あります。３人で同じ数ずつ分けると、１人分は何枚になりますか」「10個のケーキを、１人に２個ずつ分けると、何人に分けられますか」

子どもたちからは、お菓子の問題が多かった。

算数の苦手な子の発表でクラスが盛り上がった

発問：「友達の問題で、おもしろかった問題はありますか」

算数の苦手な、やんちゃな男の子の発表でクラスが盛り上がった。

「モンスターカード８枚を、４人に同じ数ずつ分けました。１人分は何枚になりますか」

クラスの男の子たちに人気のゲームのカードで問題を作ったのだ。この問題を聞いた途端、クラス中の男子から「それでやればよかった」と声が上がった。チャイムが鳴ると、「え～」、「もっとやりたかった」と声が上がった。問題の型を最初に示すことで誰でも問題を作ることができる。　（細田公康）

5月

理科　植物の体のつくり

植物の体のつくりに着目して、複数の種類の植物を比較しながら調べることで植物の体のつくりの特徴を捉えるようにする。

ホウセンカの体のつくりを学ぶ

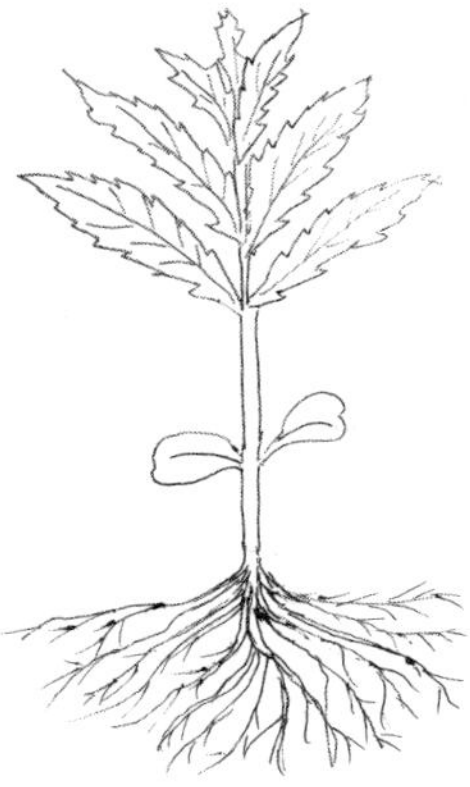

ホウセンカの苗を班で一本掘り出し、根をあらって観察する。

スケッチは３年生にとって難しい。教科書の図をトレーシングペーパーに写す方法がよい。

ホウセンカの体は、大きく「葉・茎・根」の３つからできていることを教える。

数、形、色などの観察の視点を与え、下のようなＹ字型のワークシートに書くことで、それぞれの特徴を観察する視点を与える。

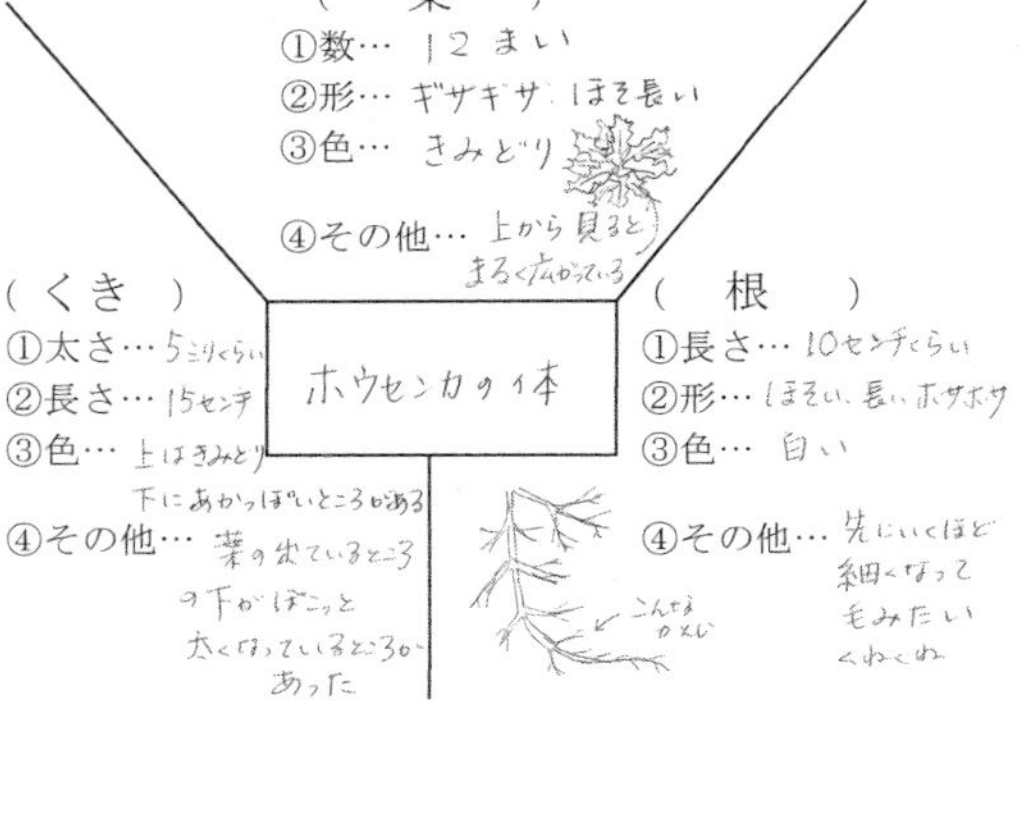

野草で体のつくりを観察する

好きな野草を選び、１人１本、根ごと掘り出してきて観察します。

ぬいてきた野草は根を洗い、割りばしではさんで右の写真のように透明な容器に入れ、教室で観察させる。

身近な野草を使うことで、多くの種類の植物を観察できる。

観察した結果は、Ｙ字型の図カードを与え、観点に沿って箇条書きで記録させる。

友達の植物と観察カードを互いに見合う

各自の机の上に植物を入れた容器と、記録したカードを置き、自由に移動して友達の選んだ植物を観察させる。互いに見合うことで、複数の種類を比較をすることができる。

一通り観察させたところで席に座らせ、比較した際の気付きを発表させる。

【予想される児童の気付き】

①いろいろな植物があった。
②どれも葉・茎・根があった。
③葉の形や数、色はいろいろちがうと思った。
④Ａ君は私と同じタンポポだったけど、茎かなと考えた場所が違った。先生に聞いて図鑑で調べたら、Ａ君があっていた。

（森泉真理）

5月

音楽 「茶つみ」でお手合わせを楽しもう

歌を覚える

教師が範唱して聴かせる。そのあと、２小節ずつ区切り、教師に続いて追い歌いさせる。

T：♪夏も近づく　C：♪夏も近づく

T：♪八十八夜　　C：♪八十八夜

「八十八夜」「茶つみ」「あかねだすき」などの言葉は難しいので、教科書で歌詞の確認をする。聞いただけではわからず、別なものをイメージする子もいるからだ。

「あかねだすき」や「すげのかさ」は、茶つみ姿の写真を見せ、説明を付け加える。

そして、お茶の新しい葉を摘む真似をしながら歌う。

お手合わせをしながら歌う

「茶つみ」は、２人が向かい合い、お手合わせをしながら歌う曲として親しまれている。

【基本バージョン】

①自分の両手を合わせる

②相手と自分の右手を合わせる

③自分の両手を合わせる

④相手と自分の左手を合わせる

を教える。

４分休符のところで、相手と自分の両手を合わせるが、教師が「トントン」と言いながら見本を見せるのが、子どもには理解しやすい。

子どもは、相手とどのくらい距離を取るか、どれくらいの高さで手を出すか、どれくらいの強さで手を合わせるかなどを、歌いながら調整し、体得していく。いつも同じ相手とお手合わせしないように、教師は意図的に相手を代えてやる。

お手合わせのバリエーションを工夫する

基本のお手合わせができるようになったので、違うお手合わせを考えます。曲の拍に合うように作りましょう。隣の人と相談して、練習しましょう。

相談がうまくいくペアもあれば、うまくいかないペアも出てくる。教師は、子ども達の間を回って、アドバイスをする。

T：「お手合わせの速さを変えてみたら？」

C：「ゆっくりのスピードでお手合わせをしてみよう」（小節の３拍目のみで相手の片手と合う）

C：「早いスピードでやってみよう」（小節のすべての拍で相手の片手と合う）

T：「お手合わせの強さを変えてみたら？」

C：「手のひら全体で強く合わせてみよう」

C：「手のひら全体でそっと合わせてみよう」

C：「指４本（３本・２本・１本）で合わせてみよう」

T：「お手合わせの場所を変えてみたら？」

C：「頭の上で合わせてみよう」

自分たちの作ったお手合わせを発表し合い、他の子たちに見てもらう。

見ていた子どもたちが「これはいいな」と思うものが出たら、作ったペアに先生役になってもらい、みんなで教わる。

お手合わせには、「Ａくん・Ｂさんお手合わせ」のように作った子どもたちの名前を付けるとよい。

お手合わせのバリエーションが増えて、楽しく遊べる。

（川津知佳子）

5月

図画・工作　歯磨きポスターを描こう

6月には虫歯予防週間がある。子どもたちは、歯ブラシを使って毎日歯を磨く。それに向けて歯磨きの大切さを感じさせるようにポスターを描かせた（左図は5年生の児童の作品）。

歯ブラシから描く

歯磨きをさせ、様子を観察させた後で描かせる。手と歯ブラシの描かせ方は、次のようにする。

①歯ブラシ（鉛筆で描く）
②持つ手　③歯（共にクレパス）

歯ブラシを鉛筆で描かせるのがこの絵のポイントになる。なぜなら、持つ手が歯ブラシに重なるので、後で消すことができるようにするためである。

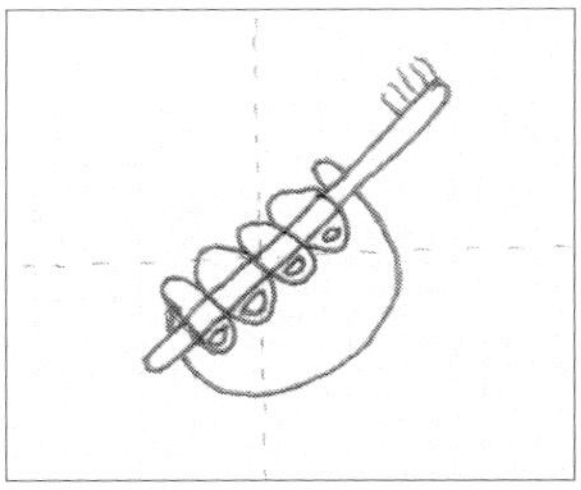

＊歯ブラシは斜めに傾けて描く。
＊ブラシがあまり太くならないようすにする。

歯ブラシの向きは上の歯を磨くか、下の歯かで決まる。

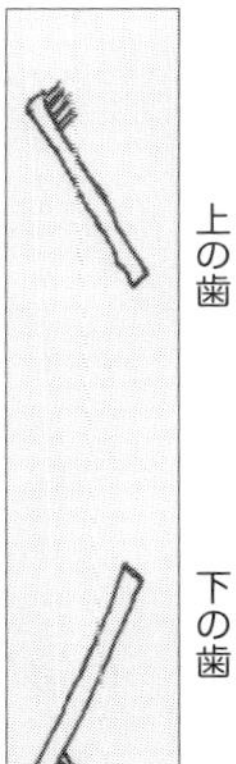

次に大事なのは、歯である。歯ブラシにあたっている方から描き、描き終わったら、あたらない方を描く。上下10本ずつ程度を2～3本ずつ描くことで、いろいろな歯を描かせることができる。その後、酒井式の手順で描いていくと生き生きとした表情になる。

④唇　⑤鼻　⑥目、まつ毛　⑦眉毛
⑧あご、輪郭　⑨耳　⑩髪の毛
⑪胴体　⑫胴と腕をつなぐ

目を描く時は、目をパチパチとさせ、どこを見ている目を描きたいか、確認する。

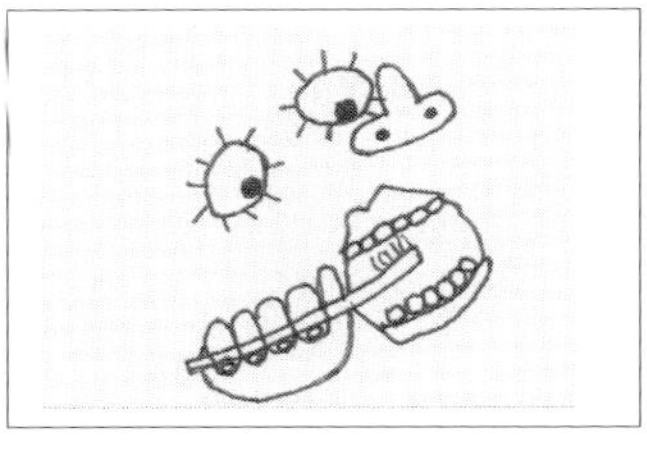

初めに目を描き、次に見ている方向に目玉を描く。水道の蛇口なのか、お友達の顔なのか、具体的に目の位置について気づかせる。色は、水彩絵の具で塗らせる。顔の色は、薄い黄土色を使うが薄く塗り、頬と唇を赤く塗ると明るい印象になる。

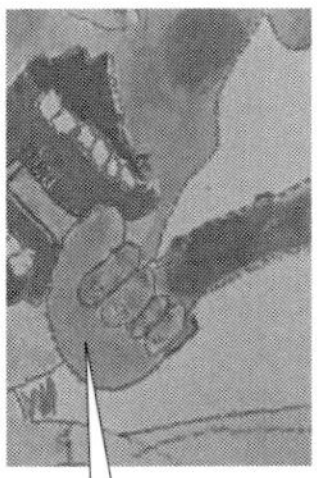

顔と手の色を比べると、違いが分かる

最後に、絵に合う言葉を考え、別の画用紙に字を書く。言葉を切り取って、配置を考えてのり付けをする。

掲示して、対話

保健室の先生にお願いして「虫歯予防」のポスターとして保健室の掲示板などに掲示してもらうと、それを見ながら子どもたちが、感想など、意見の交流ができる。

（小野公美子）

5月

体育　1回戦ごとに相談させることで盛り上がる回旋リレー

回旋リレーはどの学年で行っても盛り上がる。

ルールはシンプルだが、グループごとに作戦を練ったり、相談したりと自然と対話を生む教材である。

単元の流れ

第1時　カラーコーン2個でリレー
第2時　カラーコーン3個でリレー
第3時　グループを変え、カラーコーン3個でリレー

実際の授業

4～6人のグループをつくる。走力は偏りがあっても構わない。基本ルールは以下である。

> ①基本はリレーである。
> ②置いてあるカラーコーンを回る。
> ③行って戻ってくるときは回らなくてよい。
> ④戻ってきたらグループの後ろを回って、次の走者にバトンパス（またはタッチ）する。
> ⑤全員が走り終わったら座る。

まずは、カラーコーン1個で行う。

> 回旋リレーをします。カラーコーンを回って戻ってきます。グループの後ろを回って次の走者にタッチします。全員走り終わったら座ります。

1つのグループを実際に走らせ、例を示す。その後、1回戦を行う。

次に、カラーコーンを二個にする。

> カラーコーンを2個にします。戻ってくるときには、回りません。

カラーコーンを置く場所は、全チーム同じにする。走順を変えてよいことを伝え、1分程度相談させて二回戦を行う。

次から、カラーコーンを3個にする。

> カラーコーンを3個にします。手前のカラーコーン2つは、どこに置いても構いません。

相談する時間をとる。相談する時間は2分程度でよい。その後、レースを行う。

以降は、レース→相談→レースという流れで行う。この流れで行うと自然と会話が生じ、レースでは、自チームを応援するようになる。

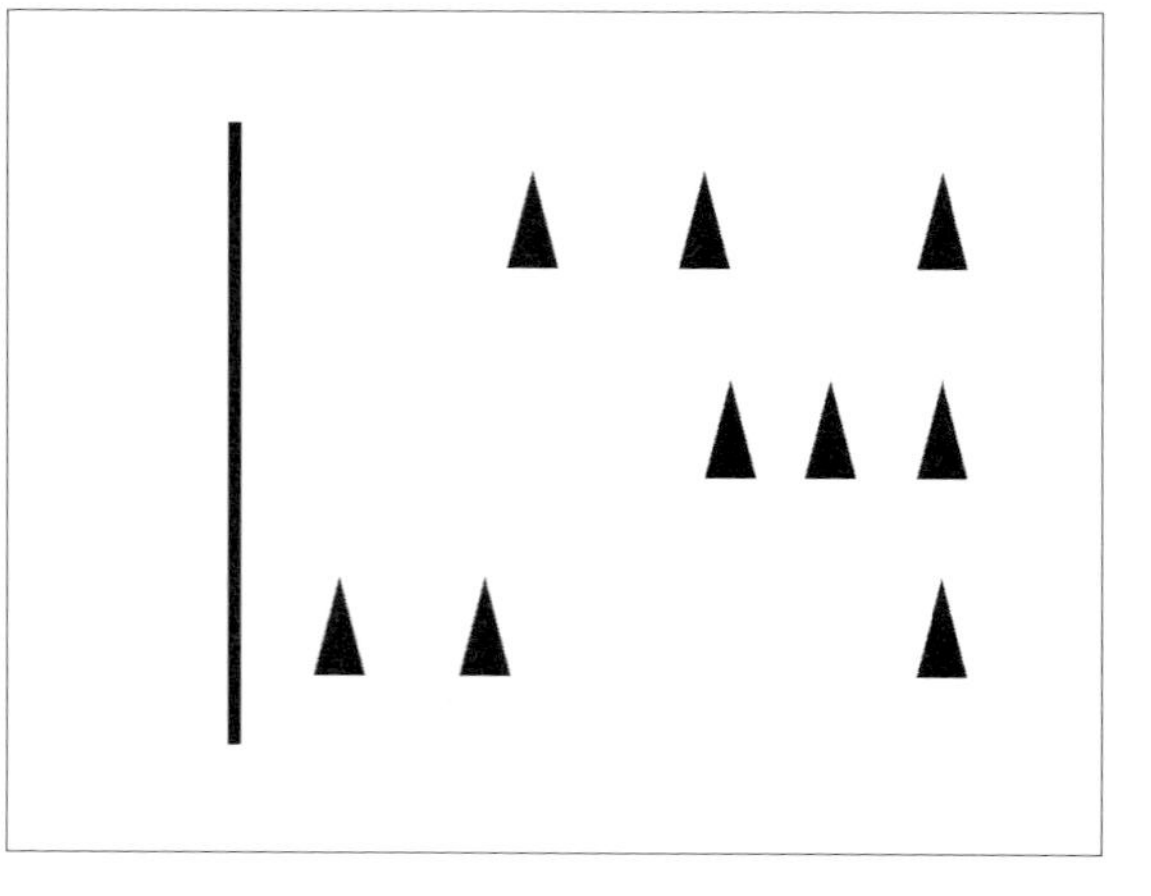

なお、レースが終わった後で、各チームが工夫した点などを発表する時間をとってもよい。

また、タイムを計測し、各チームのタイムの向上を目指すようにさせる方法もある。

相談を通して、各自が自チームに合った目標を考えながら楽しく取り組むことができる。

（岡城治）

5月

道徳　大型連休からの立て直し

5月の道徳のポイント

4月には、教師の指示を聞き、授業もうまくいっていた。しかし、5月になるとだんだんと騒がしくなり、うまくいかない。

そのようなことを経験した若手教師も多いはずである。

だからこその5月の指導である。

5月初旬には、大型連休がある。その時に、4月の指導もリセットできる。それは、子供も教師もともにである。

何がうまくいって、何がうまくいかなかったのかを振り返るチャンスである。

昨年度、私は3年生の担当であった。その時に、強く感じたことが発言耐性の弱さであった。

道徳という間違えることが少ない学習でさえ、発言数が少なかった。

これは、子どもが悪いのではない。教師自身が発言する機会を設定する回数が少なかったのである。

数をこなすことで、子供たちは成長をしていく。しかも、加速度的にである。子供の成長を規定するのは、教師自身である。

5月のオススメ資料

5月は、勤務校では、命に関する指導の参観日が設定されている。そこで、命に関する教材を選定した。

使用した教材は、「いのちのまつり」という資料である。

内容は、家の前で多くの人達が楽器を演奏しながら、食事をしながらの宴を開いている場面からスタートする。

そして、その場面を見た最近引っ越してきたばかりの子供が、近所のおばあちゃんにその場面を質問し、命のつながりについて考えていくというお話である。

命を大切にという言葉は、テレビのコマーシャルにも流れる。しかし、その大切さについて根拠をもとに話せる資料は少ない。

その中で、いのちのつながりを意識して考えることのできるこの資料は、大変おすすめである。

参観日では、実際に黒板で自分から父親・母親、そしておじいちゃん・おばあちゃんと家系図で遡っていくと、3年生の子供たちでも十分に理解し、命の大切さを考えることができた。

対話指導のポイント

5月になると、子供たちは少しずつ発言することに慣れてくる。

だからこそ、もう1つ上の段階を目指していくようにする。

対話指導の第2段階である、発言した相手に質問をすることに挑戦する。

質問の仕方としては、次のような発言を教える。

> なぜ、そう思ったのですか。
> どこにそのように書いているのですか。
> そう思った理由を教えてください。

最初のうちは、教師が教えた言葉だけが飛び交う。しかし、最初は、それで良いのである。

なぜならば、子供たちは、自分の意見に対して、理由をほかの子供から聞かれる新鮮な体験をしているからである。

こうすることで、常に教室での意見は誰かに見られるという緊張感が出てくるのである。そうすることで、発言の質が少しずつ少しずつ、高まっていくのである。

（大井隆夫）

英語　45分をこう授業する！子どもの発話を保障する組立

45分間の授業の組立の型

TOSS 英会話が提案する三構成法（①単語練習　②状況設定、ダイアローグ練習　③アクティビティ）を取り入れて授業をすることで、子供達が生き生きと取り組み、話せるようになっていく。

新学習指導要領に対応するためには、その他のパーツも今後必要になってくる。文字指導も入ってくることになる。「やりとり」「発表」の時間も必要になるだろう。そこで、以下のような流れを提案したい。

①あいさつ、歌・チャンツ・絵本など
②アルファベット指導
③復習
④単語練習
⑤状況設定・ダイアローグ練習
⑥アクティビティやゲーム
⑦ある状況が設定されたアクティビティ
⑧つなげる（または、次時の予習）
⑨発表

歌・チャンツ・絵本は、担任の裁量で実施すればよい。

それぞれのよさがあり、絵本は「英語を聞かせること」に関して、優れたツールである。歌やチャンツが苦手な場合は、CD を活用し、ALT に頼むとよい。

「Five little monkeys Jumping on the bed」は、読み聞かせるだけでも、とても楽しい絵本である。

新パーツ　③復習　⑧つなげる

③復習　⑧つなげる、というパーツ（原実践：井戸砂織氏）を入れることで、これまで話したことを忘れず、会話がより長く続けられる。

Unit2 How are you? では、前単元の自己紹介の復習をしたり、前時の復習をしたりするとよい。

Unit2での「つなげる」

Unit2「How are you?　ごきげんいかが？」は3時間扱いである。

How are you? のみで3時間はもったいない。簡単な表現を教えながら、楽しくつなげていくことができる。

	新出	つなげた会話
第1時	How are you? I'm fine, cold. happy. など	Hello. I'm Sachiko. How are you? I'm ～.
第2時	Water, please. Thank you. 単語 water, a fan, onigiri, sweater	A:　How are you? B: I'm thirsty. Water, please. A: Here you are. B: Thank you.
第3時	Let's ～ . play go, play soccer, など	A: How are you? B: I'm great. A: Let's play soccer. B: Sure!

「つなげる」では、会話の例を示した後に、Talk with three friends!　と、友達と会話させるだけでも楽しい。

（小林智子）

5月

総合　パソコンで地域について調べてみよう

5月はパソコンスキルの練習、習得を行っていく。

同時に、調べ学習を行う際にパソコンなどを活用していくようにする。

地域の施設と連携する

地域にある公共機関や施設などのことを学習する場合が多い。３年生の社会科にも関連がある。

可能ならば、実際に赴き、直に見学することが望ましい。

実物を見たり触れたりする体験は、テキストでの学びよりも深い知識・理解を得ることができよう。

しかし、施設は学校の最寄りにあるとは限らない。そう何度も調べに行くことができるわけではない。

豊富な資料があっても最大限活用するには限界があるということである。それを補う方法の1つとして、

インターネットの活用

がある。

必要な情報は話し合って決める

インターネットがあれば、多くの必要な情報を調べることができる。

例えば、駅を調べるとする。駅はとても広く、建物や通路など複雑に入り組んでいる。

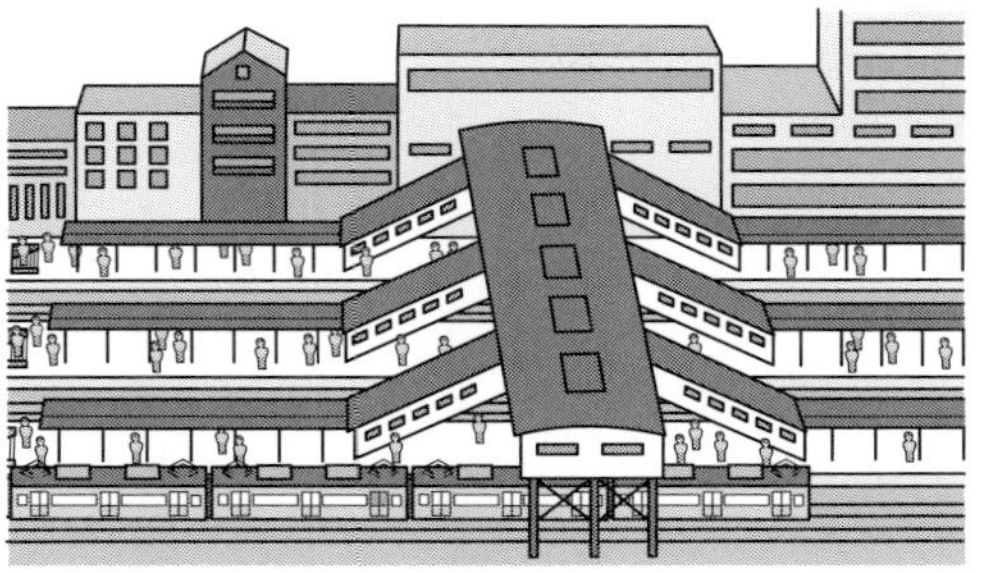

実際に駅の中を歩くことによって、雰囲気や状態などを目で見ることができる。しかし、全てのホームや改札口の様子、在来線や新幹線など、駅にある様々な場所や物などを、くまなく把握することは、物理的にも時間的にも難しいであろう。

そこでインターネットを活用する。キーワード検索を行えば、駅の全体像を画像で見ることができ、発表資料としてまとめることができる。

どの資料にするのか、どのようにまとめるのかなど、話し合いをしながら相談したり、考えを述べ合ったりする。

単にインターネットで調べるだけでなく、意見を交換しながら選択する。対話的な学習となり、考えを深めることができるであろう。

情報モラルを教師が把握する

文部科学省は、教育の情報化に関する手引きの中で、インターネットなどの使用で守るべきルールを示している。

メールなどで連絡する時に気をつけることがある。また、相手へ配慮した正しいコンピュータの使い方を知る必要もある。さらに、著作権や肖像権の問題など、様々な問題がある。

取り返しのつかない問題へと一瞬で発展することもあるため、注意が必要である。

（梶田俊彦）

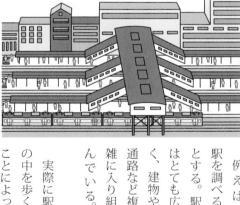

国語　「気になる記号」調査報告文の型を指導する

教材解釈のポイントと指導計画

本教材は「問い」を決め、追究する「方法」を考え、実際に「調べて」（取材）わかったことを書くという、調査報告文を書くための一連の力を養うねらいがある。ねらいを全員が達成できるように学習の計画を次のように設定した。

①教科書の例文を音読し、学習の見通しをもつ。
②報告する文章の型を知る。
③型を使って多作する。
④材料を集める。
⑤報告する文章を書く。
⑥友達の報告する文章を読み合って、感想を伝え合う。

授業の流れのアウトライン

第2時に報告する文章の型を教える。本実践は、村野聡氏の追試である。指導の流れを次のように行う。

①視写させる。
②未完成の例文を完成させる。
③型に従って多作させる。

視写を通して、文章の型を教える。

> 例文①をそっくりそのまま写しなさい。

早く終わった子には、「覚えるくらい何度も読んでおきなさい」と指示をだし、空白時間を生まないようにする。全員に最初の型を視写させた後、②のワークと資料を配る。

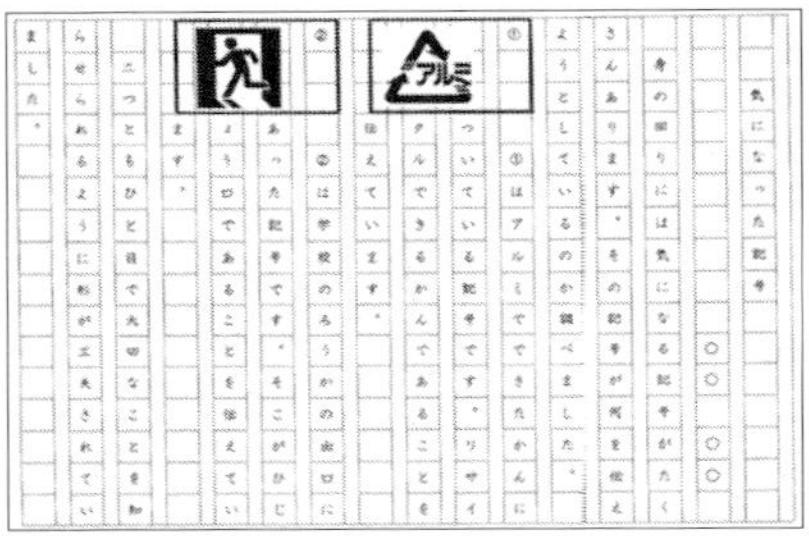

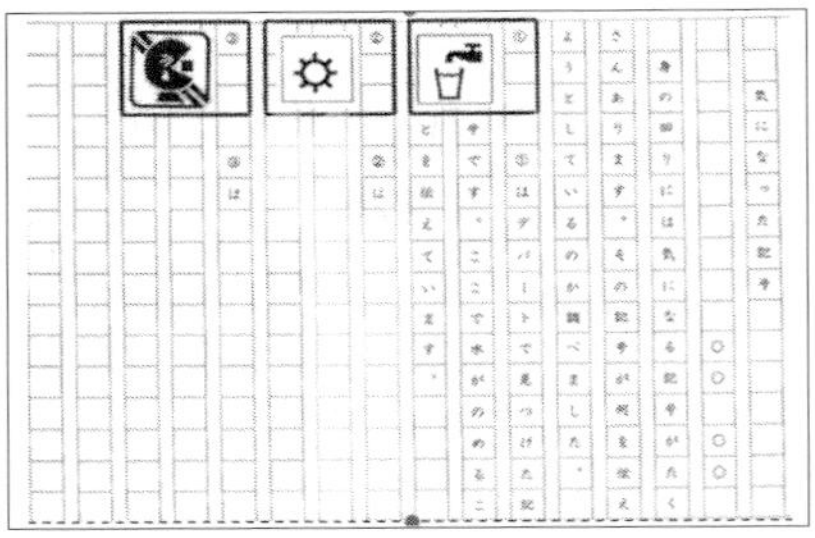

資料は教師が選んでおいた記号（図書室にある「記号の図鑑シリーズ」から選んだもの）を用意する。

そして、①と同様に視写させる。

> 題名と第2段落まで視写しなさい。

第2段落まで書けたら持って来させ、確認をし、続きを書かせる。

> 第3段落を、資料を使って調べながら書きなさい。

①を見ながら、児童が少しずつ自分の力で書くことができるようになる。

②を完成させたら、次の指示を出し、多作させる。

> 資料から自分で選んで書きなさい。

早く終えた児童には、同じ資料でさらに調査報告文を多作させる。

学習困難児への対応と予防の布石

視写の活動は書くことが苦手な児童でも何を書けばいいのか明確なので取り組むことができる。視写→未完成の文の完成→多作というステップでの指導に加え、細かく教師が確認をすることで失敗が少なく、指導が可能である。

（田中悠貴）

6月

社会　校区探検②　高い所から見よう

高い所から見てみよう（２時間）

校区が３６０度見渡せる場所に連れて行く。教師があらかじめ探しておくことがポイントだ。学校の屋上でもいい。近くの山でもいい。歩道橋でもいい。近くの工場、マンションでもいい。

> まわりに何があるか自由に見てごらん

これだけで子供たちは、「○○がある」等、次々に言うだろう。

子供の意見を拾って、

> あれは本当に○○かな

と問うだけでも簡単な討論になる。

> あの看板の下には何があるかな。

見えない場所を問う。子供たちは道路や看板、山、建物、近くの風景を自分の体験と重ね合わせ、予想する。

体験と今見えている場所の往復運動もまた社会科では大切なことである。

> あの道とこの道はどっちが高いかな。

「自転車でこぐとしんどいから、あっちの道の方が高い場所にある」など、これも様々な意見が出る。自分の体験を高低という地理的要素に自然に置き換えることができる。

> ぐるっと見渡して、わかったこと、気付いたこと、思ったことをできるだけたくさん箇条書きにしなさい。

３つ書けたら持ってこさせる。「すごい」「これも見つけたのか」と教師は次々驚いてあげる。子供たちは次々持ってくる。そのうち「山の近くに家が多い」等、「分布」について書く子供が出てくる。褒めると子供たちは「○○の近くに～が少ない」など「地形」と「分布」の関係に気がついてくる。

> こちらが「北」、こちらが「南」

方角を確認する。「北を向きなさい」「南」「西」「東」とクイズにして向かせていくと面白い。

「○○君の家は、方角で言うとどっち？」等聞くと更に盛り上がる。

> 東には何が多いですか。

「方角」と「分布」の関係に気付かせる。「南には駅が多い」「南には家が多い」等、意見が出る度に「方角」「施設」「多い物」の関係が何となくわかってくる。それぞれの方角の特徴も分かる。

地図に分布図を書こう（２時間）

教室に帰ってから上のような地図を書かせる。あらかじめ前の時間、撮っておいた写真を見せながら、またはグーグルアースを見せながら「まわりにあったもの」を書かせる。これで校区の特徴がわかる。

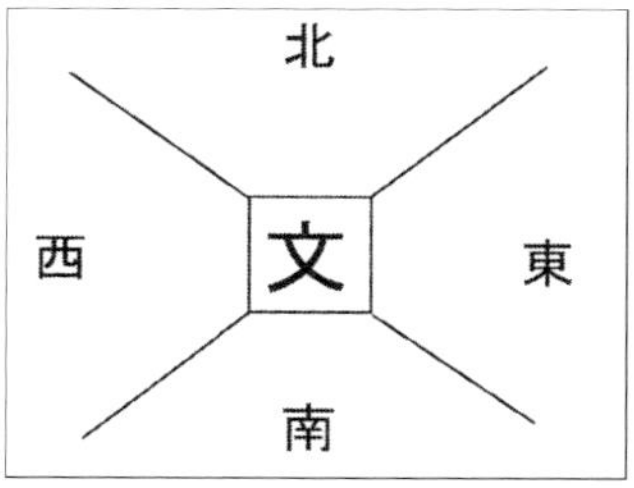

（川原雅樹）

6月

算数 「大きい数」になっても計算の仕組みは同じ

本時における対話とは、たし算やひき算の筆算は、数が大きくなっても、位をそろえて、一の位からじゅんに計算することに気づき、教師と確認しあうことである。

【問題】 0 から 9 までの 10 まいのカードから 8 まいえらんで、4けたの数を2つつくりましょう。この2つの数で、たし算とひき算をしましょう。

0 1 2 3 4 5 6 7 8 9

問題を作らせて、友達同士で解き合う

「問題を作ったら、お隣同士で解き合ってみましょう」と言う。子供たちは自由に問題を作り、お互いに解き合う。「こんな問題を作ったよ」「難しい！」など､友達が作った問題を楽しそうに解き合っていた。

どちらも一の位から順に計算していくことを確認する

問題づくりをさせ、子ども同士で解かせた後に、黒板に 5917+3482＝9399 と書いて、次のように発問した。

発問：「今までの計算のしかたと何か同じところはありますか？」

「１を繰り上げています」

「位をたてにそろえて計算しています」

最初に、「１を繰り上げている」「位をたてにそろえている」ことに気づいた子たちが発問した。どんな発問でも、笑顔で「そうだね」「本当だ」「よく見てたね」と褒めた。そのうちに次のことに気づいた子が出てきた。

「一の位から順番に計算している」

「すごい。よく気づいたね」

```
  5917
+ 3482
   1
  9399
```

3482+5917 の計算
（一の位） 2たす7は9
（十の位） 8たす1は9
（百の位） 4たす9は13
（千の位） 3たす5は8
8たす1は9
答えは 9399 です。

参考文献：『算数授業の新法則３年生編』

「一の位から順に計算している」という発表が出た後に、右上のように計算の仕方を一つ一つ確認していく。すると、教室から「一の位からだ」「そういうことか」という声が出てきた。

続いて、引き算の 5917－5482 の筆算でも確認をした。ひき算の場合でも、たし算と同じように一の位から順番に計算していくことに、子どもたちは気づくことができた。

アルゴリズムを使って１つ１つ確認をしていくことで、教師を子供との対話になり、たし算やひき算の筆算は、数が大きくなっても、一の位からじゅんに計算することに気づくことができるようになる。

（細田公康）

6月

理科　昆虫の体のつくり

身のまわりの昆虫を観察したり、育てたりする中で体のつくりについてそれらを比較しながら調べ、昆虫の体のつくりを捉えるようにする。

アリの体のつくり

教科書に載っているバッタやチョウを１人１匹用意して観察をさせることが困難な場合がある。そのような場合は、次のような指示を出し、アリの体のつくりを扱う。

何も見ないでアリの絵を描きなさい。

Ａ４の紙に大きく描かせる。描けた児童から絵を持ってこさせ教師が黒板に貼る。その際、大きく仲間分けをする。貼り出された絵を見て、意見を出させる。

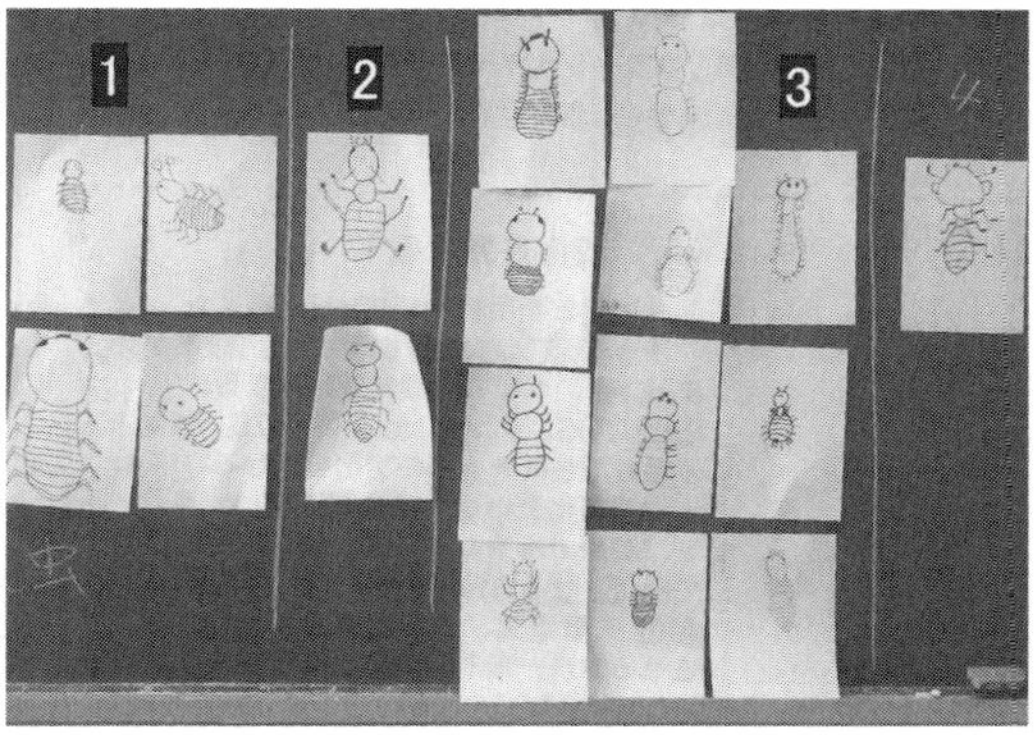

【児童の主な考え】

①１は体が２つなのでおかしいと思う。

②３は足が 10 本あるのでおかしいと思う。

③２だと思う。体が３つに分かれて足が６本だ。

実物を見て絵を描かせる

「体がいくつに分かれているか」「足の数はいくつか」と視点を明確にし、再度観察を行う。アリをふた付きの透明カップに入れ、虫眼鏡で観察させる。右は実際に児童が観察したスケッチの例である。

昆虫の体のつくり

次時に、教科書のバッタの写真やイラストで体のつくりを確認させる。バッタのイラストにトレーシングペーパーを重ねて直写させると良い。動く虫のスケッチは難しいが、直写なら、描くことが苦手な児童でも熱中して取り組む。

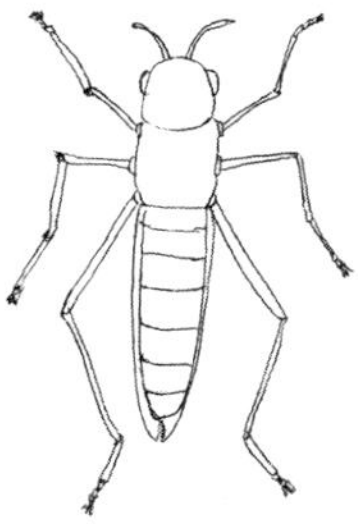

描いた図のむねを赤くぬりなさい。

と指示する。アリと同じように、足がむねについていることを確認する。そして、図に、頭・むね・はらと書き込ませる。教科書や図鑑などで他の昆虫について確認した後、昆虫の体は３つに分かれ、足は６本であると定義づける。

その後、クモの体の図を示して問う。

クモは昆虫ですか。昆虫ではないですか。

昆虫と比較し、体が３つに分かれていないこと、足の本数が違うことに気付かせ、昆虫ではない理由を説明させる。ダンゴムシを使って考えさせても良い。

（荒川拓之）

（図版提供：尾川智子・上木朋子）

音楽　リコーダーを吹いてみよう

リコーダーの音を楽しむ

３年生から学習するリコーダーを子どもたちは楽しみにしている。

①左手が上、右手が下になる

②穴をふさぐ指は隙間ができないようにする

③吹き口をくわえすぎないようにする

④息は柔らかく入れること

が基本だ。

すぐにはできるようにならないが、教師が気長に根気よく教える。

左手の親指と人差し指を使う「シ」を教えたら、１人ずつ音を出させる。

「いい音だね」「優しい音だね」と肯定的な言葉かけをする。

「シ」の音で遊ぶ

教師が吹く「シ」の音をまねさせる。

T：♪シシシ（ウン）

C：♪シシシ（ウン）

T：♪シシシシシシ（ウン）

C：♪シシシシシシ（ウン）

音が「シ」だけなので、舌を使って音を切るタンギングを教える。

「シ」ができるようになったら、左手の指でふさぐ穴を１つずつ増やして「ラ」「ソ」の練習もする。

「シ」「ラ」「ソ」の音で遊ぶ

「タンタンタン（ウン）」のリズムで教師がリコーダーを吹き、子どもに真似させる。

先生の吹くリズムを真似します。音は「シ」「ラ」「ソ」の３つです。左手だけ使います。

「シシシ（ウン）」「シシラ（ウン）」「シララ（ウン）」のように、最初は同じ音、次に１音だけ変えて吹く。

スモールステップで練習する。

①T：リコーダー！　♪「シシシ（ウン）」

②T：階名唱！　♪「シシシ（ウン）」

③C：階名唱！　♪「シシシV」

④T：（指を見せる）

⑤C：（指だけ動かす）

⑥T：あごのせ！（リコーダーをあごの上にのせ、指を動かす）

⑦C：あごのせ！

⑧T：リコーダー！　♪「シシシ（ウン）」

⑨C：T：リコーダー！♪「シシシ（ウン）」

と進めていく。

教師と子どもでできるようになったら、教師役を子どもにまかせる。

①A子：リコーダー！　♪「シシシ（ウン）」

②A子：階名唱！　♪「シシシ（ウン）」

③他の子：階名唱！　♪「シシシ（ウン）」

④A子：リコーダー！　♪「シラソ（ウン）」

⑤他の子：リコーダー！　♪「シラソ（ウン）」

と吹けるようにする。

音楽の授業は「音」が主役であるから、「音」での対話を楽しませる。

最後は

リコーダーで３音のリレーをします。「タンタンタン（ウン）」のリズムで吹きます。音は「シ」「ラ」「ソ」を組み合わせて使います。

A子：♪シラソ　→　B男：♪ソシラ　→

C子：♪ソソシ　→　D男：♪シソソ　→

と、吹き続けていく。

（川津知佳子）

6月

図画・工作　わくわくらくらく「ブラックフェイス」

ブラックフェイスの魅力

はさみがあれば、だれでもらくらく、楽しくできるブラックフェイスはお勧めの教材である。

短時間でできて、思わぬ良い作品が生まれて子どもたちは満足する。

準備

・黒画用紙（８つ切り２枚）・はさみ・のり・透明カラー折り紙・新聞紙・セロハンテープ・油性ペン

作り方

①紙を折る。縦でも横でもよい。

②顔の大まかな形を切る。

③口と目を作る。口は真ん中の折り山のところから切る（左上参考）。

切れても裏からセロテープで止めればよい。

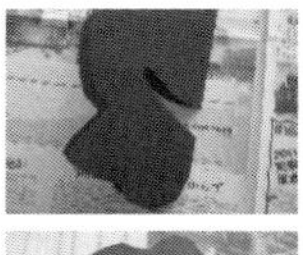

④目は切り込みを入れて作る（右下参考）。

⑤黒い部分に切り込みを入れる。

切りたいところを折り曲げて切る。できるだけたくさん切り込みを入れる。

どんな切り込みを入れるか迷っている子には、「とりあえず、切ってみる」ように声をかける。

友達の真似をしてもよいことを知らせ、「大きい穴、小さい穴、丸い穴、四角い穴ギザギザの穴など、変えるといいですよ」と声をかける。

子どもの作品を見て回り、褒める。

⑥カラー折り紙を切り、テープを貼る。

おおまかに裏からマジックで印を付けてから切り取る。

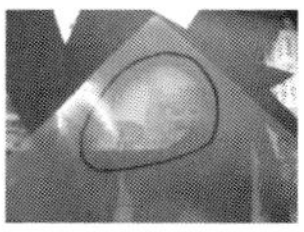

⑦ガラスに貼って鑑賞する。

この作品は30分で仕上げたものである。時間をかけて、切り込みを細かくすれば、もっときれいな作品になる。作品展でも、人気のコーナーになる。

（牛田美和子）

6月

体育　友達同士協力して行う平均台上での「並び替え」

平均台を使うことによって、平衡感覚や高さ感覚を高めることができる。

また、ペアやグループで取り組ませることで、多様な動きができるようになる。

単元の流れ

第1時　平均台を1～2人で渡る
第2時以降　平均台をグループで渡る

授業の実際

4～5人に1台の平均台を準備させる。まずは、1人で渡る練習をさせる。

> 平均台を歩いて渡ります。渡りながら、できるだけたくさんの渡り方を見つけなさい。

自由に歩かせて、できるだけたくさんの渡り方を見つけさせる。

その後、全員を1台の平均台に集める。

> どんな渡り方がありましたか。

数名に実演発表させる。

> お友達の動きを参考にして、もう一度やってみなさい。

実演させ、その動きをまねさせることで、様々な動きを体験させる。

> 次は2人で渡ります。平均台の右と左から同時にスタートしなさい。

新しくすれ違う動きを体験させる。相手の動きを見ながら、自分の体をうまくコントロールしなければ、すれ違うことはできない。自然と2人で声をかけ合いながら、すれ違う動きをするようになる。

その後、全員を1台の平均台に集める。

> ○○さんと××さんの動きは上手です。やってもらいます。

実演させた後、どの部分が上手だったのかを他の児童に発表させる。上手な子どもたちの動きを手本にさせながら何度も挑戦させることで、すれ違う動きに慣れさせていく。

次に、グループでの「並び替え」の動きを行う。

> 今度はみんなで渡ります。まずは、グループ全員が平均台に乗ります。先生が言った順番に並び替えなさい。例えば、「誕生日順」と言われたら、平均台から落ちないようにして、誕生日順に並び替えます。

「名簿順」「背の順」などを行う。先頭の場所を右と左で逆にすることで、同じ順番でも、変化をつけて動くことができる。何度もすれ違うことで、自然と協力したり、声をかけ合ったりするようになる。再度、全員を1台の平均台に集める。グループごとにみんなの前でやってもらう。その後上手だったグループの工夫している点を発表させ、再度挑戦させる。

（岡城治）

6月

道徳　魔の６月にこそ攻める

6月の道徳のポイント

６月は、「魔の６月」とも言われる。５月に大きな行事（私の勤務する地域では運動会）を終えて、１つの達成感がある。しかし、そのあとに、目標がなくなっている状態である。しかも、温帯地方特有のじとじととした気候である。

様々な条件から、教室には、不穏な空気が流れやすくなる。

そのような時こそ、道徳の授業である。説教では、人は動くようにならない。しかし、考える場面を通して、人は、行動を変化させることができるようになる。それができるのが、道徳の授業である。

だからこそ、6月の授業のポイントは、学校生活や集団生活のきまりを改めて考えることである。

改めて言う。説教では、人は変わらない。

道徳の時間に勉強したことは、かすかにでも頭に残る。そのような授業を多く仕組むことが重要である。

6月のオススメ資料

６月のおすすめの資料は、「思い切って言ったらどうなるの？」である。

この資料は、どこの教室でも起こりがちな出来事から、それぞれの立場の考えを理解することができる資料となっている。

内容は、２人の女の子が地域で開かれるイベントに出かけるところから始まる。クラスのみんなに声をかけ、たくさんの友達と行こうとするのだが、ある女の子とどうしても気が合わないことから、その子を誘うのか、誘わないのかという場面で葛藤が描かれるというお話である。

この資料で大切なことを考えさせるために、必要な発問は次だ。

> あなたなら女の子を誘いますか。
> そして、その理由はどうしてですか。

この発問によって、立場を鮮明にすることにより、どうすることが大切なのかを考えさせる。どのような意見も、互いの立場を理解し、深い学びとなる。

対話指導のポイント

５月までに、質問する技能を教えたら、６月のポイントは、反論である。

相手の意見に反論するということは、最初はかなりの勇気がいる。

しかし、道徳という正解が幾通りもある学習ならば、反論もそこまでハードルは高くない。なぜならば、どの考えも間違いではないからである。

反論の方法は、簡単である。

次の文型通り言えば良いだけである。

> ○○さんの意見に反対です。
> なぜならば、○○だからです。

子供たちは、最初、なかなか反論できない。そこは、教師のアシストが必要である。

しかし、一旦動き始めた話し合いは、一気に加熱していく。

なぜならば、話し合いによる意見交換が楽しくなってくるからである。

そのためには、教師自身が様々な場面で論争できるような総合力を身につけておく必要がある。

（大井隆夫）

英語　対話が生まれる！楽しいアクティビティとゲーム

ゲームとアクティビティの違い

ここでは、ゲームは勝敗のつくもの、アクティビティは、ある状況のもとで行われる活動、と定義する。

ゲームは、単語や表現を何度も繰り返し言わせたいときに使い、アクティビティは「お店屋さんごっこ」などの状況を設定して行うものである。

Unit 3 How many? でのゲームやアクティビティ

【動物裏返しかるた】

カードを裏返しにして、ペアで競って取るゲームである。語彙を定着させたい時に行う。

①ペアを作る。

②カードを配り、裏返しにして並べさせる。

③教師が言ったカードを、発音しながら取る。

裏返しかるたはお手つきなしにする。素早く取るのが苦手でも覚えることが上手な子供が活躍できる。

【ダイアローグかるた】ペアまたは３人組

子供：What do you want? 教師：I want a star.

子供は star のカードを取る。

１回戦目は教師に尋ねるが、２回戦目以降は２人が尋ねて、１人が取る、というのもできる。

A, B: What do you want?　C: I want a heart. B, C: What do you want?　A: I want a circle.

このように、役割を交代していく。

【カード集め】

会話をしながら、カードを集めていく、というアクティビティ。クラスを２つに分ける。

A グループはカードを５枚ずつもつ。

B グループは何も持たない。

A: What do you want?　B: I want a star. A: Here you are.　B: Thank you.

A グループの子供は、全てカードを渡せるようにする。B グループの子供は、カードを好きなように集める。同じカードを集めた子供、いろいろなカードを集めた子供、など、様々な子供をほめることができる。

Unit 8 What's this? でのゲームやアクティビティ

【当てっこゲーム】

ペアに１セットずつカードをわたす。

１人がカードを２枚取り、相手に見せる。

A: dog, cat　B は絵を見て確認

A がカードをシャッフルし、１枚選ぶ。

A: What's this?　B: It's a dog! A: That's right! / No, sorry.

役割を交代する。当たったら１ポイント。

【一部チラ見せ】

１人１枚カードを手に持ち、相手を探す。

カードの絵の一部を見せて

A:　What's this?　B: It's a cat. A:　That's right!　B: What's this? A:　It's a dog. B: Sorry, it's a rabbit.

と会話した後、カードを交換する。

教師が楽しいと思う活動は子供も楽しい。新しい活動を考えたときには、予めやってみることをおすすめする。

（小林智子）

6月

総合　プログラミングってなあに

プログラミング教育とは

プログラミング教育を行うポイントは、

> 論理的思考力を身につける

ことだといわれている。

このような活動を通して、子どもに身につけさせたい能力がある。

> プログラミング的思考

である。

その時、「プログラミングのための言語を用いて記述する方法(コーディング)を覚え習得することが目的ではない」という条件があり、学習を行うときには考慮する必要がある。

プログラミング的思考とは

具体的な事例として、ジュースの自動販売機の動きの例示がある。

自動販売機でジュースを買うときは、次のような流れとなる。

①お金を入れる、②選んだジュースのボタンを押す、③選んだジュースが出る、④おつりがある場合はおつりが出る。

このように、自動販売機で起こっている動きは、全てプログラムで制御されている。授業では、このような流れを子どもたちに考えさせるようにする。

例えば、次のような展開が考えられる。目に見えない自動販売機の動きを、実際に子どもたちがプログラミングを考えてみる。

> 自動販売機で飲み物を買います。最初に何をしますか?

この時、子どもたちの学習形式を次のようにするとよい。

> グループで話し合う形式

相談しながら、手順を検討する。

このようにすると、子どもたちの中に対話が生まれる。子どもの中には、自動販売機のイメージを思い浮かべるのが苦手な子もいると考えられる。話し合い、相談することによって、イメージをもちにくい子の思考を助けることになる。

さらに、まとめかたも工夫する。

> グループで相談した手順をまとめていく。まとめ方は①〜、②〜、といった書き方で良い。

このように、実際に自動販売機のプログラムを手順通りに進めていく。プログラム通りに手順を進めることができるのか、できない場合は何が間違っているのかなど、話し合って検討するとよい。

私たちの生活を支える電気、水道、公共機関などはほぼプログラムで動いている。その他にもほとんどがプログラムで動いている。子どもたちは将来、その仕組みを理解し、コントロールしていくことになる。プログラミング体験による論理的思考力が、将来必要な力になっていくであろう。

（梶田俊彦）

7月

国語　「もうすぐ雨に」ファンタジー教材の読み方の基礎を指導する

教材解釈のポイントと指導計画

本教材は、ファンタジー作品であり、主人公の男の子が「チリン」というすずの音から不思議な体験をする。

不思議な世界の入口と出口を問うことで、より深く読み取ることができる。

> ①範読、音読、設定（時、所）
> ②登場人物・主役を検討する。
> ③出来事（事件）分け
> ④・⑤出来事（事件）を要約する。
> ⑥・⑦不思議な世界の出入口を検討する。
> ⑧主題を検討する。

授業の流れのアウトライン

第６・７時で不思議な世界の出入口を検討した。

どのファンタジー教材でも追試できる発問である。

本実践は村野聡氏の追試である。不思議な世界の入口がどの児童にもイメージできるジブリ作品「千と千尋の神隠し」を例にして、不思議な世界の入口について教えた。

主役の家族が車で林の中に紛れ込み、トンネルをくぐって別世界に入る映像を見せ、入口を問う。

> 主役が不思議な世界に入ったのは、どこからですか。

・主役の家族が車でコンクリートの道から山道に入っていくところ。
・トンネルに入ったところ。

これらの意見が出る。

この話し合いの中で、

> 入り口は～だと思います。
> なぜなら～からです。

意見の言い方を指導すると、今後の討論に生きてくる。

意見を言わせた後、改めて映像を確認し、入口のイメージをもたせる。

そして、教科書に戻り、発問する。

> 主役はどの文から不思議な世界に入ったのですか。

学級では３つの意見に絞られた。

①「ありがとうって言いたいのかなー。動物の言葉が、分かればいいのになあ。」

②そう言ったら、かえるがぱちっとまばたきした。

③そのとたん、どこかでチリンとすずみたいな音がした。

指示語が気になった児童がおり、白熱した討論となった。

学習困難状況への対応と予防の布石

討論時に発言していない児童は何について話し合っているのかわからなくなりやすい。

黒板に意見を書かせ、視覚的に示すことで何について意見や質問が出ているのかを明確にするとよい。

（田中悠貴）

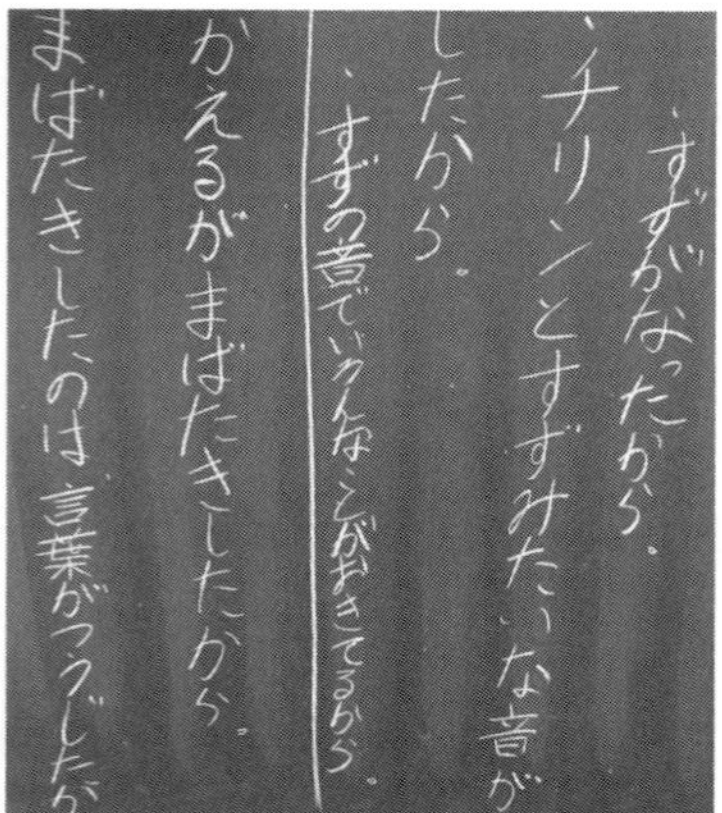

7月

社会　地図記号を調べよう

フラッシュカード

3年生の授業始め1~2分は、地図記号のフラッシュカードを行う。

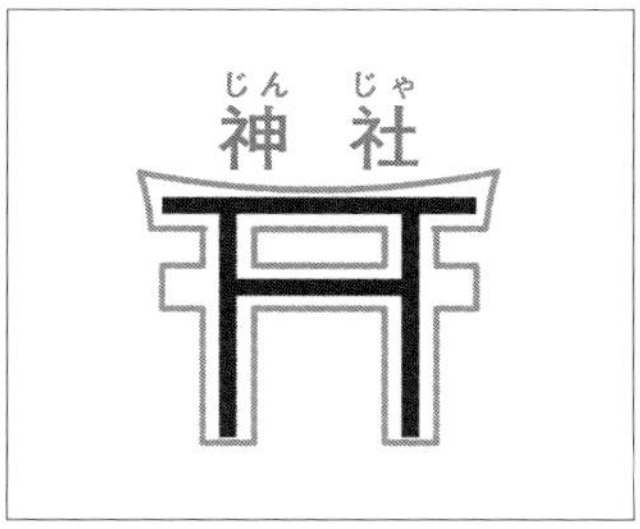

扱うカードは1回に付き5枚程度。最初に地図記号名までついているカードで言わせ、その後、記号だけを見せて答えさせる。

> ①教師の後について2回言わせる。
> ②教師の後について1回言わせる。
> ③子供だけで言わせる。
> ④表裏とカードをめくりながら2回言わせ、記号名なしの練習をする。
> ⑤記号名なしで①~③の繰り返し。
> ⑥順番を変え、アトランダムに出す。

これでワンセット。

1年間やれば大体覚えてしまう。

確認テストと成り立ち調べ

> ノートに①~⑤まで番号を打ちなさい。

最初に問題数の全体像を示す。自閉症傾向の子供も見通しが持てれば安心だ。

> ①番。神社の地図記号を書きなさい。
> (答え合わせ)
> ↓を書いて、何の形からできたか書きなさい。

「物の形から地図記号はできたのですね」と確認する。同じように「学校」までやる。ノートは上のようになる。

「文字からできた地図記号もあるのですね」と確認する。

> ① ⛩ → 神社(とりいの形)
> ② 文 → 学校(文字、文ぶしょう)

> ③番。空港の地図記号を書きなさい。

同じように何からできたか確認する。「飛行機の形」である。「この空港は外国に行きますか」と問う。

飛行機の形だけだと国内空港、○で囲まれると「国際空港」となることを確認。これが布石となる。

同様に、警察や郵便局などやっていく。

> 学校の地図記号。これ何学校?

はじめ子供たちは「味間小学校」など自分の知っている学校名をあげる。「小学校とか中学校とかいう意味ね」と言うと子供も理解する。調べさせるが多くの場合、教科書や副読本には出てこない。「小・中学校」であることを知らせる。

> 高校の地図記号を書きなさい。

多くの子は○で囲む。正解だ。

> 大学を書きなさい。

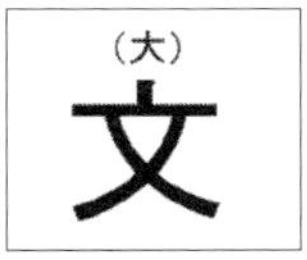

多くの子は◎で囲む。正解は上。専門学校だったら(専)となる。文字の組み合わせで地図記号ができることもある。次の時間、他の記号も調べさせる。

(川原雅樹)

算数　「わり算」あまりは含まれる？　含まれない？

本時の対話は、わり算のあまりについて考え、話し合うことである。あまりについて考えることで意見が２つに分かれて議論が生まれた。

【問題】　クッキーが 27 個あります。１箱に５個のクッキーを入れていきます。
全部のクッキーを入れるには、箱は何箱あればよいでしょうか。

何も言わずに式と答えを求めさせる

「式と答えを求めなさい」と一言だけ言う。何も説明をしないで求めさせることで、子供から２つの考えが出てくる。私のクラスでは①の考えが半数以上だった。

①　式　27÷５＝５あまり２
答え　５箱

②　式　27÷５＝５あまり２
答え　６箱

あまりについて話し合わせる

発問：「５箱と６箱。どちらの答えが正しいと思いますか」

上記のように「５箱」と「６箱」と２通りの答えが出てくる。そこで、自分の考えについて話し合わせる。私のクラスでは、次のような考えがでてきた。

「１箱に５個入る箱だから、あまりは２個になる」「問題には全部と書いてあるから、あまりの２個も箱に入れることが出来るから６箱です」「問題には１箱には５個のクッキーを入れてと書いてあります。だから、５箱だと思います」「５箱に反対です。問題には全部のクッキーを入れるには、と書いてあります」

「全部のクッキーを入れる」ということに、気づいた子が出てきた。ここでは「全部」という言葉がキーワードになる。他の子からも「あまりの２個も箱に入れないといけないんだ」と声が出てきた。

あまりを含まない問題

【問題】　花が 51 本あります。この花を７本ずつたばにして、花たばを作ります。
７本ずつの花たばはいくつできますか。

この問題も何も言わずに解かせる。答えは「７たば」である。だが、「51÷７＝７あまり２　答え８たば」と答えてしまう子が多かった。先程の問題で、あまりを含めていたので、同じように考えてしまったことが原因であると考えられる。

すると、「７本ずつの花たばと書いてある」と気づいた子が出てきた。「だまされた〜」と声を上げた男の子がいた。あまりはどちらが正しいのか、子ども同士で話し合わせることで教室が熱中し、深い学びになった。

（細田公康）

7月

理科　太陽の動きと地面の様子

かげの位置と太陽の動きに着目し、それらを関連付けながら考え、太陽の反対側にかげができること、太陽の位置が東→南→西と変化することを捉えるようにする。

事前にたっぷり共通体験させる

午前中、四角いコートの中に限定してかげふみ遊びをさせる。集合させて「どうしたらふまれないか」を問う。かげの方向を右手で、太陽の方向を左手で指させる。

かげふみ遊びの写真を見て考える

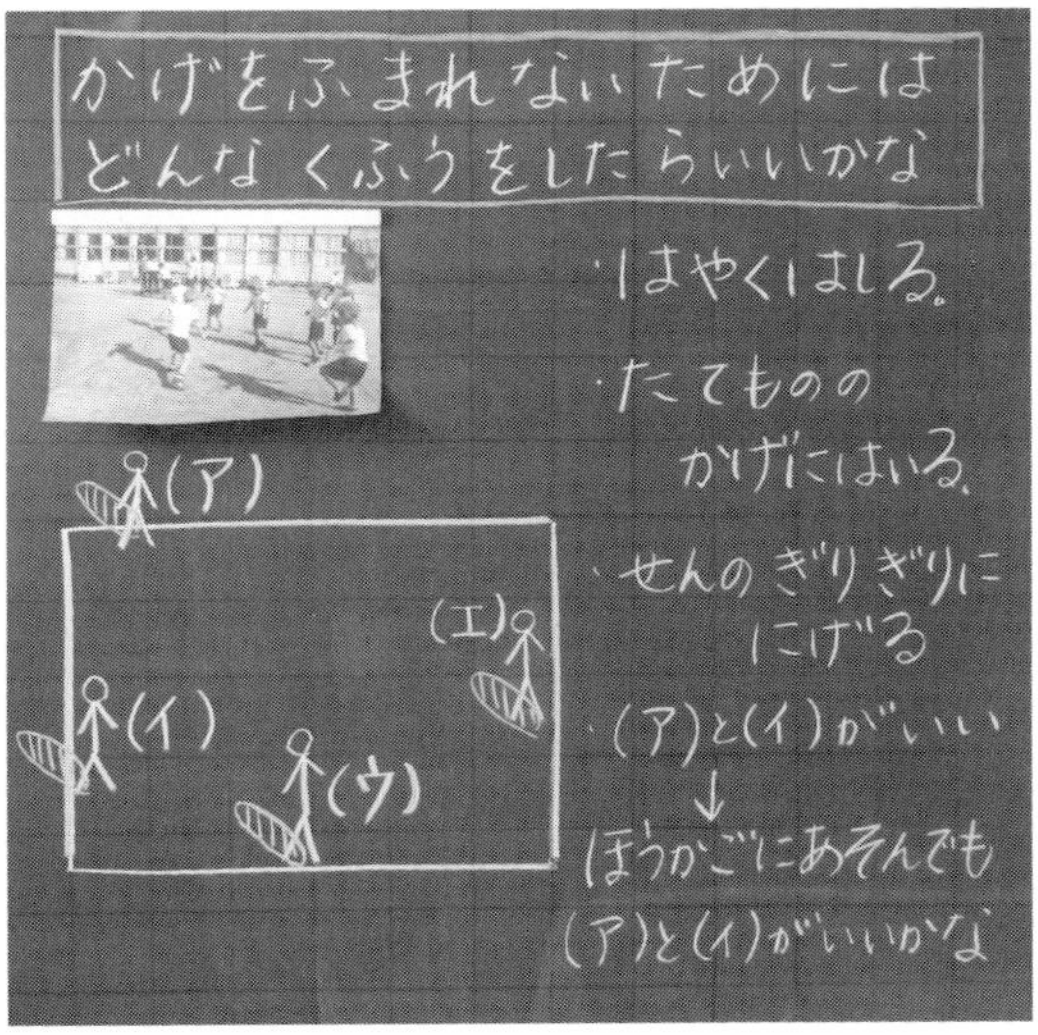

かげふみ遊びをした際の写真を示して思い起こす時間を取り、気付きを発表させる。黒板に教師が書きとりながら整理して示し、「四角いコートで遊んだ場合には、ある方向のライン上に立てばふまれない」ことに気付かせる。

最後に太陽の方向はどちら側かを問い、「太陽の位置の反対側にかげができる」ことを確認する。

午後に同じコートで遊ぶとどうなる

> 同じコートで５時間目にもかげふみ遊びをします。やはりアやイの位置がいいのかな。

個人で考える時間をとった後、４～５人のグループで相談させる。「午後は□や□の位置がいいと思います。理由は～だからです。」の形で発表できるように文型を黒板に書いて示す。

四角いコートを書いた図を班に１枚ずつ渡し、書き込みながら班の意見を出し合わせる。ア、イの位置が良い、良くないの大きく２つに意見を分け、その理由を発表させ合う。

【予想される児童の考え】

①放課後もアとイの位置がいいと思います。かげはいつもだいたい同じ方向にできると思うからです。

②放課後、アはいいけれどイはだめだと思います。理由は太陽が見える方向が変わるからかげの向きも変わると思うからです。

放課後、全員でコートに行ってア～エの位置に実際に立ち、かげの向きと太陽の位置が午前とは違うことを確かめる。次時に、太陽の動きを詳しく調べたいと意欲を持つ。（森泉真理）

音楽　繰り返しのリズムを楽しもう

歌を覚えて伴奏をつける

「まほうのチャチャチャ」を覚えて歌う。

追い歌いする。

T：♪元気よく始めよう まほうのチャチャチャ

C：♪元気よく始めよう まほうのチャチャチャ

（以下省略）

歌えるようになったら、打楽器のリズムを口伴奏でつける。

T：♪タンタンタンウン

C：♪タンタンタンウン

T：♪タタタタタンウン

C：♪タタタタタンウン

子どもたちがリズムを言えるようになったら、マラカス、ギロ、カウベル、クラベスなどの打楽器を見せる。

教師はカウベルを取りあげ、「タタタタタンウン」とリズムを言う。そして演奏する。

他の楽器も同様に子どもたちに示す。

そして、子どもにも楽器を持つ真似をさせ、リズムを言わせる。

次に、子どもに好きな楽器を選ばせ、リズムを叩く練習をさせる。歌に合う伴奏を、鍵盤楽器でつけ、学級全体で演奏を楽しむ。

グループで合奏の練習をする

数人を１グループにして、合奏の練習をさせる。

グループで合奏の練習をします。楽器は自分が好きなものを選びます。

リズムはみんなで練習したものでもいいし、自分で作ってもいいです。

後で、発表会をします。

教師は、練習しているグループを見回り、アドバイスをする。

「違う楽器は違うリズムがいいよ」

「ずっと全員で演奏しなくてもいいよ」

「一つの楽器が目立つように他の人が休む部分を作るといいよ」

グループで話し合いをさせながら、練習させる。

発表時には、発表する前に自分たちの工夫したところを言わせる。

「楽器の音が目立つように、交代で休みました」

「聞いている人が楽しくなるように、掛け声を入れました」

演奏後、聴いていた子どもに感想を言わせる。

鑑賞曲を聴く

発表会が終わったら、ホリン作曲「まほうのチャチャチャ」を聴く。

みなさんが使った楽器の音は聞こえましたか。

どんなリズムが繰り返し出てきましたか。

みなさんの演奏と似ていたところはどこですか。違っていたところはどこですか。

C：ウンカンカンカンのリズムが繰り返し聴こえました。

C：僕たちにはない掛け声が入っていました。

C：私たちといっしょで楽しそうでした。

自分たちが演奏した体験を音色、リズム、相違点などを聴く鑑賞に生かす。

（川津知佳子）

7月

図画・工作　スパッタリングの魅力！「宇宙へ行こう！」

子どもたちに、夢のある作品を描かせたい。スパッタリングの技法を教えよう。

歯ブラシに絵の具をつけ、指ではじけば、簡単に、誰でも美しい星空ができる。

【準備物】

・色ケント紙（黒・藍色・ぐんじょう色の４つ切りから８つ切り）・クレパス・絵の具セット・宇宙の写真・油性ペン・綿棒・新聞紙・Ａ４コピー用紙・歯ブラシ・はさみ・のり

「宇宙へ行こう」の描かせ方

①宇宙空間を描く

参考作品を見せ、スパッタリングの技法を教える。絵の具をつけた歯ブラシを指ではじく。「白を必ず入れること」「どろどろに絵の具をとかすこと」。この２つがポイント。

②宇宙飛行士になった自分と友達を描く。

Ａ４コピー用紙に宇宙飛行士になった自分を描く。描き方は、頭→胴体→手→肩からつなぐ→足→腰からつなぐ→宇宙服、の順である。手と足を描くときは、「無重力の宇宙空間ですから、ふわんふわんと浮かんでいるようにね」と話し、直立不動にならないようにする。自分が完成したら、友達を同じように描く。自分だけでもよい。

③ロケットを描く

ロケットは、先から順に描き、○・△・□などを組み合わせていく。全く自由。

④宇宙飛行士とロケットを貼り付ける。

周りを少し残して、宇宙飛行士とロケットを切り抜く。そして、宇宙空間の上に置き、どう動かしたら、一番かっこいいかと、配置を考えさせる。決定したら、のりで貼る。

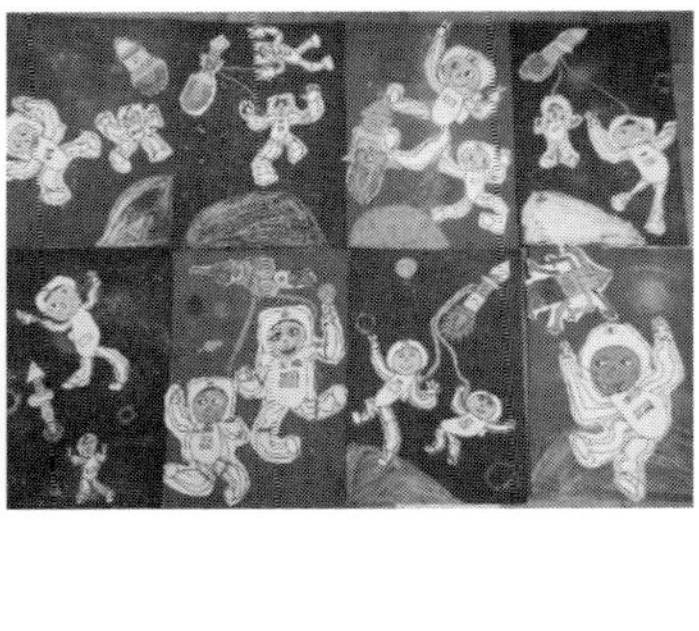

⑤惑星や星を付け足し、仕上げ。

丸く画用紙を切り抜き、画用紙にクレパスで色をつけ、指でぼかすと、美しい惑星ができる。

鑑賞会で対話

「よいところを見つけた人は天才！」を合い言葉に鑑賞会を行う。（佐藤貴子）

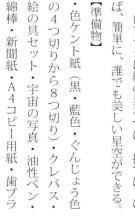

体育　たくさん浮かせ、泳がせる指導で泳げるようになる

水泳指導のポイントは、1時間の授業の中でたくさん泳がせることだ。

それは、3年生の「浮く・泳ぐ運動」でも同じである。単元を通して、毎時間、毎時間たくさん泳がせることで、子どもたちは、少しずつ、泳げるようになっていく。

授業の流れ

子どもたちを入水させた後は水に慣れさせる運動を行う。これは、毎時間行う。プールの中に1列に並ばせる。

①前を向きなさい。
②前の人の背中に水をかけなさい。
③回れ右。お返しにさっきの三倍水をかけなさい。
④回れ右。さらにお返しをしなさい。

水慣れの後、け伸びの練習をする。

①1コースまで歩きなさい。
②回れ右。壁までけ伸びをしなさい。
③できた人は、2コースに移動しなさい。できなかった人は、同じコースで挑戦しなさい。

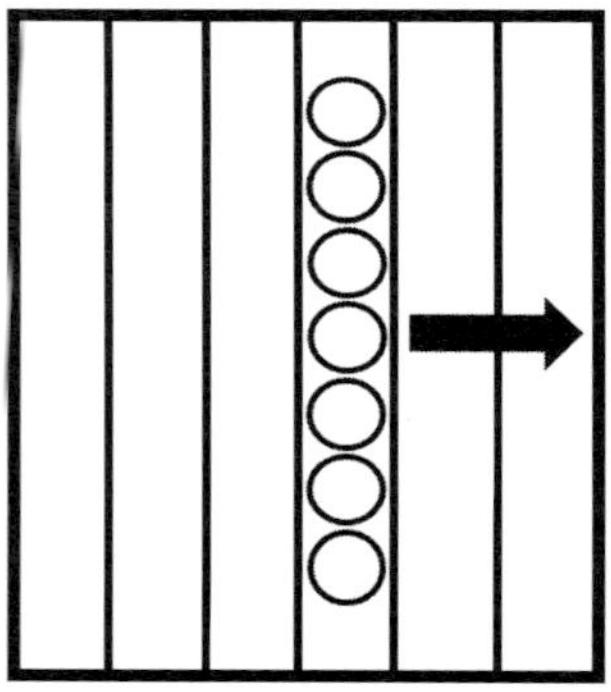

泳げる子は、どんどん距離を延ばす。泳げなかった子は、できる場所で挑戦する。

壁に向かって泳ぐので、子どもたち自身で、泳げたか泳げなかったかがすぐにわかる。教師も判定しやすい。

け伸びのポイントは以下。

①腕をまっすぐに伸ばす。
②腕を耳の後ろにもっていく。
③両手の指先を重ねる。
④足指の先までまっすぐ伸ばす。
⑤体の力を抜く。

①～④は、見た目でもできているかどうか判断できる。ペアを作らせ、1人が泳ぎ、1人がプールサイドでチェックするようにすると、お互いにアドバイスし合う活動もできる。

け伸びの練習の後は、プールの横を使い、変化のある繰り返しでどんどん泳がせる。

①手だけのクロール
②バタ足だけのクロール
③片手だけのクロール
④息継ぎ無しのクロール
⑤息継ぎありのクロール
⑥手だけの平泳ぎ
⑦カエル足だけの平泳ぎ
⑧息継ぎ無しの平泳ぎ
⑨息継ぎありの平泳ぎ
⑩ちょうちょう背泳ぎ
⑪背泳ぎ

できなくてもどんどん泳がせる。動きが上手にできなくても、上手に泳げる子の動きを見ながら、見よう見まねで泳いでいくうちに、自然とできるようになってくる。

それでも、泳げない子は、教師が手を持って引いてあげたり、ヘルパーを使わせて泳がせたりする。

（岡城治）

7月

道徳　夏休みを前に

7月の道徳のポイント

7月は、いよいよ夏休みということで、子供たちの心はウキウキしている。

そのような長期の休みには、様々な場面で、学校ではできない貴重な体験をする。その時に、多くの助けを借りるのが、地域や自分自身のおじいちゃん、おばあちゃんである。

地域のお年寄りや、自分のおじいちゃんやおばあちゃんに対する感謝の気持ちも大切であると教えるのも、道徳の大切な学習である。

なぜならば、小学校学習指導要領「特別の教科　道徳編」には次のようにある。

> 「家族など生活を支えてくれている人々や現在の生活を築いてくれた高齢者」

このように考える子どもたちを育成するのが道徳教育の大切な目標なのである。

これを伝えるには、力強い資料を用意することがポイントである。

7月のオススメ資料

7月のおすすめの資料は、「おじいさんとぼく」だ。

この資料は、現代にありがちな共働きの夫婦の子供である「ぼく」のお話で、どの子も自分の立場として考えやすい資料と言える。内容は、「ぼく」がおじいちゃんと休みの日に畑で畝《うね》作りをして、その後におじいちゃんが病気で倒れ、入院する話である。

この資料で大切なことを考えさるために、必要な発問は次だ。

> おじいちゃんやおばあちゃんに伝えたいことはなんですか。
> なぜそのことを伝えたいのですか。

この発問により、子供達1人1人のおじいちゃんやおばあちゃんへの感謝の気持ちを引き出すことができる。

ただし、気をつけないといけないことがある。おじいちゃんおばあちゃんがいない場合である。その場合は、天国にいるおじいちゃんやおばあちゃんに手紙を書く設定とする。

対話指導のポイント

授業の型として、いつも話し合いが出来るとは限らない。

しかし、自分自身の意見を言うという形での対話指導はどのような授業でも可能となる。

例えば、7月おすすめの教材は、話し合いという授業形態は、厳しい。

しかしながら、友達のおじいちゃんおばあちゃんのへの感謝の気持ちを書いた文章を聞いて自分の考えを発表するという授業形態は、可能である。

間接的ではあるが、意見を通しての対話指導となる。

その時に、大切な指導ポイントがある。

それは、

> 感想に対して、相手を否定する考えを言わない。

ということである。

どのような感想を持とうが自由である。考えを束縛することは、誰にもできない。だからこそ、自由に意見の言える学級経営が必要である。

（大井隆夫）

英語 Unit5 What do you like? で日本文化を扱う

Unit 5 What do you like?で日本食について触れる

平成25年12月13日、「グローバル化に対応した英語教育改革実施計画」が文科省より公表された。そこに、「日本人としてのアイデンティティに関する教育の充実（伝統文化・歴史の重視等）」という方針が示されている。Unit2 で、日本の伝統文化について扱うことができる。

Unit2 の単元計画を以下に示す。

第１時	What sport do you like?
第２時	What food do you like?
第３時	What Japanese food do you like? その後、つなげる。
第４時	What sport do you like? What food do you like?　など聞く話題を変化させながら、つなげる。

第３時の具体案を示す（あいさつ・歌は省略）。

１復習	A: Do you like sports? B: Yes, I do. A: What sport do you like? B: I like soccer.
２単語練習 ３状況設定 ダイアローグ練習 ４アクティビティ	Japanese food, sushi, udon, soba, onigiri, tempura, oden What Japanese food do you like?　I like ～ . 好きな日本食を聞き合う。
５つなげる	A: Do you like Japanese food?　B: Yes, I do. A: What Japanese food do you like?　B: I like sushi. A: Let's eat sushi. B: OK!

日本の文化や地域について尋ねる

同様に、日本文化について聞くこともできる。What do you like about Japan?　I like Mt. Fuji. What do you like about Gunma?　I like Daruma. What do you like about Japanese culture? I like kimono. と　いうダイアローグである。

１復習	A: Do you like sports? B: Yes, I do. A: What sport do you like? B: I like soccer.
２単語練習 ３状況設定 ダイアローグ練習 ４アクティビティ	Japanese culture, 囲碁、将棋、けんだま、百人一首、着物、あやとり　など What do you like about Japanese culture?　I like ～ . 好きな日本文化について聞き合う。
５つなげる	A: Do you like Japanese culture?　B: Yes, I do. A: What do you like about Japanese culture? B: I like shogi. A: Let's play shogi.　B: OK!

扱うとするならば、第３時または第４時がよい。

地域のことについて扱うと、子供達のノリがよく、楽しく活動に取り組むことができる。

A: What do you like about Gunma?

B: I like daruma.

A: Do you have a daruma? B: No, I don't.

A: Do you want a daruma? B: Yes, I do.

A: How many?　　　　　B: I want three.

のように、会話を続けることも可能である。

（小林智子）

7月

総合　プログラミングで作ってみよう

フローチャートで思考を明示化する

プログラミング教育を行う時、

フローチャートを作成する

ことが有効であるといわれている。

フローチャートの目的は、次のことである。

①活動内容の流れを、目に見える形にする。
②活動内容を関係のある人で共有できるようにする。

活動内容を「見える化」することにより、共有することができるようになる。その結果、フローチャートを見た人ならば誰でも正確に行動することができるようになる。

フローチャートを作成する

フローチャートの書き方にはルールがある。

そのことをあらかじめ子どもに示しておくとよい。

フローチャートには次のことを明記する必要がある。

①開始は活動の開始である。②終了は活動の終了である。③順次処理は１つずつ処理を行っていくことである。④分岐処理は条件によって処理を変えることである。⑤反復処理は同じ処理を繰り返して行うことである。

これらのルールを守ってフローチャートを作成してみるとよい。

実際に、フローチャートを作成してみる。３年生の発達段階を考えて、極めて分かりやすい内容にするとよい。

例えば次である。

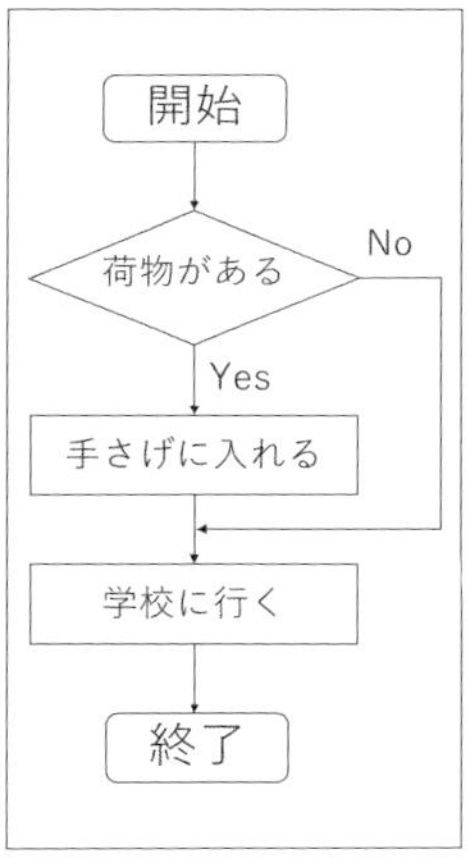

このフローチャートは、２つに解釈できる。

①開始→学校に持って行く荷物がある→荷物がある場合は手さげに入れる→学校に行く→終了

②開始→学校に持っていく荷物がある→荷物がない場合はそのまま学校に行く→終了

矢印のように、順次処理で進んでいき、途中荷物のある・なしという分岐処理がされる。フローチャートを見せて、子どもたちでどのように処理がなされるのかを話し合って検討することもできる。

慣れてきたら、いよいよフローチャートを考えさせる。図に書き込んでいく。

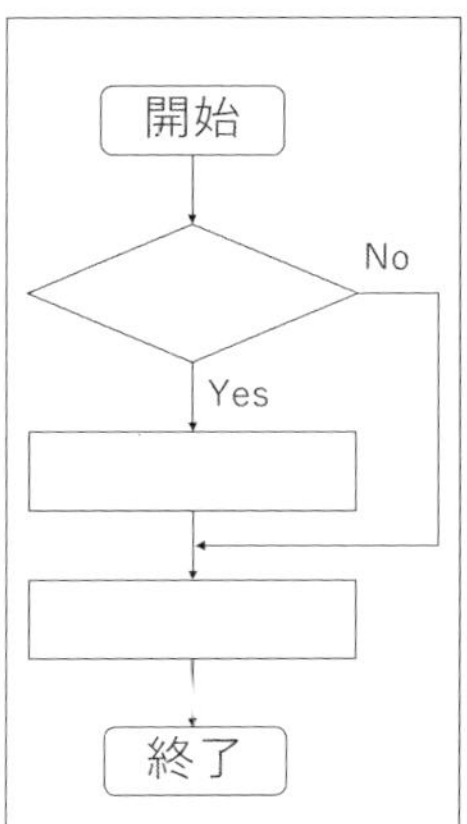

例えば、①本がある→ＹＥＳ→５ページ読む→本をしまう、のように考えさせると良い。

活動は、いくつか例示して選ばせても良い。例えば、掃除をする、片付けをする、絵を描く、等でも考えることができよう。

実際にプログラムを作り、動かしてみることで、プログラミングを学ぶことができる。それが論理的思考につながっていくのである。

（梶田俊彦）

9月

国語　「わたしと小鳥とすずと」詩を分析的に読む基礎を指導する

教材解釈のポイントと指導計画

本実践は伴一孝氏の追試である（TOSSランドNo: 7735641）。

①詩の構造。

第1連（例示）第2連（例示）第3連（まとめ）

詩の構造を学習するのに「結合分断法」が適している。これは、「本来分かれている段落や連を結合させて提示し、「どこで切れるか」を検討させる方法」である。

プリントを配り、音読させた後、

> この詩はいくつに分けられますか。分けられるところに線を入れてごらん。

線を入れた後、どうしてそのように分けるのか理由を言わせる。

児童は文章を「内容」で分断したり、「形式」で分断したりする。

②逆説的表現のよさ

最後の行の「いい」について、何がいいのか直接表現されていない。

これを感じさせるために「書き換え法」で授業すると分かりやすい。

> 書かれている内容を、別の表現方法で書き換えさせる方法

例えば次のようになる。

> 書き換え文（直接表現）
> 小鳥は両手をひろげると、
> お空をいっぱいとべるけど、
> とべないわたしは小鳥とちがい、
> 地面をはやくはしれるよ。

このことを踏まえ、指導計画を設定した。

> ①音読、詩の読み取り（詩を分ける）
> ②詩の読み取り（逆説的表現）

授業の流れのアウトライン

詩の読み取り（逆説的表現）を行う。

> 「みんなちがって、みんないい」を分かりやすく書くとどう変えますか。

・みんな違っていても、1人ひとりいいところがある。

・みんなはそれぞれ違っているけど、みんなはそれぞれいい。

意見が出た後、次の発問をする。

> 小鳥のいいところは、どこに書いてあるのですか。

児童は「書いていない」と言い出す。

> いいところは実は書いてあります。探してごらんなさい。

この発問で逆説表現に気付く子がいるので、それを取り上げ、意見を板書し整理する。

> 1連
> 小鳥→空を飛べる。
> わたし→地面を早く走れる。

1連を整理することで、子供だけで2連を同じように書くことができる。

学習困難状況への対応と予防の布石

逆説的表現に気付く児童を取り上げて褒めることで、より授業に参加しようとする意欲が高まる。

（田中悠貴）

9月

社会　校区地図を作ろう

家から学校までの地図（1時間）

> 家から学校までの地図をノートにできるだけ詳しく書きなさい。

始めに家を書かせる。後は自由。1ページで終わらない子には続きを次のページへとどんどんいかせる。自分の体験を元に子供たちの地図は広がっていく。

書いている間に様々なことを付け足すようになる。

家の周りの地図（2時間）

それぞれの地区ごとに挙手させる。同じ地区の子が誰かも確認させる。

> みんなの家の周りの地図をノート見開き2頁にできるだけ詳しく書きなさい。

子供たちはどこからどこまでが自分の地区かわからない。

自分の家を真ん中に書かせ、見開き2頁でおさめさせると、大体自分の家の周りの地図が完成する。

> 近くの家の友達と相談しながら書いていいですよ。

席を離れて、最初確認した同じ地区の子と相談しながら書いていいことにする。

それだけでも様々な対話が生まれる。

校区地図を完成させる（2時間）

同じ地区の子同士グループを作らせる。1グループ3人くらいがいい。多いところは地区を分けたり、少ないところは近くの地区と合体させる。

> グループで協力して地区の地図を作ります。画用紙は次々付け足していいです。

子供たちは前時までに書いた家の周りの地図を参考に、結構詳しく書いていく。

書いている間に、道の数や家の場所など、様々な論争がグループで起こる。1時間で一旦終了し、数日おいてからやらせると、地区で確かめに行く子供たちもいる。

「秘密基地」「かわいいペットのいる家」「近所の名物○○」等も書き込ませる。

世界で1枚の地図が出来上がる。

合体して校区地図にしよう（1時間）

書かれた全ての物をひとつにまとめて、校区地図を作る。地区ごとの間は教師が新しく紙に書いて埋めてもいいし、全体を提示して、子供と相談しながら書いてもいい。

最後に、正進社のホームページから校区の地図を依頼して作成してもらったもの（有料）を示し、自分たちが作った地図の情報を書き込ませていく。

地図記号や高低の色、方位記号も合わせ書いていく。

教室に貼り、1年間かけて様々な情報を更に付け足していく。

（川原雅樹）

9月

算数　「大きな数」を数直線を使って説明させる

本時における対話とは、数直線を使って、大きな数（17000）を説明することである。数直線を使った３つの型を示すことで、大きな数のいろいろな見方ができるようになる。

【問題】　17000 について数直線を使って説明をしよう。

17000について３つの型を示す。

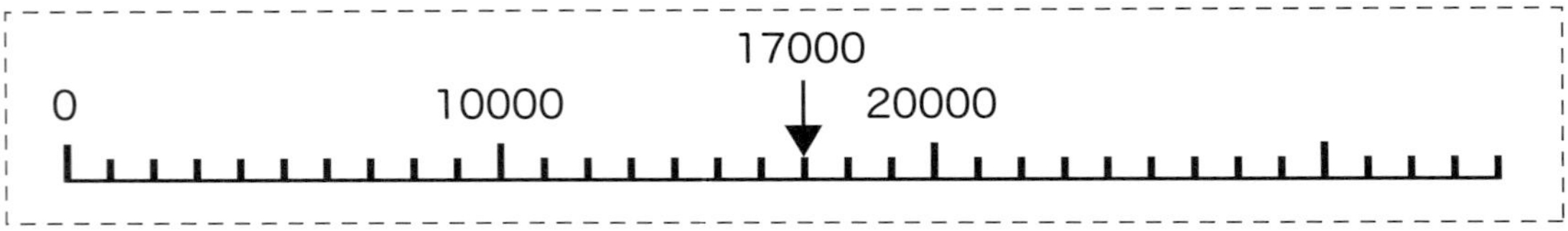

数直線上に 17000 を書かせる。書くことで 18000 の位置について確認することができる。そして、３つの型を示した後に上記の数直上で確認をしていく。

① 17000 は、20000 よりも 3000 小さい数です。

② 17000 は、10000 と 7000 を合わせた数です。

③ 17000 は、1000 を 17 個集めた数です。

①ならば、「20000 に指を置いて、1000、2000、3000」と、数直線を使うことで大きな数の仕組みについて分かりやすくなる。

74000を説明させる。

発問：「74000 を説明しなさい」

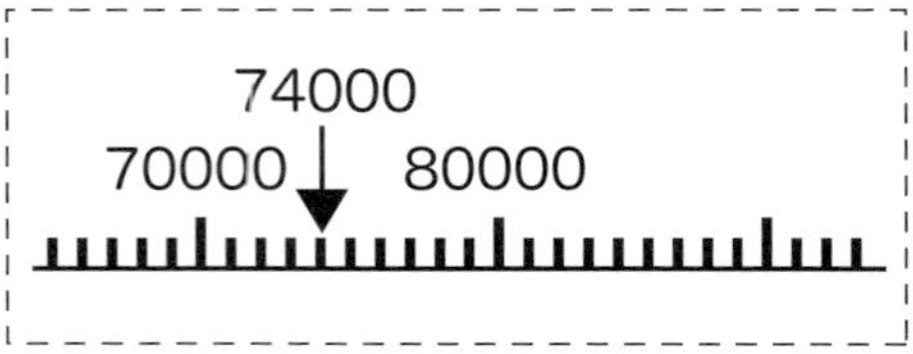

次に 74000 を説明させる。右のようにまず、数直線上に書かせてから、説明させる。先ほどの３つの型に、どれでもいいから、当てはめて考させる。

「74000 は、80000 よりも 6000 小さい数です」

「74000 は、70000 と 4000 をあわせた数です」

「74000 は、1000 を 74 個集めた数です」

先ほどの３つの型に当てはめることで、誰でも簡単に説明をすることができる。数直線を使って説明をすることで、大きな数の大小を視覚でとらえることができる。また、大きな数は、頭の中で概念的に考える数だが、説明の型を示すことと、数直線を使うことで大きな数の仕組みについても理解しやすくなる。

（細田公康）

9月

理科　ゴムの力のはたらき

ゴムの力と物の動く様子に着目して、比較・分類しながら調べ、ゴムの力の大きさを変えると物が動くようすも変わることを捉えるようにする。

自由に試した際の気付きを比較・分類する

ゴムで動く車で自由に遊びましょう。何か発見したら、「〜のようにしたら〜だった」のように先生に報告に来てください。

体育館などの広い場所で、１人に１台ずつゴムで動く車を持たせ、自由に遊ばせる。活動する中で気付いたことを教師に報告させる。教師は「なるほど。すごい」「大発見をしたね」などと児童の発見をほめて認める。ゴムの数を複数用意し、自由に使って遊んでよいこととする。余裕があれば太さや長さの違うものを用意しても面白い。もっと調べてみたいことを報告できた児童がいたら、全員の前で取り上げてほめ、良い視点だと賞賛することで、児童の意欲や主体性を伸ばし、科学的な思考の観点を教える。

【予想される児童の気付き】
① ゴムを長く引くと、車は遠くまで走る。
② ゴムを少ししか伸ばさないと、車はあまり遠くまで行かないで止まってしまう。
③ ゴムを２本にしてみたらたくさん走った。
④ ゴムを３本、４本ともっと増やしたらどうなるだろう。
⑤ 太いゴムで調べたらどうなるだろう。

報告できた児童には「是非みんなにも教えてあげてね」と伝える。Ａ４サイズの紙を与えて「発見したこと」や「疑問に思ったこと」を書かせ、発表の準備をさせる。

条件を統一して比較実験する

みなさんの気付きや疑問を出し合って、次の時間から調べていくことを整理しましょう。

気付きや疑問を書いたＡ４の紙を示しながら発表させる。教師は黒板に観点ごとに分類しながら貼っていく。

次時から「ゴムを引く長さと車を動かす力」「ゴムの本数と車を動かす力」の２つのことを実験して調べていくことを確認する。「ゴムを引く長さと車を動かす力」の関係を調べるためには「ゴムを引く長さ」だけを変えると良い、など比較実験で問題解決する方法を教える。

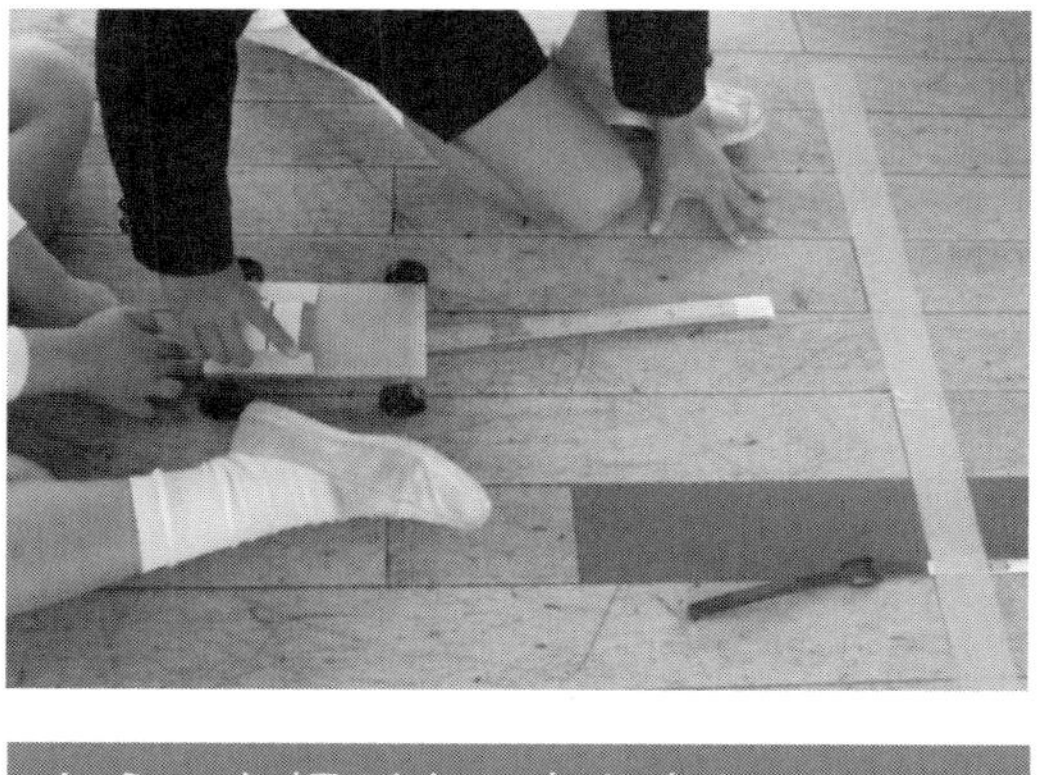

ねらった場所まで車を走らせるには

単元末の発展として、ねらった２本の白線の間で車を止まるようにするにはどうしたらよいか班で相談して挑戦させる。試行錯誤の中でゴムの力をコントロールする際、前時の実験結果を活用すると良いことに気付く。　（森泉真理）

（図版提供：岡本純）

9月

音楽　「うさぎ」で曲想と曲の構造をつかむ

日本古謡「うさぎ」を歌う（第1時）

指　先生が歌います。
「登場人物」はだれですか。
考えながら聴きましょう。

「うさぎ」、「月」、「人」など、答えが出てくる。

指　9月はこの曲を勉強します。
まず、歌えるようにします。

T：♪うさぎうさぎ　C：♪うさぎうさぎ
T：♪何見てはねる　C：♪何見てはねる
T：♪うさぎうさぎ何見てはねる（子：追い歌い）

歌えるようになったら、教室を２グループに分け、曲の前半、後半で交代歌いをする。

歌が会話になっていることをイメージする。

> 「呼びかけとこたえ」の面白さを遊びながら体感できる。

日本古謡「うさぎ」を対話で歌う（第2時）

１回歌う（復習）。

問　登場人物は誰でしたか。
「うさぎ」だけでしたか。

前時問いかけているが、再度訊ねる。

例えば、「うさぎ」と「月」と言った子を前に出し、子どもが「うさぎ」役、教師が「月」役になり歌ってみせる。

「お話」でこの曲ができていることを示す。

指　ペアを作ります。
登場人物が誰なのかを決めます。
決まったら、歌を練習します。
振りもつけます。

練習の後、グループごとに発表させる。

「うさぎとうさぎ」「うさぎと母親」「うさぎと人間」「うさぎと神」等、様々な組み合わせが発表された。

友だちの発表から、イメージする楽しさと感じ方は人それぞれ違うことを知る。

> 曲想と音楽の構造や歌詞の内容との関わりに気付くことができる。A（１）イ

問答遊び（ふしづくり２段階）

拍に乗った問答遊びで、やりとりを楽しむ。

（１）数あて遊び（ステップ９）

カスタネットで拍を刻み、例示した後、ペアで遊ぶ。

A子：３×２
B男：６ですよ。２×２
A子：４ですよ。３×４～
ことば：３かける２Ｖ　６ですよ。Ｖ
手拍子：○○　○Ｖ　○○○Ｖ

手拍子に合わせ言葉を言っていく。

（２）お店屋さんごっこ（ステップ10）

A子：何にします？　B男：メロンパン
A子：あと他は？　B男：ぶどうぱん

（３）春が来た

A子：春が来た　春が来た　どこに来た
B男：山に来た　里に来た　野にも来た
A子：春が来た 春が来た　B男：どこに来た
A子：山に来た、里に来た　B男：野にも来た

他にもお話で作られた曲があります。探してみましょう。

歌い分けによって、見える風景が変わってくる。イメージする楽しさを味わう。

（関根朋子）

9月

図画・工作　図工の苦手な子も大満足!「花火」

夏休み明けの図工の時間にお勧めなのが、「花火」。ダイナミックで美しい絵が仕上がる。図工の苦手な子たちも、楽しく取り組むことができる。

「花火」の描き方

【準備物】

・黒４つ切りケント紙・絵の具セット・白ポスターカラー・クレパス・綿棒

【手順】

1　花火を描く

【絵の具の技術ポイント】

①白をたっぷり混ぜる。
②どろどろ気味に溶く。
③筆にたっぷりふくませる。

【花火の描き方→師範を見せる】

①中央から外へ描き始める。
②ゆっくりと火花を1本1本ていねいに描く。
③基本となる2種類の花火（華・柳）の描き方を教えたら、後は全く自由に自分の花火を考えさせる。

・花火は下の方には描かない。→見ている人がやけどしてしまうね。
・点々を描くときは、綿棒が良い。フィンガーペイントでも、楽しい。

2　自分や友達・家族を描く

【人物の描き方】

①顔（酒井式の逆さ顔・斜め顔）
②胴体（顔と直線に並ばないように）
③手（手の甲、手のひらに指を生えさせる。左右の手が左右対称の位置にこないように配置する）
④腕をつなぐ。
⑤着物か洋服を着せる。
⑥模様があったら、しっかり描き入れる。
・クレパスの色は緑か紫。
・目の玉は描かない（白を塗ってから目玉を入れる）。
⑦絵の具で彩色する。
絵の具は、必ず白を混ぜ、どろどろにする。
⑧自分ができたら。友達や家族など2人目・3人目と描いていく。

夏休みの思い出を対話

夏休みに見た花火や思い出を友達に話し、伝える。「ハートの形の花火があったよ」「金魚すくいをしたよ」と、「対話」が生まれる。

（佐藤貴子）

9月

体育　グループで動きを合わせる活動が対話を生む「針の動き」

表現の基本は5S

表現運動やダンスの基本は5Sである。

> シャープ
> ストロング
> スピード
> スマイル
> シンプル

運動会などで表現を行う場合、普段の体育の授業でこの5Sを意識した運動を行わせておくとよい。

単元の流れ

第1時　個人で針の動きを行う。
第2時以降　グループで動きをつくる

実際の授業の流れ

> 今からみんなは「針」になります。1、2、3、4、5、6、7、「針」と、8呼間目に体で「針」を表現します。歩きながらやってみます。

まずは、シャープを意識させる。動きに「キレ」がないと、ダラッとした動きになる。

何回か繰り返して行う。最初は教師がカウントするが、2回目以降は、子どもたちに自分でカウントさせる。

やり始めは、戸惑う子もいる。

しかし、中には、鋭く動きを表現する子が必ず出てくる。その子を取り上げてほめる。

> ○○さんの動きが上手です。みんなの前でやってごらんなさい。

みんなの前で発表させることで、全体に「このようにやるのか」と促す。

> ○○さんのまねをしてやってみましょう。

というように、まねさせてみると、さらにイメージがわくようになる。

次に4～6人のグループを作らせる。

> グループで「針」になります。八呼間目に「針」を表現するのは同じです。グループで歩く方向を決めて表現します。

この後自由に練習させる。グループで動きを合わせるので、自然とグループ内で相談や会話が生じる。

> では、まずみんな一斉にやってみましょう。

まずは、一斉に行わせる。

次に、グループごとに発表させる。

> では、グループごとに発表してもらいます。××さんのグループからどうぞ。

グループごとに発表させ、良い動きがあれば取り上げてほめる。

以降の時間は、授業の初めの5分程度を使い、準備運動を兼ねて行うとよい。

（岡城治）

9月

道徳　夏休み明け、一気に加速する

9月の道徳のポイント

9月は夏休み明け。

大人はもちろんのこと、子どもたちも夏休みを引きずり、どよんと重たい空気が教室を支配している。

そんな空気を変えることが出来るのは、教師しかいない。

教師が元気よく、授業を行うことが最も大切である。

そしてもう1つ大切なことがある。

それは、学校のシステムを一気に思い出させることである。

どよんと重たい空気の初日こそ、最大のチャンスなのだ。

そんな日に、自由に意見の言える道徳こそ最適の授業である。

小学校学習指導要領「特別の教科　道徳編」には次のようにある。

> 自分の特徴に気付き、長所を伸ばすこと。

このような学習を仕組めば、どの子供も2学期にやる気になり、勉強することができる。

9月のオススメ資料

9月のおすすめの資料は、「中村選手は中村選手、ぼくはぼく」だ。

この資料は、「中村俊輔」選手と同姓同名の「中村俊介」の「ぼく」に関する話だ。内容は、何かと「中村俊輔」選手と比べられる「ぼく」の葛藤の話だ。

この資料を一通り読んだ上で、この資料で大切なことを考えさせるために、必要な発問は次だ。

> あなたの良いところは、どこですか。なぜそう思いますか。

このように発問することで、自分自身の良いところを振り返ることができる。

また、その上で、次の発問をすると、更に効果的だ。

> 良いところを伸ばすために、何をしていますか。

この発問で、更に自分自身を高める方法を子供たちは考え始める。

対話指導のポイント

対話指導というと、聞くことを重視することがある。

しかし、それよりも大切なことは発言することだ。

聞いているかどうかは、反論や意見を出せるかどうかでわかる。

だからこその発言指導である。

今月の資料でも、友達の発言を聞く時間が多くなる。

その時に有効なのが、

> 友達の発言で真似してみたいことは、何ですか。
> その理由も言いなさい。

である。

このように、指示することで誰しもが、発言するために、友達の話を自然と聞くようになる。

鍛えが入ったクラスでは、

> 感想を言いなさい。

の一言でも、学びが深まる。（大井隆夫）

9月

英語 大文字の認識から始める、3年生からアルファベット指導

大文字の認識と名前読み

Unit 6 に「アルファベットとなかよし」という単元が登場する。ここでは「大文字の認識」と「名前読み」について触れることになる。「大文字の認識」とは、教師が「A（エイ）」と言ったら、A という大文字が分かること。あるいは、A を示したときに「エイ」と読むことである。

Unit6の授業例

Unit6 は2時間計画である。第1時は、身の回りにあるアルファベット探しをする。筆記用具、洋服などから見つけられるだろう。第2時は、既習の表現を用いてつなげていく。

Unit 7　アルファベット単元　2時間目

1 練習	A-Z かるた
2 ゲーム	へびじゃんけん アルファベットカードを並べ、言いながら、どんじゃんけんをする。
3 状況設定 ダイアローグ練習	名前にあるアルファベットを集める状況。A, please. O.K.
4 アクティビティ	アルファベットカードを5枚ずつもつ。自分の名前にあるアルファベットを集める。 A: J, please. B:OK. Here you are. A: Thank you.
5 つなげる	A: Do you have “J” ? B: Yes, I do.　(No, sorry.) A: J, please.　(What do you have?) B: OK. Here you are.　(I have K.)

※あいさつ、歌、復習は省略。

Unit 7からは、毎回の授業で扱う

Unit 7 からは、毎回の授業で行うこととなっている。高学年で、単語を読むことを考えると、中学年のうちに、なぞり書き、写し書きをしておくとよい。下のワークシートを作成し、3年生に実施した。無理なく楽しくなぞり書きをすることができた。

Unit 7からは「アルファベットスキル」

東京教育技術研究所の「アルファベットスキル」は、フォントにも配慮してあり、文字と文字の間もほどよく空いており、初めてアルファベットを書く子供にとっても、とても優しい教材である。　（小林智子）

東京教育技術研究所　税込　350円

9月

総合　子ども観光大使への道①
まちの新たな「ロゴ」をつくろう！

3年生のメインである「地域学習」は、**子ども観光大使**をオススメする。地域の魅力を発見し、発信する活動である。子どもたちは、自分たちの町や地域のことについて意外に知らない。地域を好きになり、誇りを持つためにも子どもたちと一緒に「まち」の未来について考える機会となる。

まちのロゴ（市章）を調べる

薄めの1冊のノートを用意する。「A4」がオススメだ。ノートにどの町にもある市章（町章・区章）のマークを調べて記録する。パソコンや広報市などから探す。また、その意味についても調べる。市章は、その町の名前の文字からインスピレーションを受けている場合が多い。

一方、企業のロゴマークについて子どもたちに伝える。ここは教師自身の教材研究が必要である。例えば、トヨタのロゴである。トヨタのロゴは最も人間が美しいとする比である「黄金比」が使われている。ほかにもナイキである。ナイキはサモトラケのニケの翼の部分をモチーフにつくられている。また、「勝利の女神であるニーケー」からナイキと名付けられたとされている。企業のロゴは、多くの意味や願いが込められている。企業のロゴを紹介することで、

自分たちの「まち」にも意味や願いを込めた「ロゴ」をつくる動機づけとなる。

新たなまちのロゴを考える

「どうして新たなロゴを作るのか」という動機づけが、子どもたちにできれば、子どもたちは新たなロゴをすぐにでもつくりたくなる。まず、個人で考える。このとき、気をつけることがある。

例示を示す

ことだ。「何でもよい」となると、かえって不自由になる。例えば、真庭の「ま」というひらがなを入れる。「ま」の周りに「有名なもの」を入れるなど例示を示すとどの子も取り組みやすくなる。有名なものを知らない場合が多いので、写真を用意しておくとよい。

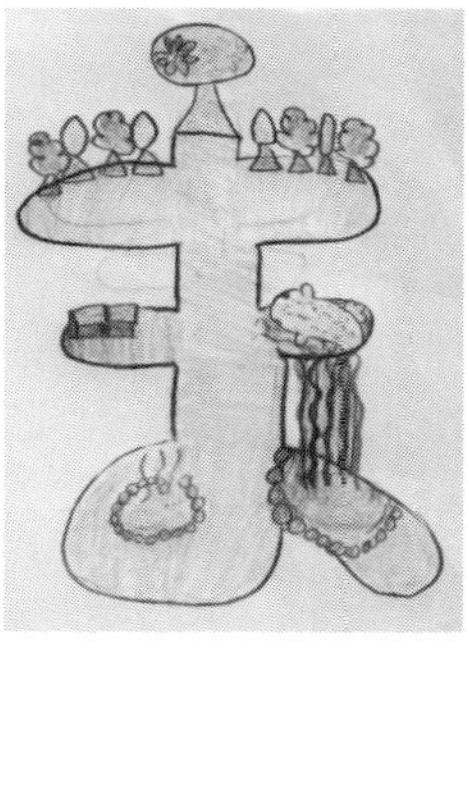

「対話でつくる」まちの新ロゴ

個人で考えたら、次はグループで考える。多数決ではなく、下記の2つのことを指導しておく。

自分たちの「まち」に来てもらうため1人1つは自分の意見が反映されるように工夫することである。

こうすることで、どの子も安心して、また主体的に学ぶことができる。学習を始めたときからずっと言い続けた言葉がある。

観光には答えがない。すべて正解である。一番いけないのは、「何もしないこと」

ということだ。

（山崎風）

10月

国語　「ちいちゃんのかげおくり」物語文で対話を指導する

教材解釈のポイントと指導計画

本教材は、場面ごとに「時を表す言葉」があり、1行空きになっているので移り変わりが捉えやすい構成である。

情景の描写をよく考える発問を行うことで物語を深く読むようになる。

指導計画を次のように設定した。

①範読・音読
②登場人物・主役の検討
③場面設定・場面分け
④場面ごとに要約
⑤ちいちゃんが亡くなったとわかる1文はどこか検討する。
⑥ちいちゃんが一番幸せだった場面はどこか検討する。

授業の流れのアウトライン

第5時にちいちゃんが亡くなったとわかる1文はどこかを検討する。

ちいちゃんが亡くなったと分かる1文はどれですか。

子供からは次の意見が出た。

・そのとき、体がすうっとすきとおって、空にすいこまれていくのが分かりました。
・一面の空の色。
・ちいちゃんは、空色の花ばたけの中に立っていました。
・そのとき、向こうから、お父さんとお母さんが、わらいながら歩いてくるのが見えました。
・夏のはじめのある朝、こうして、小さな女の子の命が、空にきえました。

意見が出た1文を教師が板書することで整理されて話しやすい。

「どうしてそう考えたのか」という理由を叙述から考えるように指導を繰り返す。

ここで討論し、意見を絞っていく。

最終的に次の2つに絞られた。

・そのとき、体がすうっとすきとおって、空にすいこまれていくのが分かりました。
・夏のはじめのある朝、こうして、小さな女の子の命が、空にきえました。

どちらも亡くなったことがイメージできる言葉が入っていることから意見が集中した。

最終意見をノートに書きなさい。

書けた児童に発表させて、どの意見も認め、授業を終えた。

学習困難状況への対応と予防の布石

1文を考えてからすぐに話し合わせると決まった児童ばかりが発言してしまう。

また、何もしないで過ごす児童も出てしまう。

そこで、同じ意見の友達で集まって一緒に考えさせる時間をつくる。

席を離れていいので、同じ意見の友達と集まって理由を考えなさい。

この指示を話し合いの時にすることで、どの児童も安心して取り組むことができる。

（田中悠貴）

10月

社会　市内探検に行こう

○○市を1周しよう（3時間）

市の広さによって違うだろうが、バスや徒歩で市内を1周する。できるだけ東西南北の端と主な名所に行く。指導要領には「主な交通の様子」「古くからある建造物」などを調べればいいとある。兵庫県篠山市では次の所に行った。

【建造物】
①神社　②寺院　③家屋　④城下町
【交通】
①駅　②高速道路パーキングエリア
【その他】
①市役所　②道の駅　③商店街

それぞれの場所に短い時間降りて「目に付いた物」をメモさせる。これだけで各地の目的に応じた工夫を見つけられる。

バスの中では、教師が次々発問する。

①この辺りは何が多いかな
②あの山（川・建物）の名前は？
③盆地・山地・平野などの説明

地図にまとめよう（2時間）

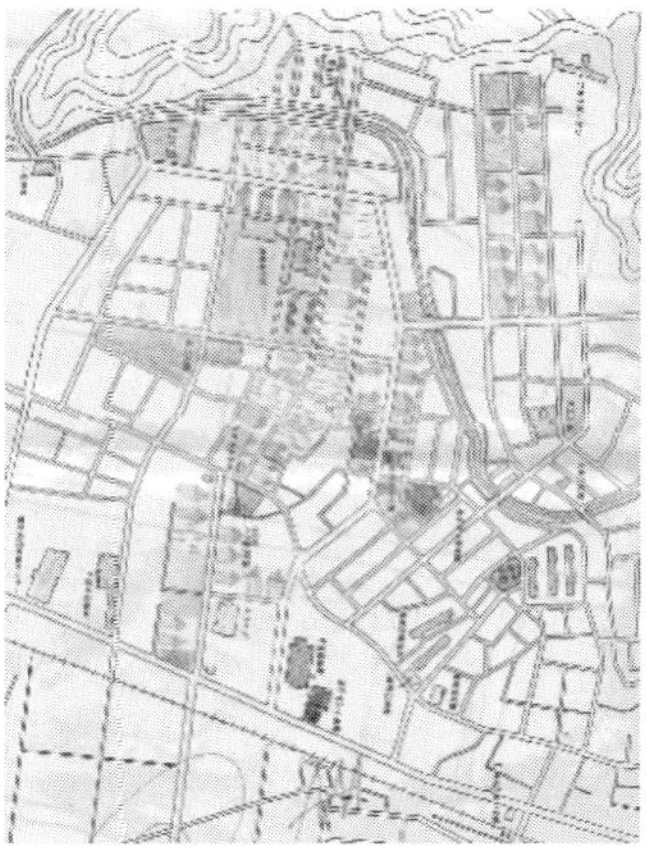

バス移動最中、前述のような発問をすると子供たち同士で「おばあちゃんの家の近くは畑ばかりだ」「駅の近くは駐車場が多いなあ」等、話している。

バスの中で写真を撮りそれを見せながら、教室に貼ってある白地図に「家：赤」「畑：緑」のように色を塗っていく。市内の地形や特徴をつかませることができる。

公共施設を見学しよう（3時間）

ざっと市内巡りをした後、公共施設を決めて見学に行く。指導要領では「役場」「公園」「図書館」「博物館」などが例示されている。教科書では「公民館」や「図書館」が多い。私の場合は子供がよく利用する図書館と市役所に行った。次のような流れである。

①知っていることを書かせる。
②おかしいものはないか聞く（討論）
③見学（目に付いた物をメモ）
④施設長さんの話を聞く（質問）
⑤ノート見開き2頁にまとめよう

上の写真は市役所でメモしている子供の様子。見学場所ではいつでも「目に付いた物」をメモすることになっている。

前述の流れで「知っていることにおかしいことはないか」で討論になるので、子供たちも興味をもって見学することができる。質問事項・調べたいことも見学前に箇条書きにさせるので見学も興味深く行える。

（川原雅樹）

10月

算数　「3.9と4」はどちらが大きいか

本時における対話は、3.9 と4のどちらが大きいのか話し合いをすることである。話し合いをすることで小数の数の仕組み、位についての理解が深まっていく。

前時での活動で定着をさせることが大事である

小数のどちらが大きいのか考えさえる時には前時での「小数を数直線に表す」「小数のしくみ（0.1 が何個分）」の２つを定着させておくことが大事である。

「数直線」と「小数のしくみ」で、どちらが大きいのか考える

発問：「3.9 と4では、どちらが大きいですか？」

この発問で意見が分かれる。以前に担当した３年生では「3.9 が大きい」と考える子が多かった。その理由は「９」と「４」を比べて、「９」の方が大きいと考えたからである。

指示：「今まで習ってきたお勉強を使って、どちらが大きいのか考えを書いてみましょう」

今まで習ったお勉強とは、「数直線」と「小数のしくみ」である。下記の３点の考えが子供たちから出てくる。

数直線で考えました。

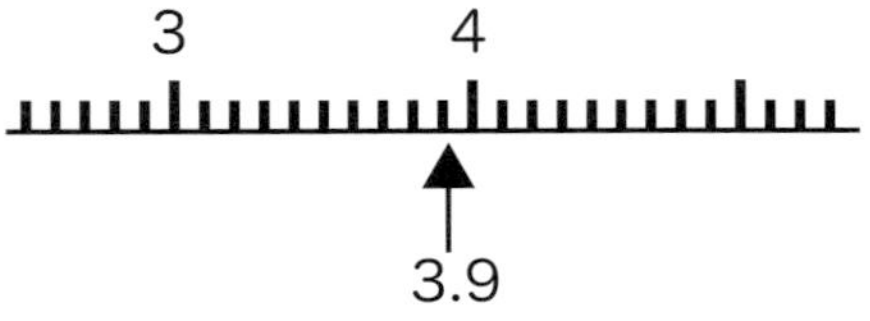

3.9 より４の方が右にあるから大きい。

0.1 が何個分あるかで考えました。
４は 0.1 が 40 個分。
3.9 は 0.1 が 39 個分です。
だから、４が大きいです。

4.	0
3.	9

たてにして考えました。
40 と 39 の大きさを
比べることと一緒です。

どちらが大きいと考えた時に、子供たちは「数直線」や「小数のしくみ」を使って、考える。また、自分の考えを説明したり、聞いたりすることで「3.9 の方が大きい」と考えていた子供たちも、自分の間違いに気づく。そして、間違えたことでエピソード記憶として頭の中に残る。　（細田公康）

10月

理科　光を当てたときの温度や明るさ

光を当てたときの物の明るさや暖かさに着目して、光の強さを変えた時の現象の違いを比較しながら調べ、光の性質を捉えるようにする。

鏡で光を当て、温度や明るさを調べる

鏡で反射させた日光を段ボールに当てると温度は上がるでしょうか？

【予想される児童の意見】

①太陽の光が当たると暖かくなるから上がると思う。

②太陽が沈んだら寒くなる気がするから、日光が当たると温度が上がると思う。

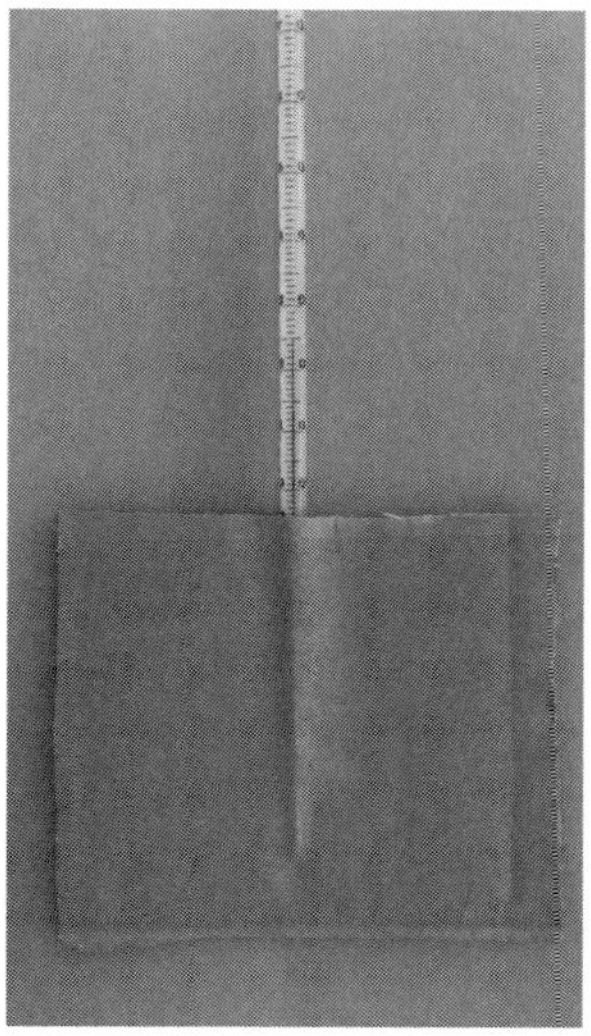

予想を発表させた後に約 10 ㎝ × 10 ㎝の大きさの段ボールに温度計を差して調べる。５分程度実験した後、「太陽の光が当たると温度が上がる。また光が当たったところは明るくなる」とまとめる。

もっと温度を上げるための工夫を考える

もっと温度を上げるためには、どうしたら良いでしょうか？

【予想される児童の考え】

①鏡の枚数を増やす。

②鏡と段ボールの距離を短くする。

③よく光の当たる場所で行う。

④光を重ねたらいい。

意見交流の後、鏡を１人１枚程度配って実験を行う。その際実験場所を限定する。限定すると他の班との交流も生まれやすく、より良い方法をまねできる。15 分時間をとり、何度まで上がるかチャレンジさせる。

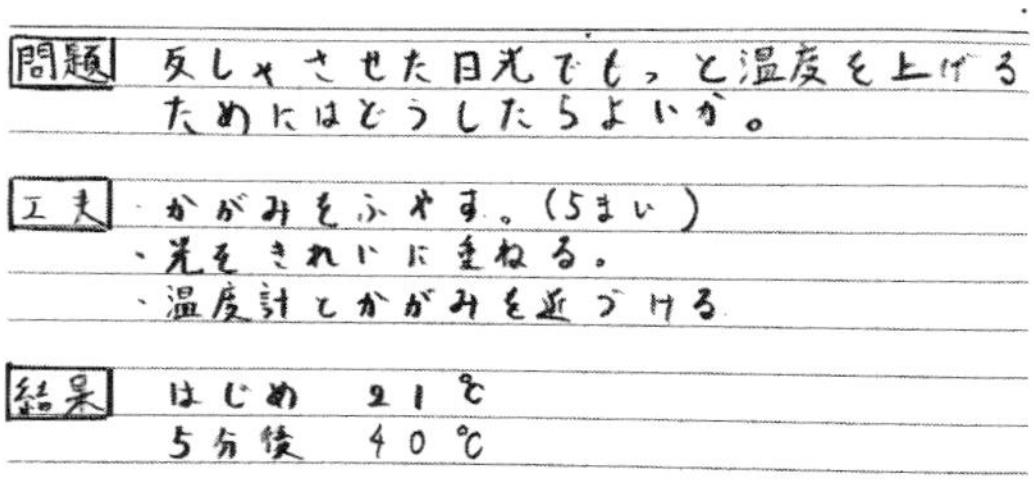
問題　反しゃさせた日光でもっと温度を上げるためにはどうしたらよいか。
工夫　・かがみをふやす。（5まい）
・光をきれいに重ねる。
・温度計とかがみを近づける
結果　はじめ　21℃
5分後　40℃

温度を上げるためにどんな工夫をしたのか、何度温度が上がったかをノートに記入させる。

気付きを交流しまとめる

温度上昇以外にも光を重ねるほど明るくなることも子どもは気付く。実験中の気付きを交流させ、日光を重ねると明るくなり、温度が上がることをまとめる。（蔭西孝）

音楽　チェロとピアノが表しているものは何?「白鳥」

「チェロ」の音色を聴き分ける

前時では、バイオリンの音色を学んだ。教師の手本を見てバイオリンを持ち、弓で弦を弾く真似をした。

> 新しい曲を聴きます。「チェロ」という楽器が出てきます。聴こえたら、弾く真似をしましょう。

教師が弾く真似を見せることで、子ども達は演奏のしかたと旋律に気づくことができる。

バイオリンとチェロの楽器の大きさの違い、持ち方の違いについて触れる。

「チェロ」と「ピアノ」が表しているもの

T：チェロのほかに聴こえる音はありませんか。

C：ピアノが聴こえます。

曲の出だしを聴かせた後、発問する。

T：「チェロ」はある動物を表しています。何の動物でしょうか。隣と相談します。

C：犬です。
　猫です。
　魚です。
　鳥です。

さまざまな考えが出る。子どもたちはこれまでに聴いた曲に出てきた動物、知っている動物、ひらめいた動物を答える。

答えを確定させずに、もう1つの発問をする。

T：では、ピアノは何を表しているのでしょうか。チェロが表している動物と関係がありますよ。

C：犬が遊んでいる「水たまり」です。
　魚が泳いでいる「水」です。
　鳥が飛んでいる「空」です。

発表を聞いている子どもたちは「ええ〜」「ああ、そうかも」とさまざまに反応する。

教師は、子どもの考えを否定せずに、「そう考えたんだね」「へえ、なるほどね」と聞くとよい。

子ども達の考えを肯定する。

> みんなは様々に考えましたね。曲のイメージをもつのはとてもいいことです。

T：この曲を作ったサン・サーンスさんは「白鳥」という題名をつけました。サン・サーンスさんが考えたチェロは「白鳥」なんです。では、ピアノは何を表していますか。

C：白鳥が泳ぐ「水」の感じがします。
　白鳥が飛ぶ「空」だと思います。

T：それぞれイメージをもって聴けましたね。とてもよいことです。この曲を作ったサン・サーンスさんは「水」をイメージしました。

聴き手によってイメージは違うので、さまざまなとらえ方があってよいことを知らせる。

「水族館」（サン・サーンス作曲）を聴く

鑑賞ＣＤには、参考曲も多数収録されている。この曲は「魚」と「水」の揺らめく様子を表現している。題名は知らせず、「ある生き物」と告げて、曲を聴かせる。子どもは「こうもりが洞窟でとんでいる」「ハロウィンでお化けがたくさん出てきた」と自分のもったイメージを発表する。2 種類の楽器によって、2つのイメージを表現していることを知らせる。

（川津知佳子）

10月

図画・工作　友達と遊びながら、工夫する創作活動

身近にある材料を使って、友達と遊ぶことのできる楽しい工作作品ができる。

空気の特性を使い、基本形を教え、あとは、飾り付けに工夫を凝らすことができる。

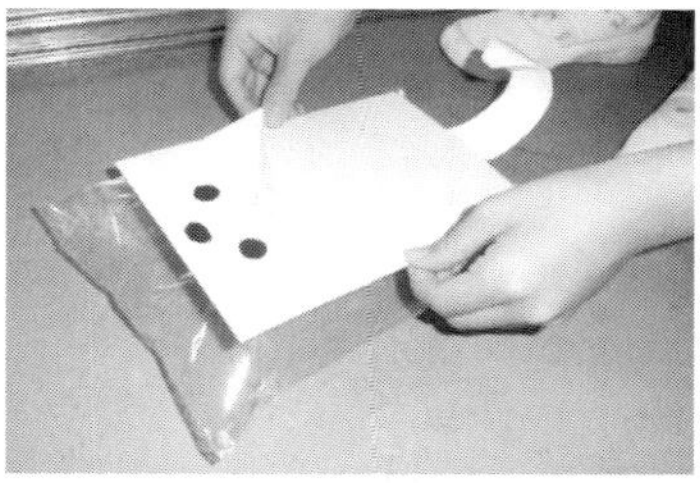

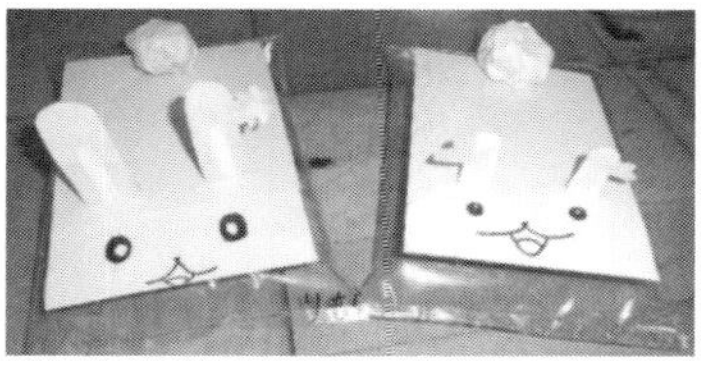

【準備物】

・色紙（飾り用）・10㎜の両面テープ・セロテープ・のり・はさみ・Ｂ４の大きさの厚紙（１人１／４）・ペン・カラーペン・白画用紙（飾り用）・18㎝×27㎝のビニール袋

「ぱんぱんすいすい」の作り方

①ビニール袋に穴をあける

空気を入れる穴（約８㎝×16㎝）を、袋の真ん中あたりにマジックで描き、切り抜く。真ん中に、はさみで切り口を入れ、線に沿って、切っていく。

②端をテープでとめる。

開いている端をテープでとめ、ふさぐ。

③厚紙をビニールの上に貼り付ける。

Ｂ４厚紙１／４に切ったものの裏側に、両面テープを貼り、ビニール袋の穴の空いてない方の面に貼り付ける。両面テープはふちだけで十分。

④空気を入れる。

穴の部分を下にして、厚紙をぱんぱんたたくと、ビニール袋の中に空気が入っていく。

これで基本形の完成。

⑤基本形で遊ぶ

基本形ができたら、たっぷり遊ばせる。

遊びながら、子どもたちは、何を作ろうか、基本形からイメージを膨らませ、見立てていく。

⑥イメージしたものを創作する。

すいすい滑るおもちゃの飾り付けをする。子どもたちは、遊んでいる段階から、「潜水艦にしよう！」「速いから、チーターがいいな！」など、思いを巡らせていた。

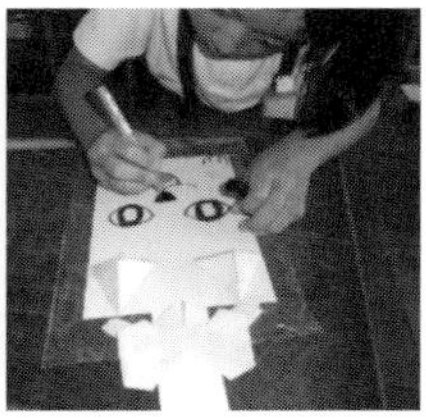

⑦遊ぶ

友達と一緒に競争したり、小黒板を斜めにし、坂道を滑らせたりして、子どもたちは、遊びながら工夫していた。

遊びながら対話

「もう少し飾りを軽くしよう」「しっぽをつけてみよう」と、子どもたちは、友達といっしょに遊びながら、対話をし、楽しそうに、工夫を重ねていった。

（佐藤貴子）

10月

体育　ポイントを示し、お互いに声かけをさせるマット運動

マット運動では、お互いの動きをチェックし合ったり、動きを合わせたりする活動を行うと、子ども同士の対話が自然と生じる。

単元の流れ

第1時　ゆりかご・前転・後転を行う。
第2時　前転を練習する。
第3時　後転を練習する。
第4時　動きを合わせたり、発展的な技に挑戦したりする。

授業の流れ

3～4人のグループを作り、1枚のマットを準備させる。

> ゆりかごをします。しゃがんだ姿勢からマットに転がって起き上がりなさい。

最初は、膝を曲げ、背中を丸めた状態のゆりかごを行う。

その後「バンザイして」「膝を伸ばして」というように、少しずつ、ゆりかごの動きを大きくしていく。

次に動きを合わせる。

> グループで動きを合わせます。全員で一緒に立ち上がる練習をしなさい。

各グループのマットで練習させる。「せーの！」と全員で声を合わせて立ち上がるようになる。

この後は、「2グループ同時に」「全員で」というように、人数を多くしていく。最後に全員で同時に立ち上がる活動を行うと、盛り上がり、達成感を共有できる。

ゆりかごで、上手に立ち上がれない子どもには、右の写真のように、ゆりかごを行う子どもの前に同じグループの子どもを座らせて、向かい合わせる。そして、

> 向かい合った友達とタッチしなさい。

と、指示する。手を前に出すことで、動きに勢いがつき、立ち上がることができるようになる。

この時にも、向かい合った子どもには、「タッチできた！」「もう少し！」と、ゆりかごを行う友達に対して、声をかけさせる。

技のポイントを示すことで対話を生む

グループ練習で対話を生むためには、子どもたちに、技のチェックポイントをきちんと教えておく。

例えば、前転ならば「回った後、手を前に出してしゃがみ立ちの姿勢になっている」かどうかである。

これを子ども同士、交代しながらお互いをチェックさせる。そうすると「見ててね！」「いいよ！」とお互いに対話しながら練習するようになる。

また、見るポイントを限定するので、中学年の子どもでも、お互いにアドバイスし合うことができるようになる。

（岡城治）

10月

道徳　トラブルが起こる前の道徳授業

10月の道徳のポイント

10月は、子どもたちも学級に慣れてきて、２学期の大きなイベントを控え、落ち着きのない時期である。

そんな時に、友達同士のトラブルは、起こるものである。

だからこそ、何かことが起こる前に道徳の授業で、子供たちの心に先手を打っておく必要がある。

小学校学習指導要領「特別の教科　道徳編」にも次のようにある。

> 過ちを犯したときには素直に反省し、そのことを正直に伝えるなどして改めようとする気持ちを育むことも求められる。

人間は、失敗する生き物である。

その時に、どのように行動すればいいか、スキルを教えるもの道徳の大切な学習なのである。

転ばぬ先の杖ではないが、過ちを犯した時にどのような対処をすれば良いのかを考えさせる学習は非常に重要である。

10月のオススメ資料

10月のおすすめの資料は、「千ばづる」だ。

この資料は、正直な心の大切さを説明する話だ。

内容は、入院しているクラスメートに鶴を折ったのだが、上手く折れなかった。だから放課後、先生と話しながら心を込めて鶴を折るという話だ。

これに似たようなことは、誰しも経験するはずだ。

だからこそ、この資料を一通り読んだ上で、この資料で大切なことを考えさせるために、必要な発問は次だ。

> あなたは正直に言えた経験は、ありますか。
> それは、どんな出来事でしたか。

このように発問することで、自分自身のことを振り返ることができる。

そして、もし学級で問題が起こった時の切り札として、使用することができる。

「魔の11月」を前にぜひともこのような授業を仕組んでおきたい。

対話指導のポイント

この時期になると対話することに慣れ、楽しむことができるようになってきているはずである。

その上で、もう一歩の突っ込みが欲しい。

その時に有効なことは、反論をさせ、周りの友達も巻き込み話し合いをさせることである。

> 私の意見に賛成の人は、手を挙げてください。
> 賛成の人は、意見を言ってください。

このようにすると、話し合いに参加するのが苦手な子供も話し合いに巻き込むことができる。

対話指導で一番大切なことは、どの子も対話指導に参加させることだ。

参加させるために、司会者のような言葉を使い、どの子も話し合いに巻き込むためのスキルを身に付けさせておくことが非常に重要なのである。このスキルは、汎用性が高く、どのような話し合いでも有効に使える。

（大井隆夫）

英語　実際にもらえるとわくわくする！Unit 7「カード作り」の準備

状況設定はわくわくするものがよい

状況設定はとても大切である。どのような会話がされているのかが、訳さずとも推測できるようなものがよい。状況設定を工夫すると、それだけでも、わくわくする授業になる。

アクティビティにおいても状況設定をするとよい。Unit 7の「カード作り」では、「お店屋さんごっこ」というとても楽しい状況のもと、生きた英語を使い、アクティビティをすることができる。

第１時　Do you want~? Yes, I do.
第２時　What do you want? I want ~.
第３時　What shape do you want? I want~.
　　　　What color do you want? I want~.
第４時　お店屋さんごっこをし、実際に集める。

第４時に向けて、計画的に準備するとよい。なお、What do you want? は失礼に聞こえる場合があるので、できれば What ~ do you want? と教えるとよい。

「形」パーツの準備

パンチを使い、色上質紙をくり抜く。色上質紙を数枚重ねてパンチしていくと、一度にたくさんできる。できたものは、ビニル袋にまとめておく。

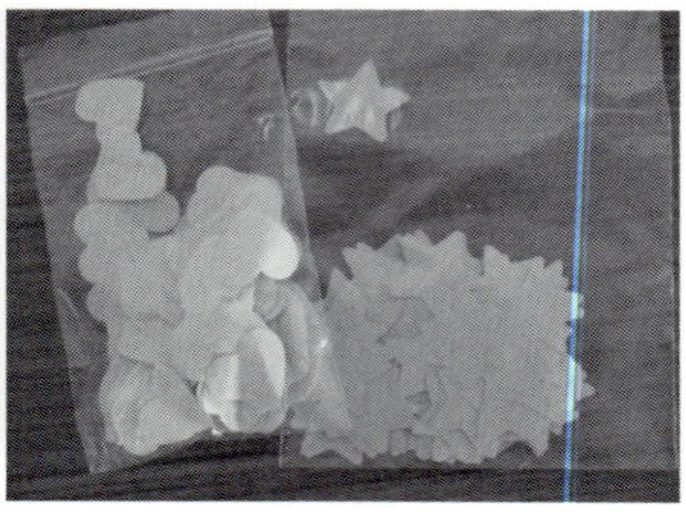

お買い物ごっこをするときに困るのは、買ったものを置く場所である。ひらひらと飛んでいったり、手に持ちきれなかったりする。そういった時には、小さいジップ付きのビニル袋か紙皿を使うとよい。紙皿だと１人が何枚持っているかを把握しやすく、乗せたものも飛びにくいので、おすすめである。重ねておけば次の年にも使える。

お店屋さんごっこで楽しく英語を話す

第４時の流れを以下に示す。

【事前準備】

多目的室などで、大きなテーブルを使ってできるとよい。１つの長机に２つのお店ができる。１つのお店に、２種類、３色程度の「形パーツ」を置いておく。

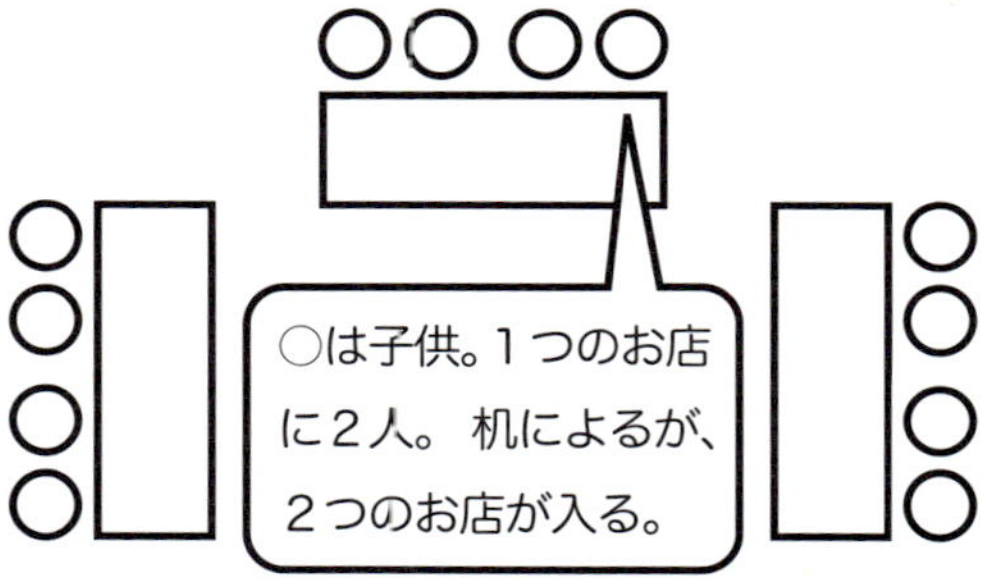

【授業】

①What shape do you want? What color do you want?　のダイアローグの復習
②お店屋さんのやり方を見せる。
③全員に紙皿を配る。
④子供を２グループに分ける。１グループはお店屋さん、１グループはお客さん。お客さんは紙皿をもつ
⑤５分程度お店屋さんごっこをしたら役割交代。
⑥B5程度の色画用紙を配り好きなように貼らせる。書きたい子供には、Thank you. 等書かせてもよい。

（小林智子）

10月

総合　子ども観光大使への道②　地域の魅力を調べよう

子ども観光大使を短期間で行うなら、

特産物や名所

を扱うのがよいだろう。パソコンや広報紙など使って、調べることができる。

1学期間などの長期間で扱うなら、

企業と連携

すると一大イベントになる。

モノを持って下準備へ

短期間で扱う場合は、準備は少なくて済む。しかし、長期間で扱う場合はそうはいかない。企業と連携する場合は、長期休業中を利用して計画を練っておく必要がある。手ぶらで行くのではなく、打ち合わせ資料を作っておく。

（1）子ども観光大使を行う目的
（2）話し合うこと
　①日時　②会場　③持ち物
　④講師の方　⑤プログラム
（3）その他
　①認定証の名義
　②写真撮影の有無
　③申請文書の有無

（2）⑤プログラムもたたき台を作って、記載しておく。例えば、開会式、体験や見学、座学（Q&A）、検定問題・認定証授与、閉会式の順番で行うと書いておく。また、打ち合わせの時に、お願いするとよいことが、

写真を撮らせてもらうこと

である。後の活動に役立つからだ。

導入で一気に惹きつける

子どもたちを惹きつけるには、

企業の紹介動画を準備

するとよい。地元のテレビで紹介されたものや全国ネットで紹介されたものなどを見せる。教師が実際に足を運び、体験を語ると興味津々だ。その時、写真を見せる。3割程度見せて、「残りは実際に行ったときに見よう」と言うと、子どもたちは、「行ってみたい」と口々に言う。

何を質問するかを検討する

企業のことについて、1時間程度調べる。ノートなどに見たものや気づいたことをメモさせる。

その後、どんな質問をするのか考える。全ての質問をすることはできないので、「分類する」ことが大切だ。グループで、そこでしか聞けないことには「○」、調べれば分かることには「×」、どちらか判断が難しいものには「△」をつける。班で出たものを全体で話し合うと盛り上る。

なぜ企業なのか

地域に飛び出して、感じたことがある。それは、「情報は人がもっている」ということだ。企業の方と打ち合わせをしていくと、アイディアが浮かんだり、提示したりしてくださる。「カリキュラムマネジメント」という視点で考えても、3年生の社会で「工場で働く人」という単元がある。毎年見学に行っている企業であれば、周りの先生方も協力してくれる。バスの手配などもしやすい。リンクさせることで無駄な時間が省ける。企業とつながると一石二鳥なのである。

（山崎風）

11月

国語　「すがたをかえる大豆」説明文の問いを作るスキルを指導する

教材解釈のポイントと指導計画

本教材は次のことを指導する。

・各段落の説明の中心になる文を捉えること。
・段落ごとの書き方に注意して読むこと。

これらのねらいを達成させるために指導計画は以下のように設定した。

①範読・音読。
②段落分け・段落の構成。
　答えの文から問いの文を考える。
③トピックセンテンスを抜き出す。
④・⑤各段落を要約する。
⑥全文要約をする。

トピックセンテンスとは

段落の要点を表す1文のこと。

通常、段落の最初や文章の最後にあることが多い。

本教材では、1文目にトピックセンテンスがある。

3段落　「いちばん分かりやすいのは～くふうです」
4段落　「次に～くふうがあります」
5段落　「また、大豆に～くふうもあります」
6段落　「さらに～くふうもあります」
7段落　「これらのほかに～くふうした食べ方があります」

授業の流れのアウトライン

第2時で答えの文から問いの文を考えさせる授業を行う。

この教材には「問いの文」が省略されている。

まずは以前学習したものを確認する。

発問1　問いの段落はどれですか。
発問2　問いの文はどれですか。
発問3　問いの文字はどれですか。
発問4　答えの段落はどれですか。
発問5　答えの文はどれですか。

問いの文。
・なんだか分かりますか。

答えの文
・このように、大豆はいろいろなすがたで食べられています。

児童は問いの文と答えの文を並べた時に「おかしい」ことに気付く。

・問いと答えが合っていない。

問いの文がないことを伝え、次の活動の指示を出す。

答えの文に合う問いの文をノートに書きなさい

書けた児童にノートを持って来させて、次々に板書させ、どの文がよいか検討させる。

学級では、次の問いの文に決まった。

・大豆はどのようなすがたで食べられているのでしょうか。

学習困難状況への対応と予防の布石

書くことが苦手な児童には、黒板に書かれた友達の意見を写させるとよい。

いつでも「友達の意見を写していい。何もしないのがいけない」ということをルールにしておくことで、安心して取り組める。

また、考えるヒントになる。

（田中悠貴）

11月

社会　スーパーマーケットの工夫

イラストから見つけよう（1時間）

教科書や副読本のスーパーマーケットのイラストを提示する。

> 絵を見て、わかったこと、気付いたこと、思ったことをできるだけたくさんノートに箇条書きにしなさい。

3つかけたら持ってこさせる。教師が1つ選んで黒板に書かせる。

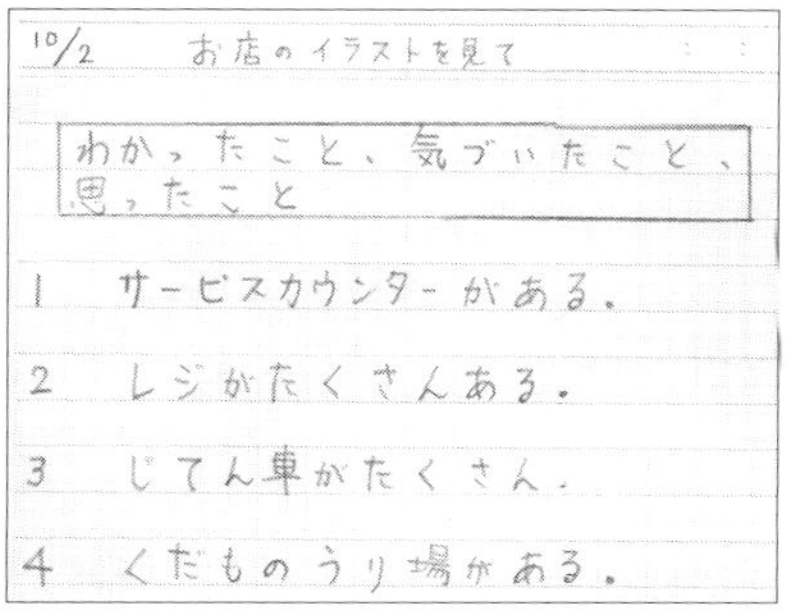

ノートは上のようになる。課題を赤で囲ませ、番号を書いて箇条書きにする。自分で今幾つ書けているかメタ認知できる。

黒板には縦書きにさせる。教師は子供が書きやすいよう、書く場所の「・」だけ打っておくと混雑しない。

> ①立って発表しなさい。
> ②おかしいものはありませんか

これだけで簡単な討論になる。問題になったものだけをとりあげ簡単に授業する。例えば次のような課題だ。

> ①値段が赤で書いてあるのはなぜ？
> ②無人レジと、人がいるレジ。どっちが便利？
> ③時間は何時頃？　季節はいつ？

結論は出さずに「見学で質問したいことを書きなさい」とする。見学にも意欲的に参加できる。

見学に行こう（2時間）

> 目に付いた物を全て箇条書きにします。

子供たちはたくさんのことをメモする。教師は「もう何個書いた？」と聞いて、答えたら驚けば更に次々書いていく。

あらかじめ頼んでおいて、普段は見られないような所（例えば倉庫、冷蔵庫、総菜の調理場等）を見せてもらうといい。

お店の工夫を見つけよう（2時間）

> みんながメモしたことを参考に、お店の工夫を思いつくだけノートに箇条書きにしなさい。

「見た物」を「工夫」という視点を与え、書き直させていく。

「お客さんに来て欲しい工夫」を子供たちは様々書いてくる。

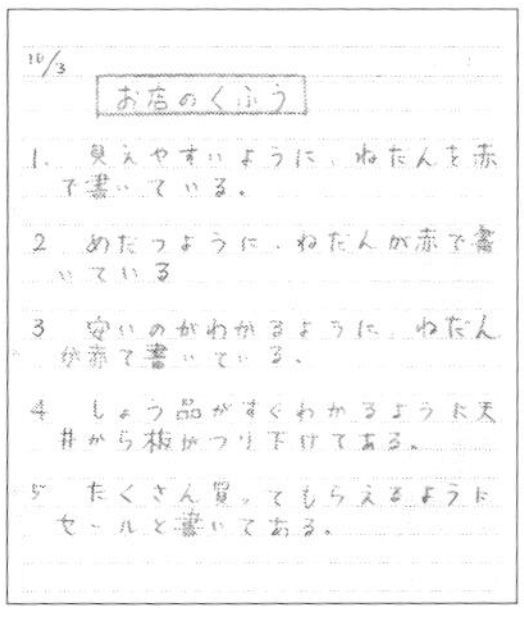

1つ書けたら持って来させ、黒板に書かせていく。一目でお店の工夫がわかるようになる。

最後に「お客さんがたくさん来るお店」をイラストで描かせ発表させる。視点がお店側になり、多くの工夫を書くことになる。

（川原雅樹）

11月

算数　「全体と部分」は言葉を確定させて解く

本時における対話とは、「全体」と「部分」という言葉を使って、図・式・筆算・答えの４点セットで答えさせることである。

言葉を教えることで、数値が何を表しているのか理解することができる。

問題　色紙を 35 まいもっていました。そのうち、何まいか配ったら、のこりが 17 まいになりました。配った色紙は何まいですか。

「全体」「部分」という言葉をおさえる

線分図だけでは、「全体」と「部分」が分からない子がいる。そこで、２つの言葉を確定させる。

「持っていた枚数は全体ですか。部分ですか」

「全体です」

「のこりの枚数は全体ですか。部分ですか」

「部分です」

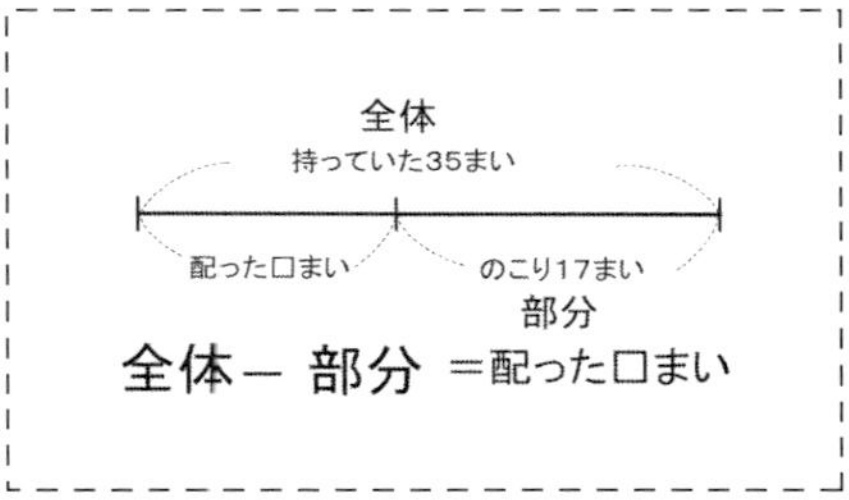

言葉を確認した後に、右の図のように線分図に「全体」と「部分」を書かせる。書かせることで、視覚でも確認することができる。次に線分図を手で隠す。

「配った□まいを手で隠します」

「全体から部分をひいた数が配った□まいとなります」

次に、言葉を確定した後に、言葉の式で考える。

「全体と部分という言葉を使って、言葉の式をつくります」

「全体 - 部分＝配った□まい」

式・筆算・答えの３点セットで答える。

言葉の式ができたら、あとは数字を当てはめて考える。「式・筆算・答えの３点セットで求めます」

式　35－17＝□

□＝18　　答え 18 まい

言葉の式を求めているので、簡単に立式することができた。上記のような教師と子どもの対話で、「全体」「部分」という言葉を確定することで求めることができる。

（細田公康）

11月

理科　音を出したときの震え方

音を出したときはどれも震えているという共通性に気付かせ、多様な方法で比較しながら調べ、音の性質を捉えるようにする。

音が出ているものは震えている

> のどに手を当てます。そのまま「あ～」と声を出します。どうなっていましたか。

児童：「びりびりした」「ふるえていた」

> アルミホイルを口の前でもっていろいろな声を出してみます。気付いたことを発表し合いましょう。

【予想される児童の気付き】
①アルミホイルが細かく震える
②声の高さを変えると震え方も変わる　など

> 音が出ている物はみんな震えているのでしょうか。身近な物を使って調べましょう。発見したことを先生に報告してください。

【予想される児童の気付き】
①ギターを使って調べました。音を出すと弦がびりびり動いているのが見えました。
②リコーダーを使って調べました。アルミホイルをつけてみたら細かく揺れていました。
③空き缶をたたいたら震えていました。

教師に報告にきた児童の気付きを皆の前で発表させ、どれもが震えていることを確かめる。共通点として「音が出ているとき、物は震えている」とまとめ、ノートに書かせる。

実験計画を考えて調べ、発表し合う

> 音の大きさと震え方の関係を調べる方法をノートに書いて先生に持っていらっしゃい。いろいろな物で音を出して調べましょう。

友達と相談したり、本を使って調べたりしてもよいこととする。調べ方を書いた児童のノートを見てほめ、音の大きさを比較する観点の足りないもの、危険が伴う方法などについては、アドバイスをして再考させる。良い方法を考えた児童の意見を発表させ、全員が多様な方法で調べることができるように準備する。

予想、方法、結果は下の図のようなノートの書き方の例を示し、調べながら書かせる。書けた児童から発表する準備をする。図入りで書くように指示し、実演しながら発表させる。

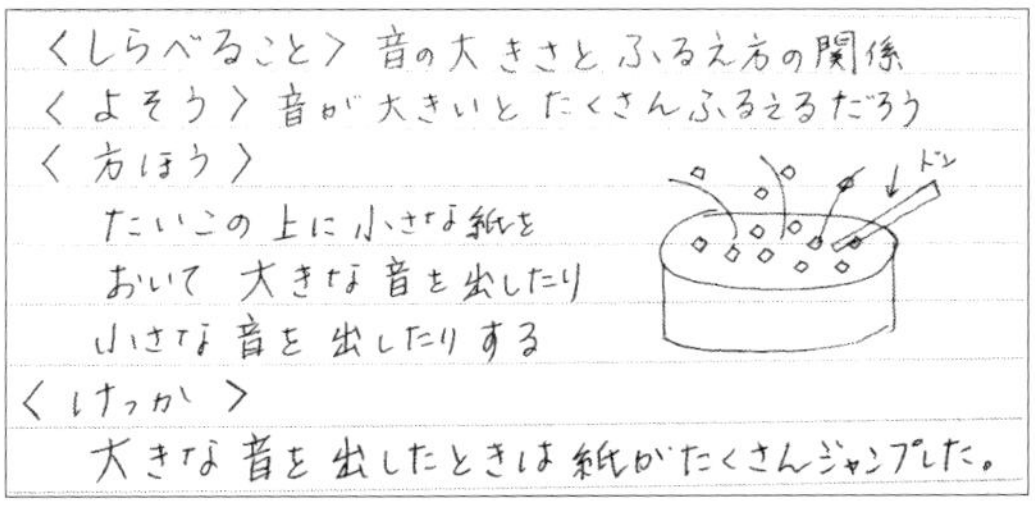
〈しらべること〉音の大きさとふるえ方の関係
〈よそう〉音が大きいとたくさんふるえるだろう
〈方ほう〉
たいこの上に小さな紙をおいて　大きな音を出したり小さな音を出したりする
ドン
〈けっか〉
大きな音を出したときは紙がたくさんジャンプした。

友達の発表を聞きあった後、いろいろな方法で調べた結果を比較し、学びを自由に書かせ、発表させ合う。

【予想される児童の気付き】
「○○君の方法でも○○さんの方法でも音が大きいほど大きく震えていることがわかった」

（森泉真理）

11月

音楽 コーナー学習を楽しもう「陽気なかじや」

歌って遊ぶ

教師が範唱したあと、追い歌いし歌詞を覚えさせる。

T：♪ぼくたち陽気なかじやさ
C：♪ぼくたち陽気なかじやさ
T：♪楽しく働こう
C：♪楽しく働こう

『陽気なかじや』は、３拍子のオーストリア民謡である。歌えるようになったら、手合せで遊べるように動きを教える。

２人組で向き合います。
３つの動きを繰り返します。
①それぞれで膝打ち
②それぞれで手拍子（自分の右手と左手を合わせる）
③向き合った相手と両手合わせ（自分の右手と相手の左手、自分の左手と相手の右手）

リコーダーの練習をする

教師の範奏を聞き、教師の後について少しずつ旋律を覚えさせる。覚えたら、クラスを３つのグループに分ける。

歌に合わせてリコーダーを吹きます。
①グループは、歌います。
②グループは、リコーダーを吹きます。
③グループは聞きます。
２回目は、②グループが歌、とローテーションしていきます。

次に、４人程度のグループで演奏する。

リコーダー（１人）、歌（２人）、聞く（１人）と担当を決め、ローテーションで練習させる。子どもにとっては、リコーダーの指使いは難しいので、できるだけ楽しく吹く機会を増やす。

コーナー学習で自分の好きな表現をする

何度か練習を繰り返し、子どもは①歌、②お手合わせ、③リコーダー、の３つの表現ができるようになっている。他の曲でも経験しているので、３拍子の指揮もできる。指揮を含めた４つの活動から自分の好きなものを選んで表現させる。

教室に４つのコーナーを作ります。
歌を歌いたい人は右前へ、
お手合わせをしたい人は左前へ、
リコーダーを吹きたい人は右後ろへ、
指揮をしたい人は左後ろへ移動します。

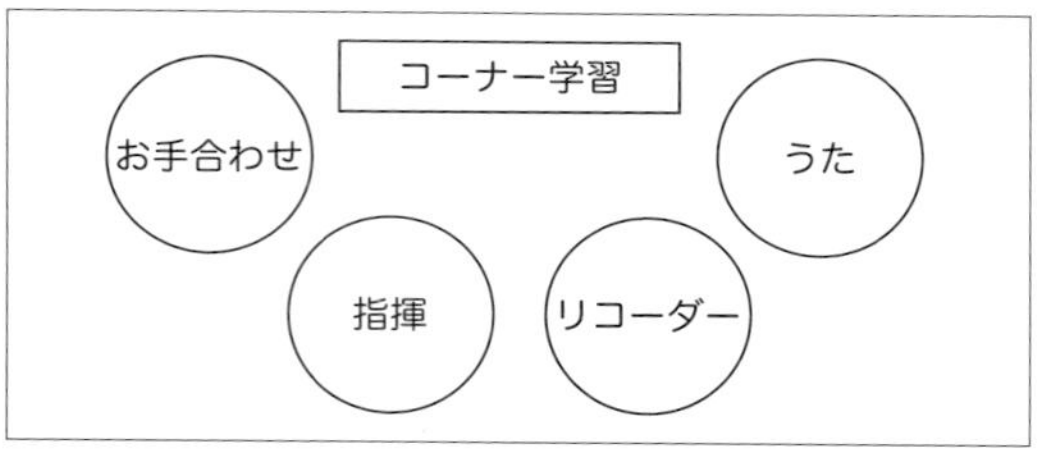

コーナー学習は「ふしづくり学習システム」での実践である。自分で活動を選ぶことで、子どもが積極的、意欲的になる。何度か行う場合は、違う活動に変わってもよいし、同じ活動を再度選んでもよい。

大切なのは「拍の流れ」にのっているかどうかだ。

「陽気なかじや」を演奏した後に、同じ活動を選んだ子同士で話し合う時間を取る。

子Ａ：お手合せはうまく３拍子に合っていたね。
子Ｂ：指揮をするときは１拍目を大きく振るとよさそうだね。
子Ｃ：歌っていた太朗君は堂々としていたね。

お互いの活動を見合い、評価し、表現の工夫ができていく。

（川津知佳子）

11月

図画・工作　読書感想画・「ガリバー旅行記」に挑戦！

読書感想画にお勧めなのが、「ガリバー旅行記」。

なんと言っても、お話がおもしろく、子どもたちの冒険心をくすぐる。色も鮮やか。

大作に挑戦！

【準備】

・4つ切り画用紙・絵の具セット・黒ペン・クレパス・綿棒

ガリバー旅行記の描かせ方

①どの場面を描くかを決める。

A　地面にはり付けにされた場面
B　小人達が、行進していく場面
C　軍艦を引っ張っている場面

参考作品を見て、どの場面にするか決めさせる。

②ガリバーの顔を描く。

鼻→口→目→まつ毛→まゆ毛→あご→顔の輪郭→耳→髪の毛

③ガリバーの体を描く

胴体→手のひら→指（両手）→腕をつなぐ→くつ→足をつなぐ→服

何をしているかわかるように、ガリバーの体が、画面に全部入っていた方がよい。ガリバーは、おしゃれなので、ボタンやベルトも、うんと派手にさせる。

④絵の具でガリバーの彩色をする。

⑤小人や軍艦を描き、彩色する

ポイントは、1人ずつ・1隻ずつ、小さく細かくていねいに描くこと。小人の描き方は、ガリバーとは違う。

頭→顔（鼻→口→目→眉毛→耳→髪の毛）→胴体→手→腕→くつ→足

1人・1隻だけ描けたら、クレパスで彩色する。

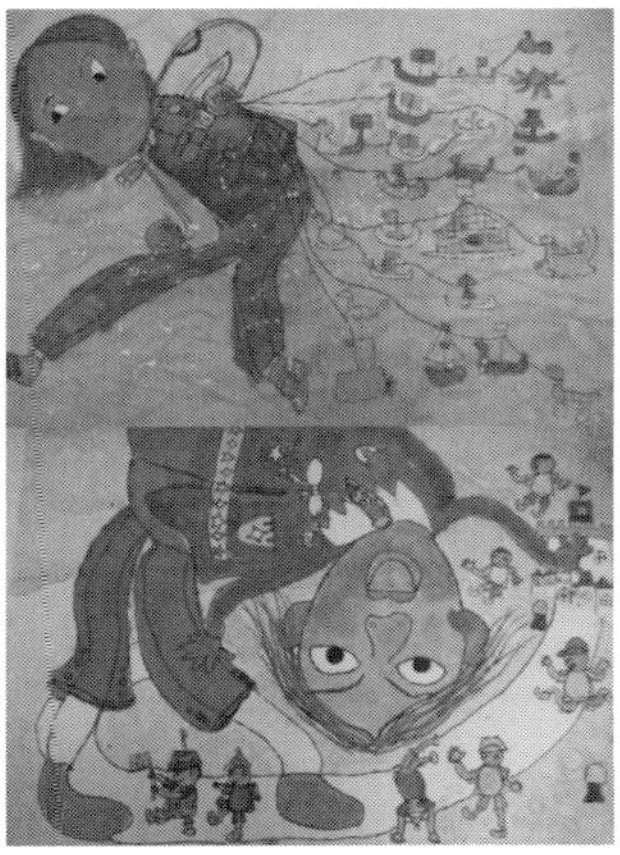

細いところは、綿棒で伸ばす。ポイントは、1人・1隻、小人や軍艦などが同じにならないようにすることである。

⑥背景を描く

海、町、砂浜や原っぱ、お城や岩などを描き加える。

空や海、浜などは薄く彩色し、乾いたら、軍艦の綱や水しぶき、しばり付けのロープなどを描く。

鑑賞会で対話

完成したら、鑑賞会を行い、友達の作品のよいところを発表させる。友達から認められることにより、教室が笑顔になり、温かい雰囲気が流れる。

（佐藤貴子）

11月

体育　ボールを打ち合いながら友達とコミュニケーションをとるプレルボール

「プレル」とは、「握りこぶしでボールをたたき付ける」という意味である。プレルボールは、コートの中で、手の平でボールを打ち合うテニスのような運動だ。

ボールを打ち合う時に、両手でボールをすくうように打つようにさせると、ソフトバレーボールのアンダーハンドパスにつなげることができる。また、ボールを高く上げることがないので、中学年でも友達とラリーを楽しみながらゲームを進めることができる。

単元の流れ

第1時　1対1でキャッチボールを行う。

第2時　2対2でゲームを行う。

第3時以降　4対4でゲームを行う。

授業の流れ

2人に1個ボールを渡す。

> ペアでワンバウンドキャッチボールをします。1人が片手でボールを打って、もう1人が両手でキャッチします。

教師が例を示しながら説明する。連続で打ち合う運動は難しいので、初めは「打ち合う運動」よりも、「打って取る運動」を行わせる。

打つ運動に慣れたら、キャッチ無しで行わせる。ラリーを続けるコツは、下からすくい上げるように打つことだ。上からたたき付けるとなかなかラリーが続かない。

> キャッチ無しで行います。下からすくい上げるようにして打ちなさい。

ラリーが続くようになったら、何回ラリーが続くか、ペア同士で競争させる。

次に、1対1のゲームを行う。基本ルールは以下である。

> ①サーブは下手投げ。
> ②自分の陣地にワンバウンドさせて相手コートに返す。
> ③ノーバウンドで相手に返したり、自分の陣地でツーバウンド以上してしまったりすると相手に得点が入る。
> ④時間は3分間。

なお、コート型競技は、基本、規定得点に先に達した方が勝ちとなるルールが多い。

しかし、授業でゲームを行う場合は、時間制にして、始めと終わりを統一した方が、効率的に行うことができる。

1対1のゲームに慣れてくると、2対2、4対4のゲームを行う。ルールは、1人対1人の時と同様である。

ゲームの流れは、ゲーム→作戦タイム→練習→ゲームのようにして行うとチーム内の対話を増やすことができる。

（岡城治）

11月

道徳　きまりについて考える

11月の道徳のポイント

11月は、さまざまなことが学級で起こりやすくなる。

「魔の11月」という言われ方もする。

学習発表会などの行事に追われて、子供たちの心もどこか落ち着きを失っていく。

だからこそ、トラブルが発生しやすくなるのだ。

そんな時こそ、道徳の授業だ。

小学校学習指導要領「特別の教科　道徳編」にも次のようにある。

> 約束や社会のきまりの意義を理解し、それらを守ること。

これらを教えるのも道徳である。

しかも、説教ではなく、授業で教えるのである。

私のクラスにおいても、11月にはいくつかのトラブルが発生した。

その時にも、やはり、道徳の授業を行った。

授業の中で、改めてきまりについて考えていく時期とすべきである。

11月のオススメ資料

11月のおすすめの資料は、「なんでくん」だ。

この資料は、きまりはなんのため、だれのためにあるのかを考える話だ。

内容は、1年生の「なんで君」がルールについて、なぜ、そのように決まっているかを読者に問いかける話だ。

これに似たようなことは、誰しも経験するはずだ。

小さな子から質問されることによって、改めてなぜその決まりがあるのかについて考えるのだ。いざ、聞かれてみると、答えることが難しい場合がある。

３年生となり、学校のルールにも慣れ、生活している。

その時期にこそ、ルールの大切さを考える上で良い教材である。

また、子供ながらに、なぜこのようなきまりがあるのだろうと不思議に思うルールがあるはずだ。

それらをクラスの友達で出し合い、そのルールの必要性について考えさせることで、よりルールの大切さを感じることができる。

対話指導のポイント

11月にもなると、子供たちは話し合いが大好きになり、お手の物である。

それでも、なかなか意見をすぐに言えない子はいる。

そのような子に対して有効な指示は、次だ。

> ○○君の意見も聞きたいな。

この指示で、今まで意見を言わなかった子も意見を言う。

ただいきなりすごい意見を言うわけではない。しかし、私の経験では、今までとは違った視点の意見が出てくることがよくある。

そのような時に、もう1つ上のレベルの対話指導となるチャンスである。

その意見を取り上げ、褒めて褒めて褒めまくるのである。

そして、そこから質問させたり、意見させるのである。

このような指導を挟むことで、どの子もそれぞれに意見を言うことの大切さを実感していくのである。　（大井隆夫）

英語　Unit8 What's this? の変化形What are these?を教える

What's this? だけではもったいない

３年生 Unit8 What's this? は５時間扱である。What's this? It's a ~. は、１、２年生でも１時間で言えるようになる。これだけで５時間も使うのはもったいない。複数あるものについて「これらは何ですか」と聞くときに使う表現、What are these? も教えておきたい。What's this? 同様、使う頻度が高い。複数形に関しては、Do you like bananas? と好きなものを聞くときに導入済みである。

What are these? They are~.を入れた単元計画

第４時で日本文化を扱い、can を使って会話をつなげる。第５時では、会話をしながら、ブースで日本の遊びを体験する。

第１時	What's this? It's a tiger. 動物鳴き声クイズ、ジェスチャークイズ
第２時	What are these? They are ～.　果物チラ見せクイズ。当てっこゲーム
第３時	What's this? What are these? 使い分け。
第４時	日本の文化 What's this? It's a kendama. Can you play kendama? Yes, I can. What are these? They are おてだま . Can you play おてだま ? Yes, I can.
第５時	ブースごとに日本の遊び体験 What's this? It's a kendama. Can you play kendama? Yes, I can.　　No, I can't. Let's play kendama. Let's try!

What are these? They are~.の活動例

第２時の流れである。

①単語練習（果物の複数形）

bananas, cherries, grapes, melons, peaches

②状況設定・ダイアローグ練習

模型、イラストなど一部を見せながら

教師：What are these? 子供：Bananas!

教師：That's right.　　They are bananas!

Repeat! They are bananas.

子供：They are bananas.

同様に他の果物についても聞く。

③カードチラ見せクイズや当てっこゲーム

６月の記事「アクティビティ」で紹介した、カードちら見せクイズや当てっこゲームをする。複数形のフラッシュカード、複数形のかるたを作成しておくとよい。果物の複数形のかるたがなければ、A４のラベルシールにイラストを印刷し、板目表紙に貼り付けてから切ると、簡単に作成できる。

What's this? What are these? の使い分け

①単数形と複数形の単語練習

②黒板に１本のバナナカード、複数のバナナのカードを左右に貼る。

③教師が１本のバナナの絵を指したら、子供は What' s this? と聞く。複数のバナナを指したら What are these? と聞く。このようにゲーム感覚で身につけていくとよい。

④アクティビティカードちら見せ

単数形、複数形のかるたカードを混ぜて、１枚ずつ子供に配る。カードを友達に見せながら What' s this? または What are these ？と聞き合う。聞いたらカードを交換する。　（小林智子）

11月

総合 子ども観光大使への道③ 地域の魅力を学び、体験しよう

見開き2ページで見学の準備

見学に行くときには、見開き2ページに次のような準備をしていくとよい。見たものや聞いたことをメモしていく。ただ話を聞くだけでは、帰ってきた時に、忘れてしまう。次のページには、左側に質問をまとめた紙を貼っておく。右側に質問の答えをメモする。

検定問題を作る

地域の良さを学習したり、体験したりした後は、

検定問題

をすることをオススメする。検定問題をどんな問題にするか、打ち合わせの時点で確認が必要な場合もある。打ち合わせの時に一緒に考えてもらうのが無難だろう。検定問題を作るうえで大切にすることが次の3つだ。

①誰でも正解できる易しい問題にすること
②その企業の強みや大切にしていることを盛り込むこと
③問題数は3問程度にすること

どの子も「観光大使」になることができる問題を考えて作っておくのが大切だ。

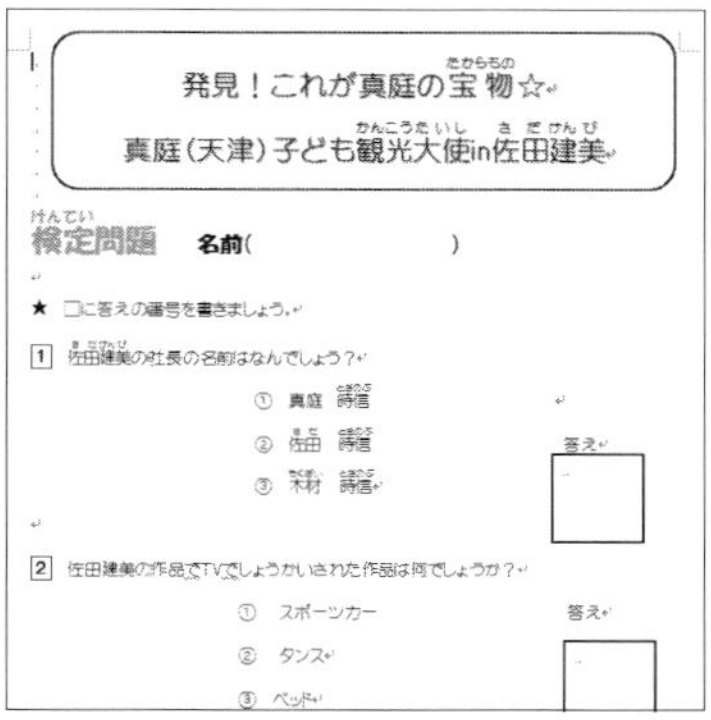
発見！これが真庭の宝物《たからもの》☆
真庭（天津）子ども観光大使《かんこうたいし》in佐田建美《さだけんび》

検定《けんてい》問題　名前（　　　　　　）

★ □に答えの番号を書きましょう。

1 佐田建美《さだけんび》の社長の名前はなんでしょう？
① 真庭 時信
② 佐田 時信
③ 木材 時信
答え□

2 佐田建美の作品でTVでしょうかいされた作品は何でしょうか？
① スポーツカー
② タンス
③ ベッド
答え□

（栃木県子ども観光大使　検定問題参照）

認定証を直接授与してもらう

子ども観光大使は
（1）地域の魅力を発見（調べる）
（2）地域の魅力を学習（体験）
（3）地域の魅力を発信
することで認定するといった基準を設けておくことが必要だ。企業の方との兼ね合いや授業時間との兼ね合いも考慮する必要がある。

認定証は次のようなものを作った。

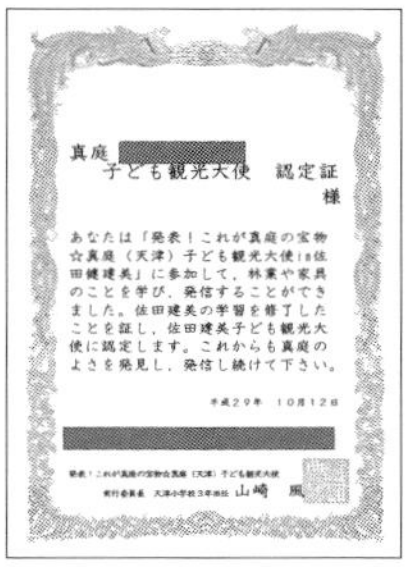
真庭 [redacted]
子ども観光大使　認定証
様

あなたは「発表！これが真庭の宝物☆真庭（天津）子ども観光大使in佐田建美」に参加して、林業や家具のことを学び、発信することができました。佐田建美の学習を修了したことを証し、佐田建美子ども観光大使に認定します。これからも真庭のよさを発見し、発信し続けて下さい。

平成29年　10月12日

[redacted]

山崎　風

企業の方の名前を借りられるか打ち合わせの時に許可を得ておく。そして、子どもたちをさらにやる気にさせるのが、

社長さんに直接手渡ししてもらう

ことだ。子どもたちは大喜びする。

その企業の特色を生かす体験

私がつながったのは、「家具作り日本一」になったことのある企業であった。そこの社長さんが、「子どもたちが設計した家具を実際作ってみましょう」と提案してくださった。

企業に見学に行った後、子どもたちに「身近な人を喜ばせる家具」を設計し、プレゼンする課題を示した。友達と相談したり、班でアドバイスし合ったりして対話をしながら進めた。

企業とつながれば、企業の特色を生かした体験活動も盛り込むことができる。

（山崎風）

12月

国語　「たから島のぼうけん」物語文の書き方の型を指導する

教材解釈のポイントと指導計画

本教材は、「初め」「中」「終わり」の構成を考えて書くこと。出来事（事件）が起こり、解決するという展開を考えることを学習する。村野聡氏が教材開発された4コマまんが作文を活用する。
指導計画は次のように設定した。

①学習の見通しをもつ。
　物語のポイントを知る。
②4コマまんが作文を作る。
③4コマまんが作文を多作する。
　工夫したところを発表させる。
④たから島のぼうけんの話を考える。
⑤物語を書く。

授業の流れのアウトライン

第2時に4コマまんが作文を作る。
本実践は村野聡氏の追試である（向山式200字作文ワーク http://s-murano.my.coocan.jp/index.htm→段落構成ワーク1と2を使用）。
ワーク1を配布し、1コマを1段落で書いた作文であることを伝える。

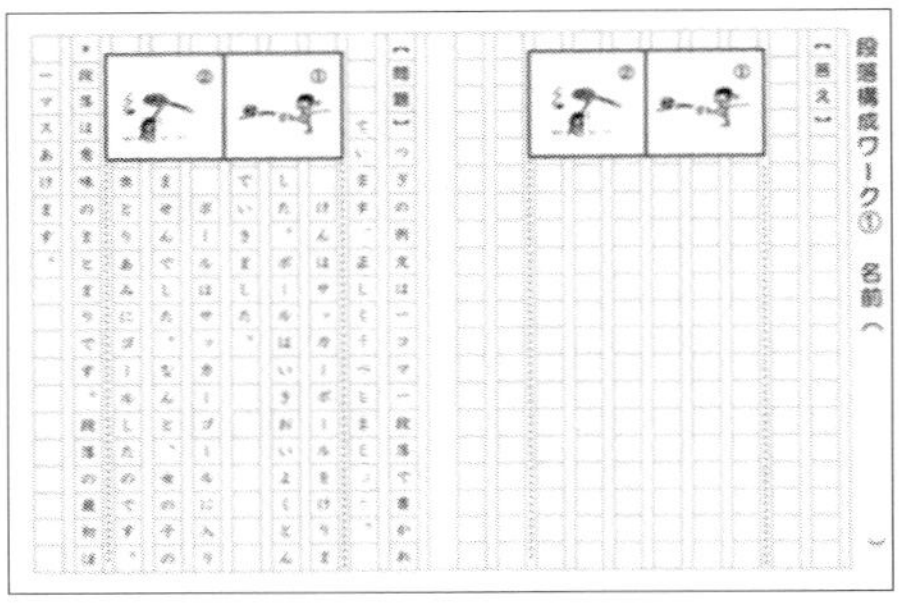

そして、次の流れで指導する。

①範読する。
②追い読みさせる。
③例文を視写させる。
④隣の席同士で確認させる。
⑤早く終わった子には暗唱させる。

次に、作文修正ワークで例文を正しく1コマ1段落に修正させる。「改行する所に線を引きなさい」と指示し、正解を確認した後、視写させる。

この作文を2段落に書き直します。2段落目の1文字めが書けたら持ってきなさい。

全員をチェック後、4コマまんが作文に入る。

①登場人物の名前を決め、まんがに書き込ませる。
②1コマめだけを書かせる。
③持ってこさせ、1字下げを確認する。数名に発表させ例示とする。
④2コマめを書かせる。
⑤1字下げ等ができていれば4段落めまで書かせる。
⑥他の4コマまんが作文を書かせる

第3時でさらに4コマまんが作文を作成し、児童が工夫した箇所を交流する。その後、たから島のぼうけんでどのような話にするかを4段落で考える。

学習困難状況への対応と予防の布石

活動を細かく分けて、児童が「どこでつまずいてしまうのか」や「教師の確認をどこで入れるのか」を考えて指導することが大切である。

（田中悠貴）

12月

社会　私たちの市で作られるもの（農業）

知っていることから疑問へ（1時間）

市の特産物の実物・または写真を示す。

上は兵庫県篠山市の名産「黒豆」のオブジェ。

このようなオブジェや黒豆のゆるキャラが市内に多い。

> これは何でしょう。

「黒豆」「○○に飾ってある」と声が出る。知っていることを口々に言わせる。

同じような写真を提示する。１つの資料でなく複数の方が一般化できる。

> これは何でしょう。

同じように「黒豆」「道路にある」等意見が出る。

> 黒豆について知っていることを思いつくだけノートに箇条書きにしなさい。
> ３つ書けたらもってらっしゃい。

黒板に1個ずつ書かせる。有名な物程、結構子供たちは知っている。中には実際に作っている家庭もある。黒板がいっぱいになったら次々読ませる。

> おかしいものはありませんか。

みんな知っている自負があるので、結構討論になる。

> 調べてみたいことをノートに箇条書きにしなさい。

「なぜ黒豆を作ったんだろう」「黒豆はどうしておいしくなったのか」「黒豆は黒いだけで、枝豆と黒豆はいっしょじゃないのか」等、この授業では42通り出た。1枚のプリントにする。

疑問から農家見学へ（3時間）

前時に作った「調べたいこと」のプリントを配布する。全部読み、わかるところだけ予想をどんどん書き込ませる。

正しい答えを書くところも作らせる。

幾つか言わせると、また討論になる。

> どうやったらわかりますか

「農家に聞く」「家の人に聞く」等出るだろう。実際に見学に行って見たり、質問したりして、正解を書かせていく。

新製品を絵で描かせる（2時間）

> 黒豆を使った新しい商品を作ろう。

この課題で紙に絵と文字で書かせ発表させる。この時は役場の人に来てもらい発表した。子供たちは楽しんで発表した。

（川原雅樹）

12月

算数　「分数のしくみ」の深い学び！ テープ図

本時における対話は 4/6mはどちらのテープか選び、選んだ理由を相手に話すことである。選んだ理由を相手に話すことで分数のしくみについて理解することができる。

２つのテープ図から４/６mがどちらか選ぶ。

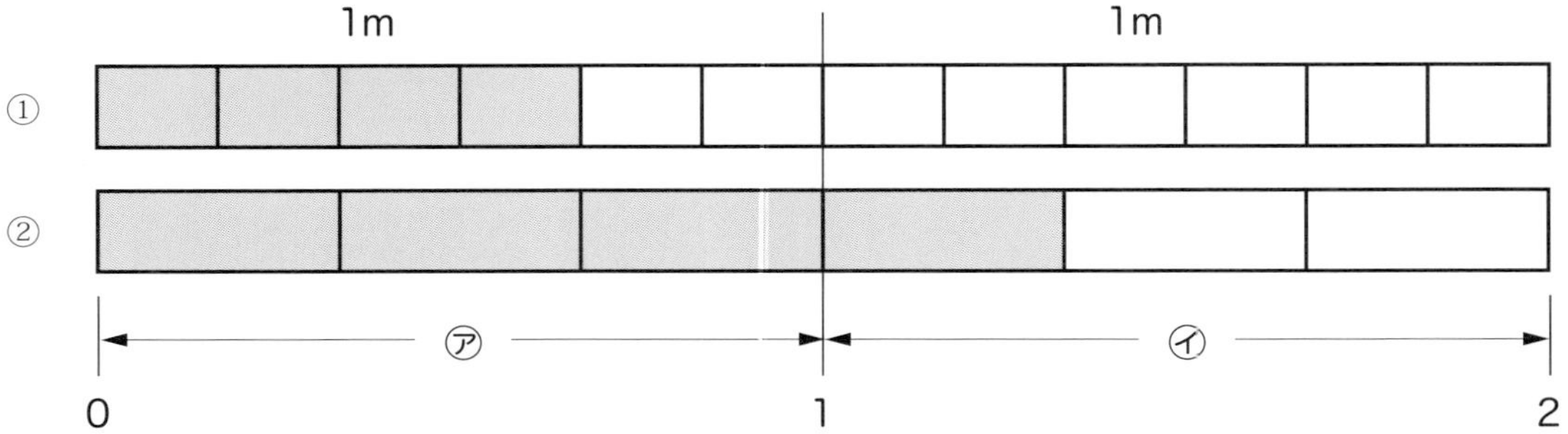

発問：「４/６mはどちらのテープですか？」

ここでは、いきなり子ども達に問題を出す。すると、子ども達の意見が２つに分かれた。

「②が４/６mです」（私のクラスでは半数以上がいた）

「①が４/６mです」

だが、次の２つの意見で、クラスの意見が②の方に傾いた。

「②だと思います。数えてみると６つに分けて、４つだけ色がついています」

「私も②が４/６mだと思います。６つに分かれているからです」

ここでクラスの意見が止まってしまった。だが、１人の子の発表で、どんでん返しがおきた。

逆転現象が起きた

図を一瞬見ただけだと、子ども達の中には「②のほうが４/６mだ」と答える子が多い。分数とは「１を□等分したもの」であると考えられる。だが、②は下の数直線を見ると１mの３等分なので、②は４/３mだということが分かる。これに気づいた子から次のような意見が出た。

「㋑の部分を手で隠すと、①が４/６mだと思います」

この意見を出した子は、普段は目立たない女の子だった。この意見が出てから、教室中で「あ～」「そうか」という声が次々に出てきた。その後、

「１mを６つに分けているから、①が４/６mだ」

「②は１mをすぎてるから、違う」

と次々に意見が出てきた。意見を聞いたり、話すことで分数の深い学びになった。

（細田公康）

12月

理科　電気の通り道

電気を通すつなぎ方と通さないつなぎ方を比較しながら調べ、回路ができると電気が通ることを捉えるようにする。

シンプルな材料で実験させる

ソケットを使わずに豆電球に明かりをつける実験で回路について学ばせる。

乾電池ボックスを使う方法や導線を２本使う方法などがあるが、材料はシンプルな方がよい。「豆電球」「乾電池」「導線１本」の３種類のみで実験すると、試行錯誤する中で対話が生まれ、学びも深まる。

上手くいかないことについて、発見したことを全員に紹介しながら、対話的に解決方法を考えさせる。

①導線の使い方

ビニルをはがさずに使うと電気が流れない。あえて教えずに実験させて、子どもたちにビニルをはがすことや、はがし方などを発見させ、発表させる。

②ショート回路

事前に、導線が熱くなったらすぐに乾電池から離すように伝える。ショート回路を作ってしまった子を見つけたら、全員に紹介させる。どこがいけなかったのかを、その事例を基に考えさせる。

③実験の工夫

写真のように豆電球に導線を巻き付ける方法やテープで巻く方法など工夫して取り組ませる。発見したことは全員に紹介させる。

記録を書かせる

明かりがつく方法や発見したことをカードに書いて、黒板に貼らせる。明かりがつく方法は、１つでないことを伝え、いくつも発見するよう促す。この実験のように少し難しい課題は、できた子から黒板に貼らせることで他の子のヒントになる。

回路について考える

【図の例】

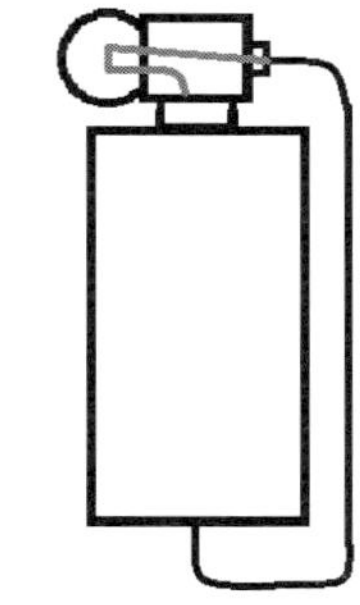

【ソケットあり】

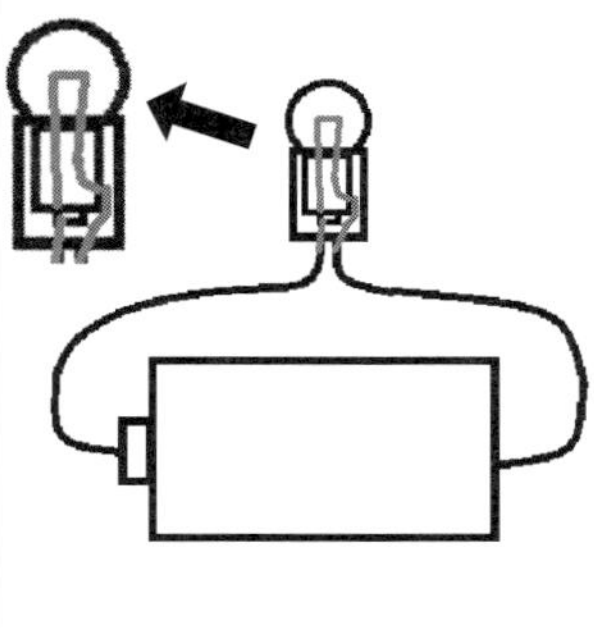

「乾電池の＋極、豆電球、－極が１つの輪のようにつながると電気が通る。電気の通り道のことを回路という」と定義し、実験の結果を比較して、豆電球の中をどのように電気が流れるかを考え、豆電球の中も含めた回路図を書かせる。

その後、ソケットを使って豆電球に明かりをつける実験を行い、電気の流れを書かせる。

※左の写真はソケットの外枠を外したもの。真下と側面に導線がつながっている。

（上木朋子）

（図版提供：関澤陽子）

12月

音楽　「ふじ山」の絵を描こう

歌詞を覚えて歌う

文部省唱歌「ふじ山」は日本中の小学３年生が歌う曲である。まず、教師が範唱してきかせ、その後、追い歌いし歌詞を覚えさせる。

T：♪頭を雲の上に出し

C：♪頭を雲の上に出し　～

「四方の山」「そびえ立ち」「かすみのすそ」など子どもにとって難しい言葉があるので、教師が意味を補足する。

何度か練習して、子どもだけで歌えるようにする。

絵を描いて、「ふじ山」を検討する

絵を描くために、教科書の「ふじ山」の写真は見せないでおく。

「ふじ山」の絵を描きます。
歌詞を読んで、歌にあてはまるように描きます。
あとで、描いた絵を比べっこをしますよ。
図工の時間ではありませんから、うまい下手は関係ありません。イメージが伝わればOKです。
10分間で完成させます。

絵を描き終わったら黒板に貼り、歌詞にふさわしいかどうか検討する。

子 A：「頭を雲の上に出し」とあるので、ふじ山は雲が描いてあるところより上にあるはずです。

子B：「四方の山」とあるのに、絵の中にふじ山しか山がないのはおかしい。

子C：「雪の着物着て」とあるので、山の途中を白い色鉛筆で塗った。

子D：「かすみのすそを遠く引く」なので、白い煙のようなものを富士山の幅より広く描いた。

教師は、歌詞にあてはまる絵のみを黒板に掲示しておく。黒板に残された絵は、かなり似た絵になっているはずだ。

指　黒板の絵のようなふじ山をイメージして歌います。

子どもがイメージした「ふじ山」で、今までと歌い方が変わったら、「大きなふじ山になったね」とほめる。この後、教科書を見る。教科書の写真は、子どもの描いた絵と似ている。周りの山と比べることで、ふじ山の高さもわかる。

その後、もう１度歌う。

クレシェンドを歌う

T：この曲のクライマックスはどこですか。

T：クライマックス「ふじは」に向け、クレシェンドをします。徐々に音を大きくすることをクレシェンドといいます。これからクレシェンド検定をします。１人ずつ歌います。

C１「♪かみなりさまを下に聞く」T：二重丸！

C２「♪かみなりさまを下に聞く」T：丸！

スキップリズムの応用（ふしづくり６段階）

「ふじ山」の出だし「あたまを」のリズムはターッカタンタン（♩. ♪♩♩）になっている。タンタンタンタン（♩♩♩♩）との違いを歌いながら確かめる。

子A：スキップリズムの方が元気な感じだ。

子B：タンタンだと、まっすぐな道を歩いているようだ。

子C：スキップリズムは、山が大きな感じで、その山に登っていくように思う。

再度、リズムに注目させて歌う。

（川津知佳子）

12月

図画・工作　見たこともない顔カラフルバージョン

黒い色画用紙の上に、好きな色の色画用紙で見たこともない顔を作って貼る。

はさみさえ使えれば誰でも簡単に作れる。失敗がない。どんな形も全部いい。短時間で、ユニークでカラフルな作品が並ぶので、教室がぱっと明るくなる。

準備物

・色画用紙（台紙となる黒とその他は自由・８つ切りの半分）・のり・はさみ

製作手順

①色画用紙を選び、半分に折る。

上にする色と下にする色を考える。

黒の上に置いてみて引き立つ色を選ぶ。２色は対比する色の方が輪郭の形や目や鼻、口の形がよくわかる。

②下の紙の輪郭の形を切る。

下に重ねる形なので、小さくしすぎない。上の紙の形を決めてから、それに合わせて後で下の紙を切っても良い。

③上の紙の輪郭の形を切る。

輪郭は下書きをしないで切っていく。どうしても不安な子など、子どもの実態に応じて鉛筆で下書きをしてから切っても良い。

④目・鼻・口の形を切り取る。

次に目になる所を切り取る。下のように、途中まで切り込みを入れてから目の形を切り取れば離れた場所に穴をあけられる。

切り込みの線はそのままにしておいてよい。

次は鼻。鼻は別になくてもかまわない。最後に口の形を切り取る。２つ折りにした紙を開いたら見たこともない顔の出来上がりだ。

⑤２色の色画用紙を重ねて台紙に貼る。

まず下の紙から、台紙に貼りつける。

裏側の両端部分に少しのりをつけて、立体的に中央を浮かせるように貼り付ける。子どもはここが苦手で、ペタッと貼ってしまい高さが出ないことがあるので、横から見てすきまがたくさんあいているかを確認する。

下の紙を貼ったら、その上にもう1枚、顔の紙を貼る。このときも、のりをつける場所は両側2か所程度で、下の紙が見えるように重ねて貼る。

下の紙と上の紙の組み合わせで、カラフルで個性的な作品になる。

完成した作品に、自分なりの名前を付けて掲示しても楽しい。

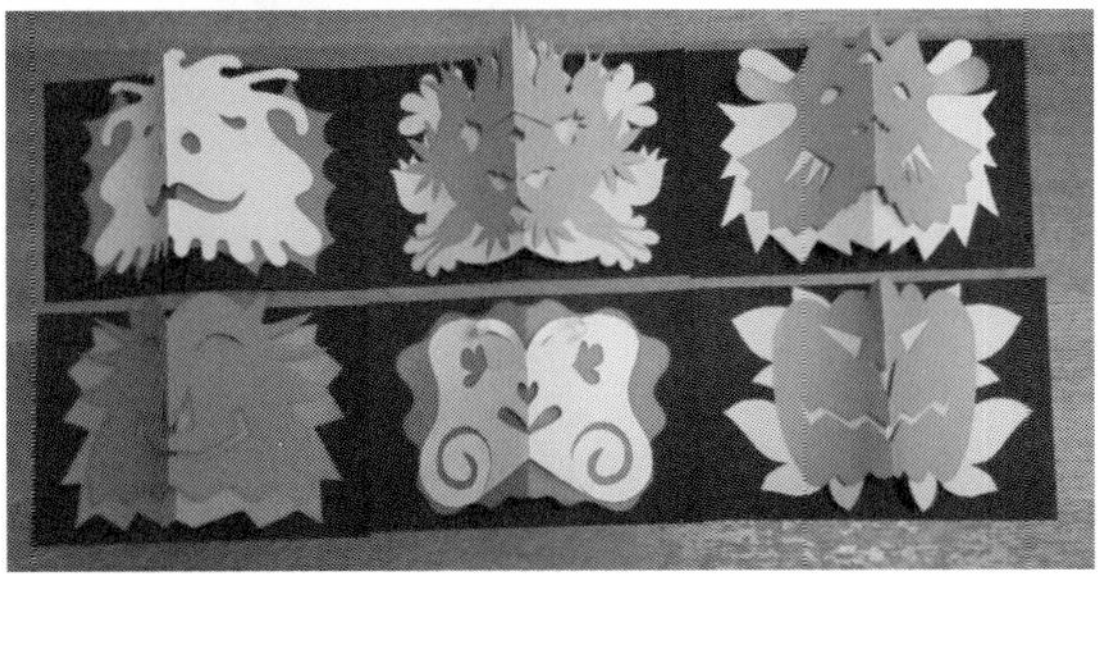

（田中裕美）

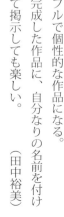

体育　子ども同士協力して行う折り返し持久走

楽しく行う持久走

折り返し持久走は、子どもたち同士が友達と協力して、楽しく取り組む運動である。

単元の流れ

第1時　1分間の持久走
第2時　3分間の持久走
第3時以降　5〜6分間の持久走

実際の授業

まずは、子どもたちにペアを作らせる。以下のルールを示す。

①10秒で目印まで行って戻ってくる。
②目印はどこに置いても構わない。自分の力に合った場所に置く。
③戻ってきたらペアにタッチする。
④タッチしたら再び目印まで走り、また戻ってくることを繰り返す。
⑤教師が「終わり」の合図を出すまで止まらない。
⑥10秒ごとに教師が笛を吹くので、笛と同時にタッチした回数を数えておく。

まずは、目印を置く場所を決めさせ、10秒でもどってくる練習をする。目印は、紅白帽子でよい。教師がタイムを読み上げながら走らせてみる。その後、目印を置く場所を確定させ、1分間の持久走を行う。

> 1分間の持久走をします。先生が10秒ごとに笛を吹きます。笛と同時にペアにタッチできたら「1点」です。1分間だから最高は6点です。ペアの人は、走っている人が何点取ったのか数えておきなさい。

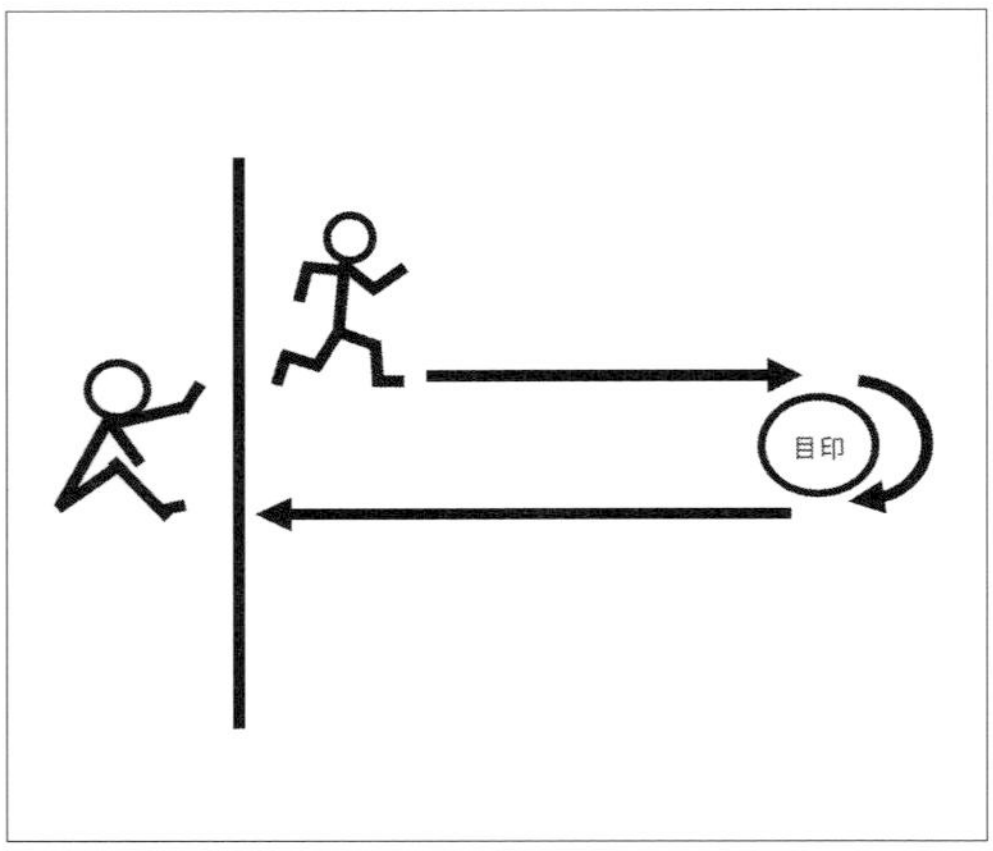

実際に走らせた後、点数を聞く。もう1人も同様に行わせる。その後、1分間の2回目を行う。

> もう一度行います。目印を置く場所を変えてよいです。

ペアと相談させながら、目印を置く場所を決めさせ、2回目を行う。中には、途中で走るスピードを変えたり、タッチする手前で止まったりする子も出てくる。

> 走っている間は、止まりません。走るスピードも変えません。

最初は、1〜3分程度から始め、少しずつ時間を延ばしていく。学校で、1キロ程度の持久走大会を実施するのであれば、事前に5〜6分程度まで練習させておくとよい。

また、目印を鉄棒など固定遊具に設定し、タッチして戻ってくる方法もある。その場合、戻ってきてタッチするペアの待機している場所を移動させるようにする。

（岡城治）

12月

道徳　働くことの大切さを知ろう

12月の道徳のポイント

12月は、大掃除など家庭で働くことが増える。

このようなときこそ、働く事について、子どもたちに考えさせたい。

なぜなら、小学校学習指導要領「特別の教科　道徳編」にも次のようにある。

> 働くことの大切さを知り、進んでみんなのために働くこと。

これらを教えるのも道徳である。

何も急に、特別なことを考えていく必要はない。

まずは、身近な仕事である学級の当番活動や係活動、給食当番・掃除当番について振り返ることからはじめると良い。

そうすることで、身近な人の役に立つことの大切さを感じることができる。

そして、そのことから、冬休み多くの時間を過ごす家庭においても、どのような取り組みをすればよいかを考えると良い。

12月のオススメ資料

12月におすすめの資料は、『わたしたちの道徳』の「働くことの大切さを知って」である。

この資料では、まず、将来してみたい仕事を書き、そこから、働くことの大切さを考える資料となっている

次に、学校や学級でみんなのためにしていることや、頑張っていることを紹介する。

そして、家や地域のためにどんなことができるのかを考える資料となっている。

『私たちの道徳』さえ用意すれば、すぐに授業をすることができる。

ただし、授業をする上で2点、ポイントがある。

1点目は、どのような意見も受容することである。どのような仕事も大切なのだと受け入れる教室の器が必要になる。

2点目は、エピソードでクラスの子どもの頑張りを伝えることである。そうすることで、俄然クラスの子供たちが、一生懸命に働くようになる。

対話指導のポイント

12月になると話し合いは、スムーズに行われる。

その上で、もうワンランク上の話し合いがある。

> 友達の考えの良かったことに対して、感想を言いなさい。

このような指示を出すことによって、友達からも意見を認められる体験をすることとなる。いわゆる相互評価である。

クラスの子供たちに認められることで、より子供たちは、活発に意見を発言することができるようになる。

今回、紹介した資料の中にも、「先生や友達からの一言」という欄がある。

そこにも、このような指示を出せば、すぐに埋まる。

その時に、注意することがある。

それは、良いことだけを言うこと。

そして、まずは隣の人に言ってあげるなど、いくつかルールを作ることで、誰もが満足する時間となる。

（大井隆夫）

英語 Unit 8 What's this?で日本の遊びを体験

What's this? と Can you~ ? をつなげる

Unit8の単元計画である。What's this? / What are these? Can you~ ?を扱う。

第1時	What's this? It's a tiger. 動物鳴き声クイズ、ジェスチャークイズ
第2時	What are these? They are ～ . 果物チラ見せクイズ、当てっこゲーム
第3時	What's this? What are these? 使い分け
第4時	日本の文化 What's this? It's a kendama. Can you play kendama? Yes, I can. What are these? They are おてだま . Can you play おてだま？Yes, I can.
第5時	ブースごとに日本の遊び体験 What' s this? It's a kendama. Can you play kendama? ↓ Yes, I can. ↓ Let's play kendama. → No, I can't. ↓ Let's try!

第4時でcanを使って「つなげる」

①単語練習　けんだま、こま、おてだま、たけとんぼ

日本語なので、1回リピート→子供だけでもよい。

②カードを使って状況設定

【その遊びができるとき】

A: What's this? B: It's a taketombo.

A: Can you play taketombo? B: Yes, I can.

A: Let's play taketombo! B: Sure!

【その遊びができないとき】

A: What are these? B: They are おてだま .

A: Can you play おてだま？

B: No, I can't.

A: Let's try! B: OK!

ブースごとに日本の遊び体験

第5時は、遊びを体験しながら、けんだまブース、コマブース、めんこブース、まりブースなどを用意する。

A: What's this? B: It's a taketombo.

A: Can you play taketombo? B: Yes, I can.

A: Let's play taketombo! B: Sure!

さらに、どのたけとんぼやコマがいいかを選ぶときには、

A: Which taketombo do you like?

B: I like this one.

A: Here you are.

B: Thank you.

と付け足すことができる。

遊びができるようになったらサインをもらい、時間内に色々なブースを回る。

ほめ言葉も英語で

ブース担当者は盛り上げる。ほめ言葉や励ます言葉も教えておくとよい。

Wow!（わー！）　You did it!（やったね）

Good try!（よくがんばったね）

Good job!（すごい！）

You can do it!（きっとできるよ！）

5～10分程度遊んだら、役割交代。

ブースにチャレランを加えるのもよいだろう。

（小林智子）

12月

総合　地域の魅力を発信しよう

発信は写真俳句がオススメ

地域の魅力を発信することが最も重要なことだ。発信の仕方に迷ったら、

写真俳句

が一番オススメだ。

今までに見学した企業での写真や調べた特産物の写真に「五・七・五」で思いをのせる。例えば、「桃太郎」を発信するとしたら、「桃太郎さん　犬・猿・きじと　鬼退治」などである。

俳句であるが、季語が入らなくてもよい。また、字余りや字足らずも構わない。思いつかない児童がいる場合は、ペアやグループで相談させる。どの子でも取り組みやすい。これは、作家の森村誠一さんが提唱したものだ。

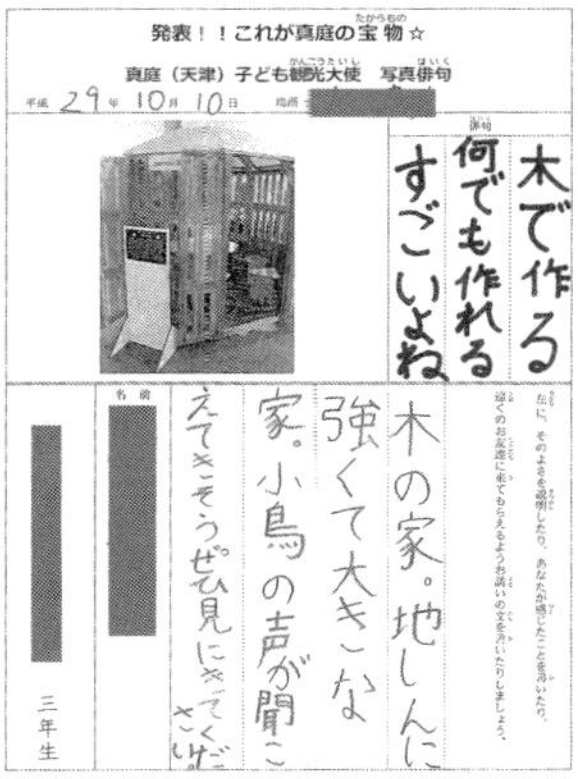

ＩＣＴを活用して発信する

写真俳句にプラスして、子どもたちと取り組みたいのが、

①パワーポイントのプレゼン
②動画作り

である。

パワーポイントなら、写真を詰め込み、1枚のスライドに仕上げる。発信する場面で、スライドを使って口頭で説明をする。さらに、クラス全員のスライドを印刷し、1枚の大きなパネルに仕上げる。どこにどう配置するのか、子どもたち同士で対話させる。圧巻の仕上がりとなる。

動画なら、シナリオを1分程度で考え、撮影する。いくつかのチームに分け、「お題」を決める。例えば、「名所や特産物」「今まで訪れた企業で学んだこと」などである。ランキング形式や演劇で表現することをチームで対話させる。

短期で取り組んだ場合は、どのチームも同じお題で良い。長期の場合はお題を分け、動画をつなげると1つの動画が完成するという流れにすると厚みが出る。

参観日に発信する

発信を披露する場は多くの人に見てもらえる、

参観日

がよい。お家の人たちだけでなく、できるのであれば、もう一歩工夫したい。

私は次の人たちも呼べるように打診をした。

①協力してもらった企業の社長さん
②市長（町長）さん・議員さん
③地元のテレビの方
④新聞社の方

協力してもらった企業の方々は、都合が合えばほぼ来てくれる。しかし、本気で「まち」を変えようと思うなら、②～④の方々の協力が必要不可欠だ。市長さんや議員さんに、今まで作ったものをどうにか生かせないか掛け合ってみる。教師自身が本気の姿を見せれば、子どもたちも本気になる。クラス全体が「まちを変えるのだ」という1つの方向に向かうことで、クラスもまとまる素晴らしい企画となった。

（山崎風）

1月

国語　「ありの行列」説明文の要約を指導する

教材解釈のポイントと指導計画

本教材は、

・中心文やつながりを表す言葉に着目すること。

・文章を引用したり、まとめたりすること。

この2つを重点的に指導するために指導計画は次のように設定した。

①範読・音読
②段落分け・段落の構成
問いの文と答えの文を考える。
③指示語の指し示す範囲を考える。
④～⑥中の段落を要約し、検討する。
⑦全文要約をする。

授業の流れのアウトライン

説明文の要約を指導する。

本実践は、各段落のキーワードを見付けて要約することを指導した。

第2段落を30文字以内で要約しなさい。できたら持ってきなさい。

文字数を限定することでどの児童も熱中する。

要約文ができた児童10名程度に黒板に書かせ、検討させる。

検討させる観点は、次である。

・キーワードが3つ入っているか。
・一番重要なキーワードが最後にきているか（体言止め）。

次のことをはっきりさせてから検討させる。

この段落は、ありの行列の説明をしていますか。ウイルソンさんのことを説明していますか。

これが明確になると、キーワードが確定でき、検討させやすくなる。

この段落のキーワードはなんですか。

キーワードが確定したら、黒板に書かれた要約文を観点に沿って検討させる。

学級では、次の要約文になった。

①ありの様子をかんさつしたウイルソン。（18文字）
②通った道すじから外れないありの行列。（18文字）
③行く手をさえぎっても、道を見つけつづくありの行列。（25文字）
④ありが道しるべになるものをつけたと考えたウイルソン。（26文字）
⑤じょうはつしやすいとくべつなえきを出すはたらきあり。（26文字）
⑥ありの行列ができるわけを知ったウイルソン。（21文字）
⑦道しるべとして地面にとくべつなえきをつけるはたらきあり。（28文字）

学習困難状況への対応と予防の布石

要約文を書くことが苦手な児童は黒板に書いてあるものを写してよいことを学級のルールとしておく。

写しているうちにどのように要約したらよいか理解でき、その要約文が次の段落の要約文のヒントとなるので、どの児童も取り組みやすい。

（田中悠貴）

1月

社会　私たちの市で作られるもの（工業）

まずは教材研究で役場へ

各地域の多くは、見つければ全国シェア○位などの工場が存在していると思う。

まずは市役所に行って、できるだけ自分の校区の優れた工場を見つけることだ。

私の場合は「まちづくり課」「産業課」をまわって、企業誘致のパンフレットや観光パンフレットから工場を探してきた。

今まで見つけた代表的な工場は以下。

> ①ペグシル工場（ゴルフで使う鉛筆を作る工場。全国シェア90％）
> ②船のクラクション工場（世界シェア40％。自転車の鍵なども制作）
> ③新体操リボンの先に使う金具を制作している釣り具工場。

見学に行く工場を決めて、実際に出かけ交渉する。多くの場合は喜んで受け入れてくれる。

見学に行く準備（1時間）

見学では「目に付いた物を全てメモ」させる。見学先にある物は全て生産や集客に役立つよう工夫されているものだからだ。まずは教室で練習する。

> ①ノートに「目についたもの」と書きなさい。
> ②1～3まで番号を打ちなさい。番号の間は2行空けます。
> ③教室で見える物を全て書きます。例えば何が見えますか。（電気）
> ④「電気」と書きなさい。
> ⑤このように番号を付け足していって、できるだけたくさん箇条書きにしなさい。時間は5分間です。

他にも「質問したいこと」「見学で気をつけること」を箇条書きにさせ、発表させ、この時間は終了する。

見学（2時間）

上は釣り具工場見学の写真。工場長さん自ら前日に練習して、子供たちに新体操のリボンの金具の説明をしてくださった。次回、東京五輪でも使われることを話してくれた。子供たちは大興奮。見学では次々「目に付いたもの」「説明メモ」を箇条書きにさせる。

一番すごい工夫は何か（2時間）

見学後、ノートに書いた「目に付いたもの」に「何のためにそれはあるのか」を書かせる。例えば「電気」なら「↓作業しやすくするため」等である。その後、次の流れで授業する。

> ①工場の工夫を箇条書きにしなさい。
> ②3つ選んでカードに書きなさい。
> ③KJ法↓一番すごい工夫をグループで選ぶ↓板書↓討論

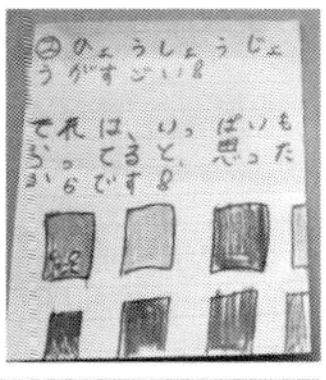

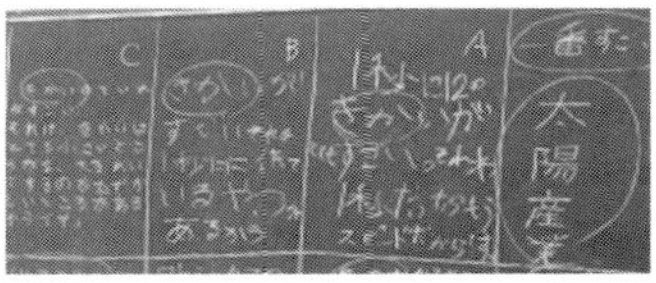

左が実際の写真。この作業だけで、地域の工場の工夫と特徴を理解できる。

（川原雅樹）

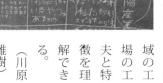

1月

算数　「かけ算の筆算」工夫を見つけよう

本時における対話とは、２つのかけ算の筆算を比べて気づかせることで、筆算の便利な方法について気づき、学ぶことができる。

86×20の筆算を比べてみましょう

「①と②の筆算をみます。②の筆算はどのように工夫していますか」と聞き、子ども同士で気づいたことを話し合わせる。

話し合いの中で、途中の０の計算がないことに気づくことができる。

```
①    86
   × 20
   ────
     00
   172
   ────
   1720
```

①の筆算は０のかけ算をしています。

```
②   86
   ×20
   ────
   1720
```

②の筆算は０のかけ算をしていません。

3×45の筆算を比べてみよう。

先ほどの 86×20 の筆算同様に、隣同士で気づいたことを話し合わせる。話し合うことで、計算を入れ替えることで、途中式を省略していることが分かる。

```
①     3
   × 45
   ────
     15
    12
   ────
    135
```

①の筆算は３×５をしています。次に３×４をしています。

```
②   45
   ×  3
   ────
    135
```

②の筆算は 45×３としています。

気づいたことを話し合わせることで、効率的なかけ算の筆算の求め方について理解することができるようになる。

（細田公康）

１月

理科　電気を通す物と通さない物

回路の一部に、身の回りにある物を入れたときの豆電球の様子を比較しながら調べ、電気を通す物と通さない物があることを捉えるようにする。

電気を通す物を調べる

（１）調べる物を用意する

電気を通す物を調べるために様々な物を用意する。この時、形態が同じでも素材が違う物も用意するとよい。

右の写真は、様々な素材のスプーン。左から、プラスチック、木、ステンレスでできている。

他にも、箸や空き缶、定規など、同じ種類でも素材の違う物を用意する。これらの物を「磁石に付く物と付かない物」（本書、183 ページ参照）でも使うとよい。

（２）予想させる

次のような表に書かせて予想させる。

電気を通す物調べ

調べる物	予想	けっか
紙のスプーン		
ステンレスのスプーン		
プラスチックのスプーン		
木のスプーン		
木のじょうぎ		
プラスチックのじょうぎ		
ステンレスのじょうぎ		

（３）分類する

実験の結果を基に、電気を通す物と通さない物に分類させ、気付いたことをグループで話し合って考えさせる。

【予想される児童の気付き】

①「ステンレス」「アルミ」「スチール」と書いてある物は電気を通す。

②銀色で、鉄みたいな物は電気を通す。

銀色、金色の折り紙は電気を通すか

まず、銀色の折り紙は電気を通すかを予想させ、理由も考えさせる。予想を聞き、クラス全体の数を把握する。さらに、理由も発表させる。

【予想される児童の考え】

①銀色だから、金ぞくでできていると思うので電気を通す。

②紙だから、電気を通さない。

実験すると、銀色の色紙は紙にアルミ箔を貼り付けた物なので、電気を通す。

次に、金色の折り紙は電気を通すかを同じように予想させ、理由も考えさせる。

【予想される児童の考え】

①金色の金ぞくでできているから、電気を通す。

②銀色の折り紙とにているから、電気を通す。

実験すると、豆電球の明かりはつかない。「なぜ、金色の折り紙は電気を通さないのか」と尋ね、グループごとに話し合わせる。

導線のビニルや空き缶の側面が電気を通さなかったことを思い出す児童がいる。「紙やすりを使いたい！」と声があがる。

紙やすりで表面をこすり実験すると、電気を通すことが分かる。金色の折り紙は、銀紙の上にオレンジ色の塗料が塗ってあるため、電気を通さない。その部分をはがすと電気を通す。

（岡本純）

1月

音楽　合奏を楽しもう「せいじゃの行進」

パートの役割を考える

教師が「せいじゃの行進」を範唱して聞かせる。その後、追い歌いで歌えるようにする。

T：♪きょうから　みんなで

C：♪きょうから　みんなで〜

次に、階名唱できるようにする。

T：♪ソシドレ　ソシドレ

C：♪ソシドレ　ソシドレ〜

階名唱できるようになったら、主旋律（＝その曲の中心となるメロディー）をリコーダーで吹けるように練習する。

もう１つの旋律も階名唱で歌えるようにした後、リコーダーで練習する。

先に練習した旋律を①、後に練習した旋律を②とします。２つの旋律を比べてみましょう。隣の人と相談します。後で発表します。

子A：２つの旋律が追いかけっこしているみたい。

子B：①と②の旋律の最初は同じ。

子C：曲の後の方は、②は伴奏しているみたい。

「２つの旋律が追いかけっこをすること」「２つの旋律が重なっていること」を確認する。

この曲は４段でできています。

３段目と４段目は①、②、低音の３つのパートのうち、どのパートが目立つとよいですか。

答えは主旋律を担当している①だ。基本事項については確実に教えながら進める。

低音楽器、リズム伴奏の練習もクラス全体でそれぞれ行う。

各パートが演奏できるようになったら、１人が担当する楽器やパートを１つに絞らず、何度も合奏を楽しむ。

「せいじゃの行進」を鑑賞する

クラリネット、トランペット、トロンボーンで演奏している「せいじゃの行進」を鑑賞する。

どんなところが自分たちの合奏と似ていましたか。違っていましたか。隣と相談します。

子D：自分たちも同じ旋律を練習しました。

子E：２つの旋律が追いかけっこしているのが同じです。

子F：自分たちが演奏したのと同じように太鼓の音が聞こえました。

子G：自分たちはリコーダーで旋律を吹いたけど、他の楽器の音が聞こえました。

子H：打楽器のリズムが自分たちの演奏と違っていました。

子I：演奏時間が長かったです。

自分たちが演奏したからこそ、鑑賞曲として聞いた時に相違点がはっきりする。

その後、鑑賞曲に合わせて自分たちが練習したリズムを叩いたり、トランペットなどの楽器を持っているつもりで体を動かしたりする。また、鑑賞時に聴こえたリズムを覚え、曲に合わせて手拍子したり、足踏みをしたりする。

模唱奏リズムかえっこ（ふしづくり７段階）

「せいじゃの行進」の最初のリズム「(ウ)タタタタン」を教師が変奏し、子ども達に模奏させることで音楽ことばを増やす。

T：♪(ウ)タタタ｜タタタン

C：♪(ウ)タタタ｜タタタン

T：♪(ウ)タタッカ｜タッカタン

C：♪(ウ)タタッカ｜タッカタン

（川津知佳子）

1月

図画・工作　スチレン版画は、3年生にぴったり！

３年生の版画に、お勧めなのが、「スチレン版画」簡単で、美しい作品ができる。

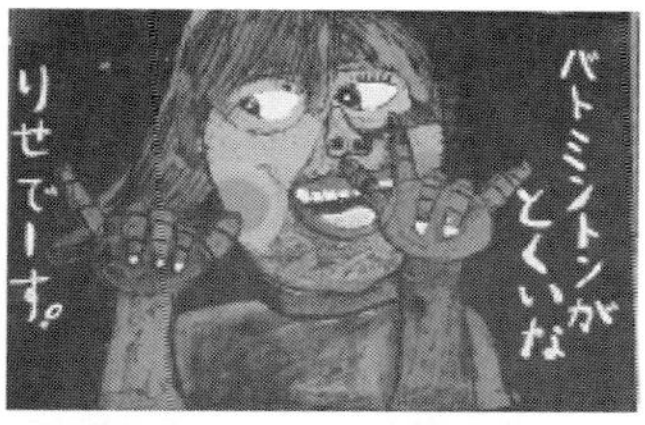

スチレン版画の作り方

【準備物】

・黒８つ切りケント紙・白８つ切り画用紙・Ｂ４スチレン板（１枚１００円）・白ポスターカラー・ボールペン・バレン・セロテープ・絵の具セット

【手順】

①作品のイメージをもつ

「自己ＰＲ」のスチレン版画です。板にボールペンで自分の顔を描き、絵の具をつけ、色をつけます。自己ＰＲを描いてできあがり！

②手型を作る
　自分の手を画用紙に写し取り、切り抜く。手をどんな形にしようか考え、指を折らせる。ピース、パーなど何でもＯＫ。

③自分の顔を描く。
　酒井式の顔の描き方で顔を描いていく。
　ボールペンで線が出るように、ぎゅっと描く(眉毛まで)。

④手を描く
　顔の輪郭を描く前に、手を描く。酒井式の手の描き方で描く。手は必ず顔に重なるようにする。しわや爪も描かせる。

⑤自分の顔を描く（髪の毛・服まで）。
あご→顔の輪郭→耳→髪の毛→首→服

⑤刷り
　パレットの大きい部屋に黄土色と白をたっぷり出す。小さい部屋に、黄色・茶色・朱色・赤を出す。
　白目を白でぬる。水は使わない。ぬったら、バレンでこすり、めくる。
　目の周り、顔全体、手、腕へと、少しずつ色をつけ、少しずつ刷っていく。いっぺんにぬると、絵の具が乾いてしまう。
　また、絵の具をあまりべたべたぬらないこと。黒い点々が見えるぐらいが美しいことを教える。

自己ＰＲを書いて、対話

自己ＰＲの言葉を考え、鉛筆で薄く書かせる。縦書きでも横書きでもＯＫ。面相筆を使って、白のポスターカラーで書く。

　自己ＰＲを書くことにより、自己肯定感が高まる。
　友達に見てもらうことにより、「対話」が生まれる。

（佐藤貴子）

体育　なわとび級表を使ってペアで練習することで自然と会話が生じる

短縄は、まとまった期間に行うのではなく、できれば、年間を通して行ったほうがよい。その方が、体力や技能の向上も見込める。

はじめの3分間

授業が始まったらすぐに変化のある繰り返しでいろいろな跳び方で跳ばせる。

> 10回できたら座ります。前両足とび10回、始め。

以下、後ろ両足、前かけ足、後ろかけ足、あや跳び、かけ足あや跳びをそれぞれ10回ずつ行う。この3分間の指導によって、ばらばらに集まってきた子どもたちも自然に授業に引き込むことができる。

子どもたちを集合させたあと、なわとび級表を配る。

> なわとび級表の使い方を教えます。最初に前両足跳びがあります。例えば、前両足跳びを35回跳んだとします。そうすると10、20、30、と赤く塗れます。

このとき、教師も実際になわとび級表を提示して、色を塗って見せる。

しかし、中には前両足跳びや二重跳びなど、自分の得意な種目だけに取り組んでしまう子がいる。そこで、次の説明が必要である。

> 横を見ます。20級は前両足10回、まえかけ足10、後ろ両足2、後ろかけ足2、これをクリアして20級です。一つでも足りなかったら20級ではありません。

実際の授業では、2人組になって、お互いをチェックし合っていく。

> 2人組で一緒に跳んでもいいし、代わりばんこに跳んでも構いません。でも、必ず相手が見ている前で跳びます。

説明のあと質問を受け付ける。そのあと、子どもたちは、自主的になわとび級表に従って、練習を進めていける。

ペアで練習させることで、お互いに跳び方のポイントや、コツを教え合いながら、練習を進めていくことができる。

級が上がった子には

級が上がった子は、教師の所へ報告に来るようにさせる。そして、上に20、19、18、と級を書いた学級の名簿を拡大コピーしたものを用意しておき、自分が到達した級までを、赤鉛筆できれいに塗らせる。これを掲示しておくことで、学級における子どもの縄跳びに対する頑張りの様子がわかり、級表を見ながら「Aさんは、もう10級だ！」などと自然に子どもたち同士で会話が生じてくる。

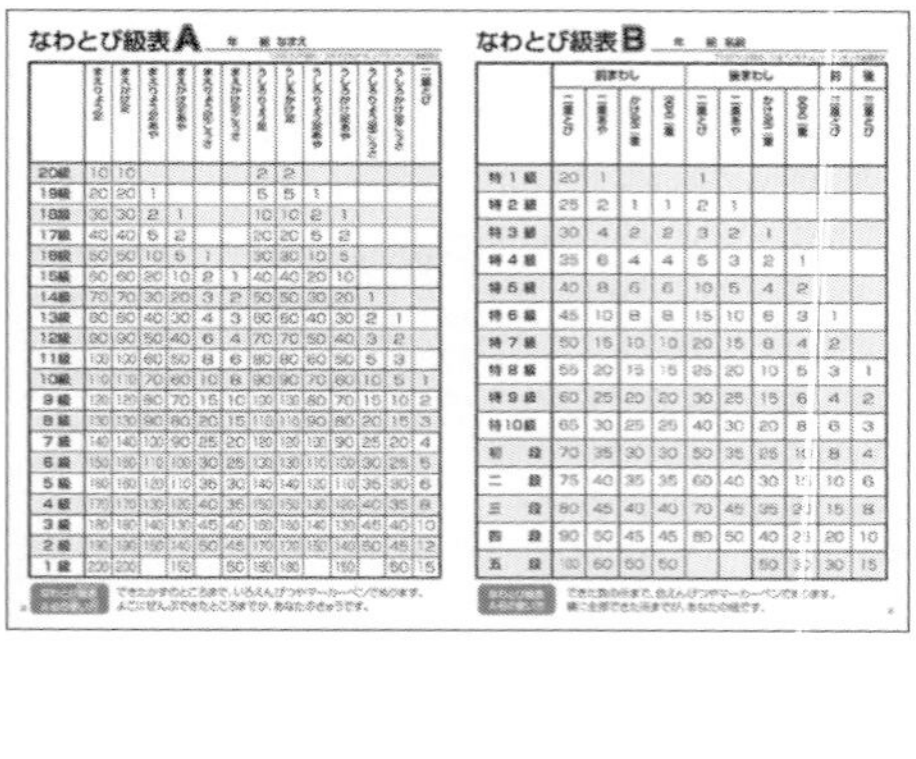

（岡城治）

1月

道徳　日本の伝統を知ろう

1月の道徳のポイント

1月は、お正月や初詣など、家庭で日本の伝統行事を行う機会がたくさんある。

このようなときこそ、日本の伝統文化について考えさせたい。

なぜなら、小学校学習指導要領「特別の教科　道徳編」にも次のようにある。

我が国や郷土の伝統と文化を大切にし、国や郷土を愛する心をもつこと。

道徳の学習でこそ、日本の伝統文化の大切さを学ぶチャンスなのである。

ただし、ここでも、配慮が必要なことがある。

それは、他国籍の子供がいる場合である。

日本の伝統文化そのものをあまり知らないということが考えられる。

また、伝統文化を体験したことがないかもしれない。

そのようなときには、詳しく知っている児童が紹介するという形をとる必要がある。

その上で、補足説明で教師が教えるという形がおすすめである。

1月のオススメ資料

1月におすすめの資料は、『わたしたちの道徳』の「伝とうと文化を大切に」である。

この資料では、日本の伝統文化が紹介されている。

例えば、和服であったり、和食であったり、和室である。

これらは、どの子にも馴染みのあるものである。

そして、ぜひとも触れてもらいたい事がある。それは、「お雑煮」だ。地域によって、家庭によって様々な形がある。具について聞いても、それぞれの地域の伝統があり、地域の良さを感じることができる。

そして、風呂敷も紹介してある。

風呂敷は、海外でも人気の品物である。

しかし、子供たちには、全くと言っていいほど、馴染みがない。

私たちの道徳には、次のように記述にしてある。

一まいのぬので、どのような形の物も包めます。

本当であろうか。インターネット上には、さまざまな結び方が紹介している。

例えば、一升瓶も綺麗に包むことができる。

出来ることなら、ぜひ、教師も子供たちの目の前で実践できると良い。

このように日本の文化を大切にした上で、大切なポイントがある。

それは、外国の文化も同じように大切にすることを指導することである。

私たちの道徳にも、海外の文化が紹介されている。ぜひとも、大切に指導していただきたい。

対話指導のポイント

自分が触れたことのない文化などに対して、思わずきつい言葉で非難するということがある。そのようなときは、教師は毅然として指導する必要がある。

対話指導の大前提として、教師が常に胸に刻む必要があることだ。

（大井隆夫）

1月

英語　絵本を使った授業例 Who stole the cookies from the cookie jar?

絵本のよさ

絵本を使うことで、英語の音、リズム、イントネーションを純粋に楽しむことができたり、リズムに乗って同じ表現を使ったりすることができる。

優れた絵本は、読むだけで子供が夢中になる。

Five little monkeys Jumping on the bedを使った授業

『Five little monkeys』Eileen Christelow（著）ビッグブックは3000円程度で購入できる。

併せて、アプリコット社のCD、Let's Sing togetherを購入するとよい。

１時間の流れは次のようである。

①絵本の読み聞かせ
②No more monkeys jumping on the bedを言わせる。
③リズムに乗りながら繰り返し表現を言わせる。
④踊りながら歌を歌う。
⑤お医者さん役、猿役を決めて、ジャンプさせたり、怒らせたりする。

Who stole the cookies?を使った授業

『Who stole the cookies?』の巻末には、チャンツ用の文が書かれたページがある。

繰り返しの表現がたくさん出てくる。

難しいようだが練習をするとすぐに言えるようになる。

流れは、

①単語練習　動物、cookie, cookie jar
②読み聞かせ
③チャンツ
④ゲーム
である。

【チャンツの練習のさせ方】

教師　Repeat! Who stole　子供　Who stole
教師　the cookies　子供　the cookies
教師　from the cookie jar
子供　from the cookie jar
教師　Who stole the cookies
子供　Who stole the cookies
教師　from the cookie jar
子供　from the cookie jar

このように区切って、かつリズムよく練習する。

その後、４人組になり、チャンツをグループで楽しく行う。動物のところに、名前を入れる。

Sachiko stole the cookies from the cookie jar.
Sachiko: Who me?　子供 A, B, C: Yes, you.
Sachiko: Not me!　子供 A, B, C: Then who?
Sachiko: B君！　順に行う。

【ゲーム】

Who stole the cookies from the cookie jar?を
Who stole the pen from the pencil case?
に変え、グループで行う。

A、B、Cの誰か１人がペンを隠して持ち、Dが当てる。

A, B, C: Who stole the pen from the pencil case?
D: A stole the pen from the pencil case.
A: Who me? D: Yes, you. A: Not me. D: Then who?　２回までチャンスを与えてもよい。

発展版　Who ate my sushi from the sushi tray? 等変形できる。動詞の過去形に触ることができる。

（小林智子）

1月

総合　地域の人に昔の様子を聞こう

身近な人材を総動員

祖父母や曾祖父母などに、昔の様子をインタビューし、調べてくるよう伝える。
「どんな遊びが流行っていたのか」
「どんな服を着ていたのか」
「どんな食べ物を食べていたのか」
写真や昔のモノがあれば、お借りできるか打診する。
もし、写真や昔のモノがあれば、

昔クイズ

を行う。「何をしているところか」「ごはんは何を食べているか」など写真を見ながら問題を出していく。

子どもたちは「こんなのあったんだ」「見たことない」など口々につぶやき、昔のことに興味をだんだんと抱くようになる。

また、誰の祖父母やそう祖父母かクイズにすると盛り上がる。○○さんと「目が似ているね」や「口元がそっくり」などヒントを出しながら進める。

自分たちの祖先や昔の様子を知ることで自分自身の歴史についても知ることができる。楽しみながらすすめられるクイズはオススメだ。

比べて、質問を考える

今と昔を、

比べる

ことで新たな発見が生まれる。

例えば、「昔の洗濯機はどんなものだったのか」を今の洗濯機と比べる。どこが一緒でどこが違うのか考える。

地域の人たちに聞くために、どんな質問をするのか考える。全ての質問をすることはできないので、分けることが大切だ。グループで、直接聞かなければ分からないことには「○」、調べれば分かることには「×」、どちらか判断が難しいものには「△」をつける。

地域の人材を生かす

地域の人材を生かし、来校してもらう。そこで、子どもたちに昔の様子について語ってもらう。

子どもたちに話すうえで、

モノを準備してもらう

ことだ。写真や昔のモノがあるだけで、子どもたちの興味はぐっと高まる。「身近な人材を総動員」で書いたように、クイズなども織り交ぜてよいか打ち合わせの段階で確認しておくことだ。

例えば、実際に昔使っていたモノがあれば、「何に使っていた道具か」「どんな時に活躍するか」などを考えさせる。班で話し合い、答えを考える。主体的で対話的な学びになる。

難しい場合は、来校してもらった方にヒントを出してもらう。

また、触ったり、持ったりする時間もとる。もし、使うことができるのであれば、一緒に使ってみることもよいだろう。体験については次の「2月」に詳しく記載している。最後に質問をして疑問に思っていたことを聞く。情報は人が持っている。調べただけでは得られない新たな発見がある。

（山崎風）

2月

国語　「ことわざについて調べよう」報告書の型を指導する

教材解釈のポイントと指導計画

本教材は、

・ことわざについて本で調べる。
・構成を考えて、報告する文章を書く。
・見直してより良い文章にする推敲。

これらのことがねらいである。

指導計画は次のように設定した。

①知っていることわざを書き出す。例文を音読。
②報告書の型を知り、作文する。
③本でことわざを調べる。
④調べたことわざを使って報告書を作る。推敲する。
⑤友達が書いた報告書を読みあって感想を伝え合う。

報告書の型を知る

本実践は村野聡氏の追試である。

教科書に載っている例文をさらにシンプルにし、型として示す。

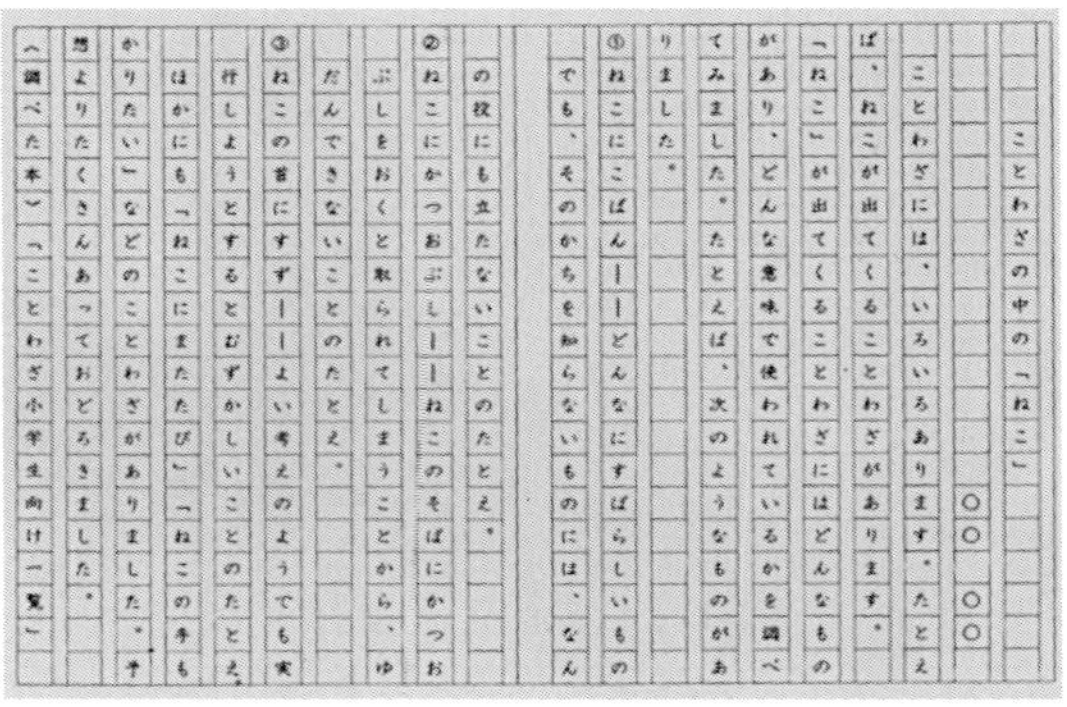

ことわざの中の「ねこ」

○○　○○

ことわざには、いろいろあります。たとえば、ねこが出てくることわざがあります。「ねこ」が出てくることわざにはどんなものがあり、どんな意味で使われているかを調べてみました。たとえば、次のようなものがありました。

①ねこにこばん――どんなにすばらしいものでも、そのかちを知らないものには、なんの役にも立たないことのたとえ。

②ねこにかつおぶし――ねこのそばにかつおぶしをおくと取られてしまうことから、ゆだんできないことのたとえ。

③ねこの首にすず――よい考えのようでも実行しようとするとむずかしいことのたとえ。

ほかにも「ねこにまたたび」「ねこの手もかりたい」などのことわざがありました。予想よりたくさんあっておどろきました。

（調べた本）「ことわざ小学生向け一覧」

次のステップで進める。

①範読する。
②追い読みさせる。
③視写させる。

全員が1枚めの例文を終えたら、次の穴埋め式のワークを配る。

また、一緒にインターネットに載っている「ことわざ一覧表」を配り、調べやすくする。

書かれていない箇所があります。そこを自分で調べて書きなさい。

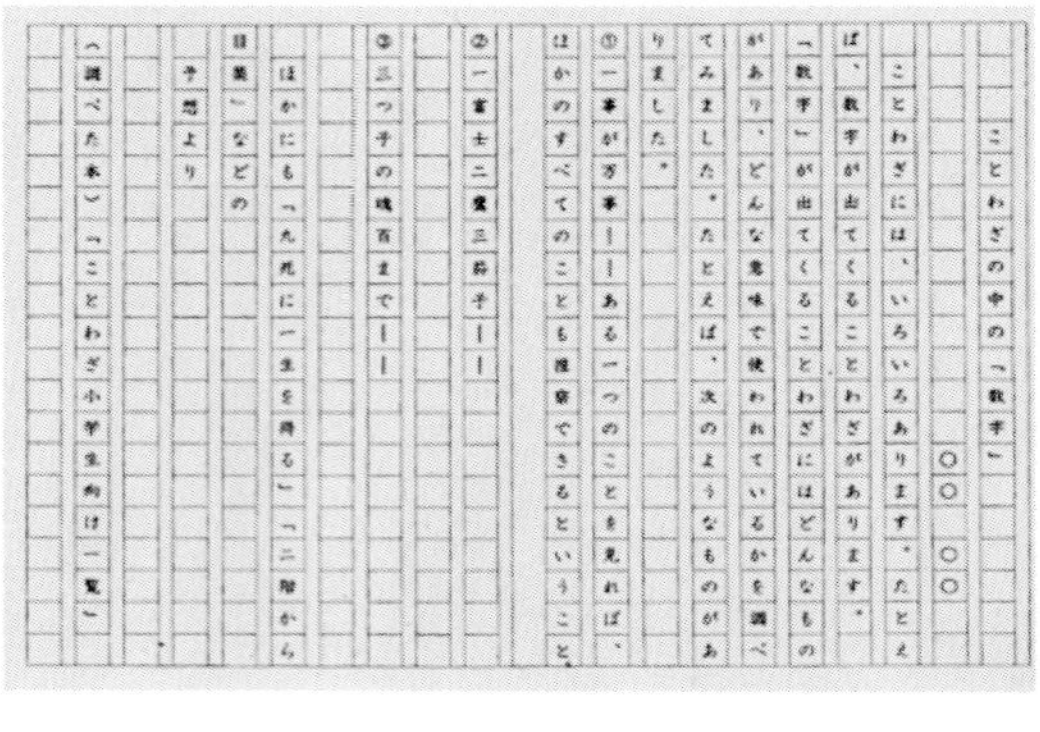

ことわざの中の「数字」

○○　○○

ことわざには、いろいろあります。たとえば、数字が出てくることわざがあります。「数字」が出てくることわざにはどんなものがあり、どんな意味で使われているかを調べてみました。たとえば、次のようなものがありました。

①一事が万事――ある一つのことを見れば、ほかのすべてのことも推察できるということ。

②一富士二鷹三茄子――

③三つ子の魂百まで――

ほかにも「九死に一生を得る」「二階から目薬」などの

予想より

（調べた本）「ことわざ小学生向け一覧」

ことわざのテーマを自分で選んで書きなさい。

学習困難状況への対応と予防の布石

失敗を嫌がる児童や作文が苦手な児童は間違えて書き終えてしまうと、

・間違って覚えてしまい、作文嫌いになる。
・「もうやらない」とパニックになる。

児童のつまずきを予想し、どこで教師が確認を入れ、失敗を少なくさせるかが重要である。

（田中悠貴）

2月

社会　むかしのものを調べよう

教材研究「実物を入手する」

何でもいい。まずは実物を準備する。地域の博物館でも役場でもいい。もしくは子供に聞いて、祖父母に協力してもらうのもいいだろう。

前勤務校では、地域から昔の物を集めて空き教室に博物館を作った。

これらを見せるだけでも子供たちは興味を持って学習に取り組む。

教科書のイラストから（1時間）

教科書や副読本には必ず昔と今の暮らしを比較したイラストが載っている。祖父母・父母、現在の世代が3枚載っている教科書もある。

それぞれの絵には「A、B」等の記号をつけておく。

> 2枚の絵を比べて、わかったこと、気付いたこと、思ったことをノートにできるだけたくさん箇条書きにしなさい。

「例えば「Aは～だけど、Bは～」「Aは～で、Bも～」等と書くのですよ」と例示を板書する。出そろったら発表させ、おかしいものを問う。使用方法、時代など、ちょっとした討論になる。

実物で使用方法を考える（1時間）

アイロンが手っ取り早い。現在との比較ができるからだ。

> これは何でしょう

自由に予想させる。意見が出尽くしたら、現在の物と比較させる。

> どうやって使うのでしょう。

子供たちは自由に予想する。アイロンは中に炭を入れて使うことを教える。実際にやってみてもいいだろう。子供たちは驚く。「より小さく、より軽く、よりかかる時間が短く」道具が変化していることを体験する。

> 未来のアイロンを予想しよう

ノートに自由に書かせて発表する。様々な機能が付いたものを書く。AI、IOT等にふれ、終了する。

調べ学習（発表込みで3時間）

> 1つ道具を決めて、昔・今・未来の使い方を1枚の紙にまとめなさい。

A4の1枚の紙に書かせる。昔の道具は、教科書・資料集・図書室の本、インターネットなどで調べられる。家の祖父母に聞いてもいいだろう。「未来」は自由に書かせる。2時間調べ学習、1時間書画カメラで映し、全員発表して授業を終わる。

（川原雅樹）

2月

算数　三角形の特徴をとらえる　仲間分け

本時では、三角形の辺の長さの相等に着目して三角形の特徴をとらえていくことがねらいである。そこで、二等辺三角形や正三角形を作ったり、仲間集めをしたり、調べたり、仲間分けしたり、説明したりする活動を通して、図形の見方・考え方を育てていくことが大切である。

ストローを使って、三角形をつくってみよう

１人に緑３本（12cm)、青３本（10cm)、オレンジ３本（8cm)、赤３本（6cm）の計 12 本のストローを用意して、三角形をつくらせる。

そして、右のような３つ（正三角形、二等辺三角形、三角形）を掲示して、仲間分けをさせる。

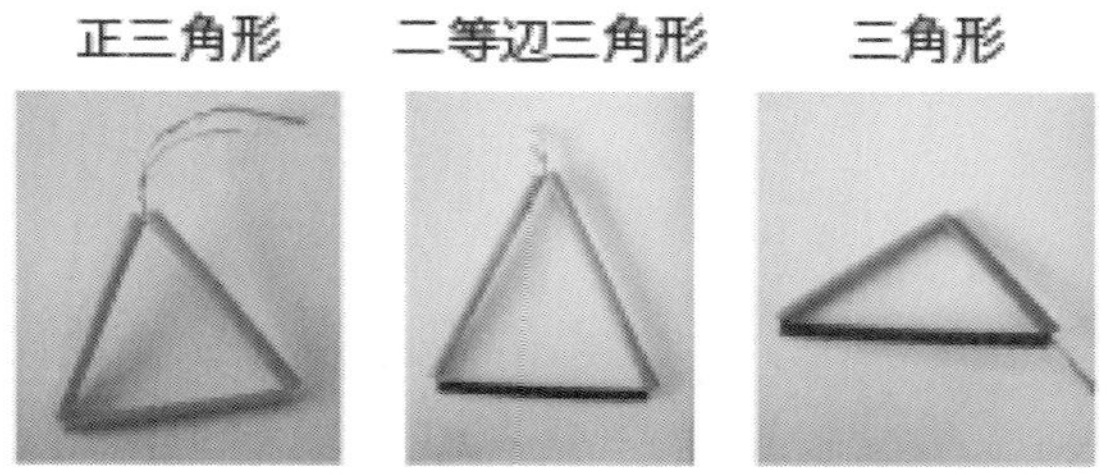

子どもと対話しながら三角形を仲間分けする

「みんさんが作った三角形を仲間分けします」

「どのように仲間分けしたか。説明します」

「オレンジ３本の三角形で仲間分けしました」

「緑２本、青１本の三角形で仲間分けしました」

「オレンジ１本、青１本、赤１本の三角形で仲間分けしました」

ストローを色分けしているので、仲間分けがしやすくなる。また、ストローの色の違いは辺の長さの違いであることに気づくことが出来る。

二等辺三角形と正三角形の定義

２つの辺の長さが
同じ三角形を
二《に》等《とう》辺《へん》三《さん》角《かく》形《けい》
といいます。

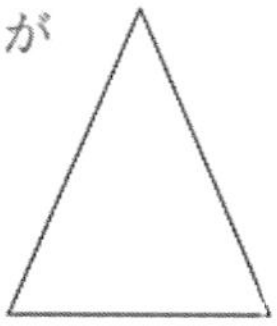

３つの辺の長さがみんな
同じ三角形を
正《せい》三《さん》角《かく》形《けい》
といいます。

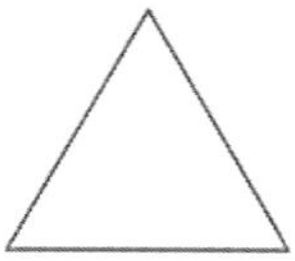

用語と定義を意識して，それぞれの三角形を作らせることで，用語と定義の確実な定着を図る。子ども達は仲間分けの話し合いすることで、三角形の定義について深い学びになった。

（細田公康）

2月

理科　磁石に付く物と付かない物

磁石を身の回りの物に近付けたときの様子を比較しながら調べ、磁石に引き付けられる物と引き付けられない物があることを捉えるようにする。

磁石に引き付けられる物調べ

（１）調べる物を用意する

磁石に引き付けられるかどうかを調べるために様々な物を用意する。形態が同じでも素材が違うものも用意するとよい。下の写真は、様々な素材の缶。左から、プラスチック、紙、スチール、アルミでできている。他にもコップやスプーン、定規など同じ種類でも素材の違うものを用意する。

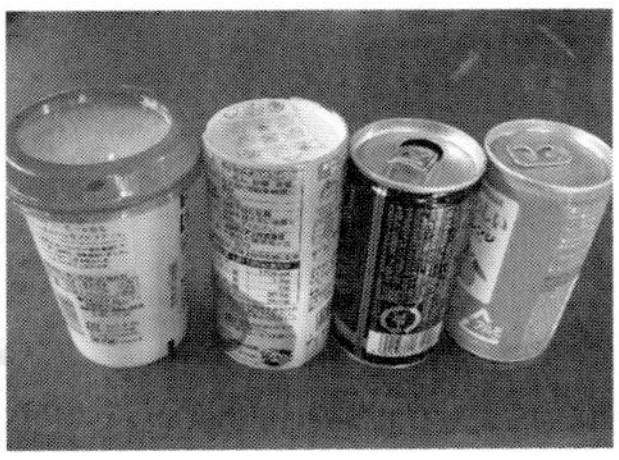

（２）予想させる

実験で確かめる物を、「磁石に引き付けられると思う物」と「磁石に引き付けられないと思う物」に分けさせて、理由も書かせる。グループで相談しながら予想させると対話的に進めることができる。

【予想される児童の考え】

①金属でできている物は磁石に引き付けられると思う。

②紙やプラスチックでできている物は磁石に引き付けられないと思う。

③色がぬってある物は金属でも磁石に引き付けられないと思う。

（３）実験で分類する

磁石に付く物と付かない物を確かめる実験を行って、仲間分けをする。

結果を基に、磁石に引き付けられる物は、どんな物かをグループで話し合って考えさせる。

【予想される児童の考え】

①「鉄」や「スチール」と書いてある物は磁石に引き付けられる。

②金属でも磁石に引き付けられない物がある。

お金は磁石に引き付けられるか

１円玉、10 円玉、50 円玉、100 円玉、500 円玉について磁石に引き付けられるか引き付けられないかを予想させ、理由も考えさせる。

予想を聞き、クラス全体の数を把握する。さらに、理由も発表させる。

【予想される児童の考え】

①銀色で軽いものはアルミだと思うので引き付けられない。

②100 円玉や 500 円玉は銀色で重い金属なので鉄みたいだから引き付けられると思う。

強力なネオジム磁石（100 円ショップで売っている）を使い、「１円玉はどうなるかな？」と、じらしてワクワクさせながら演示実験を行う。どれも引き付けられないことに子どもたちは驚く。

硬貨の実験の後、お札で実験を行う。お札を糸で釣って近づけると良い。お札の塗料に鉄が含まれているので、お札が磁石に引き付けられる様子が見られ驚く。大人でも答えに迷う問題なので「お家でも予想してもらってから実験して確かめてみてごらん」と家族を巻き込むこともできる。

（上木朋子）

2月

音楽　「アルルの女　ファランドール」反復と変化（鑑賞）

２つの旋律を覚える

組曲「アルルの女」中の「ファランドール」には２つの旋律が出てくる。

１つ目の旋律を教師がピアノで弾く。何度かハミングして、子ども達が口ずさめるようにする。

２つ目の旋律も、子ども達が口ずさめるようにする。

その後、１つ目の旋律が聴こえるところまで、ＣＤで曲を聴かせる。

Ｔ：旋律が聴こえたら、手を挙げます。
　旋律が聴こえたら、ハミングします。
　旋律が聴こえたら、立って動きます。

以上のような指示で、曲中の旋律に注目させていく。

どんな様子を表していると思いますか。絵や言葉でかいてみましょう。

Ｃ：堂々としている。
　行進している。

Ｔ：そうですね。「３人の王様」というテーマがついています。

同様に２つ目の旋律も、子どもがイメージしたことをかかせる。

Ｃ：忙しそう。
　激しいダンス。

Ｔ：そうですね。「馬のおどり」というテーマがついています。

「反復」と「変化」について考える

クラス全体を「３人の王様」チームと、「馬のおどり」チームに分ける。

自分の担当する旋律が聴こえてきたら、席から立って行進したり、ダンスをしたりする。

曲が進んでいくにつれて、動きはどのように変わっていきましたか。隣と相談します。

子Ａ：始めは「３人の王さまの行進」が聴こえました。

子Ｂ：次に「馬のおどり」が聴こえました。

子Ｃ：２つの旋律が一緒に聴こえました。

２つの旋律が繰り返し聴こえる音楽の仕組みを「反復」ということを教える。〔共通事項〕の「反復」を教えることは子どもたちの「ものさし」となる。

次回以降の鑑賞で、子ども達は「反復」という視点で曲を聴くことができる。

曲が進んでいくにつれて、「旋律」以外に変わったことはありませんか。

子Ｄ：音がだんだん大きくなりました。

子Ｅ：速さが速くなりました。

子Ｆ：演奏する楽器が増えていきました。

ＤやＥの発言は、もう一度ＣＤを聞き返すことで確かめられる。

曲に合わせて、指揮をするのもよい。「速さ」や「強弱」がわかる。

Ｆの発言を確かめるためには、曲を演奏しているオーケストラの映像を視聴するとよい。目で見ることで、楽器が分かり、楽器の「音色」もわかる。

「音色」「速さ」「強弱」も〔共通事項〕である。「ものさし」を与えると、共通の土俵ができるので、子ども達の話し合いが活発になる。

始めは「そうかな？」と疑問に思うことも、繰り返し聴くことで、感覚としてとらえられるようになる。

（川津知佳子）

2月

図画・工作　「黒い船にのって」で描くことの楽しさを

南の海で友達といっしょに思い切り遊ぶ自分を楽しく表現できるこの作品は、活動的な3年生にぴったり。また黒い船とその背景の色彩の対比が美しくどの子も満足できる作品が完成する。

準備物

・4つ切り画用紙・絵の具セット・クレパス・黒画用紙（8つ切り）・黒ペン・はさみ・綿棒・のり

描かせ方

①お話を聞く・波と太陽・月を描く

> ある日、あなたは黒いすてきな船を手に入れた。うれしくて早速名前をつけた。この船で友達と南の海へ行き、思いっきり遊ぶんだ。何をしようかな。海で泳いだり、釣りをしたり。楽しみだな！

朝・夕方・夜のどの場面にするか決めさせる。朝は黄・オレンジ・水色で、夕方はピンク・紫・水色で、夜は青・水色・緑のクレパスで波の線を描く。次に太陽（朝、夕方）月（夜）を描く。太陽の周りを別な色で囲んでもよい。月の周りは白で囲んでおく。綿棒で滑らかにしておく。

②海・空を塗る

　海は、朝の場合は青・黄・朱色、夕方は青・赤紫、夜は青・黄・緑の絵の具をジュースのように多量の水で薄く透明に溶いて刷毛でさーっと塗る（にじみ技法）。コツは決してこすらないこと。空は朝と夕方は赤・黄・朱色でにじみ技法を使って塗る。夜はにじみ技法ではなく月の周りから青・藍色・藍色と黒でグラデーションする。

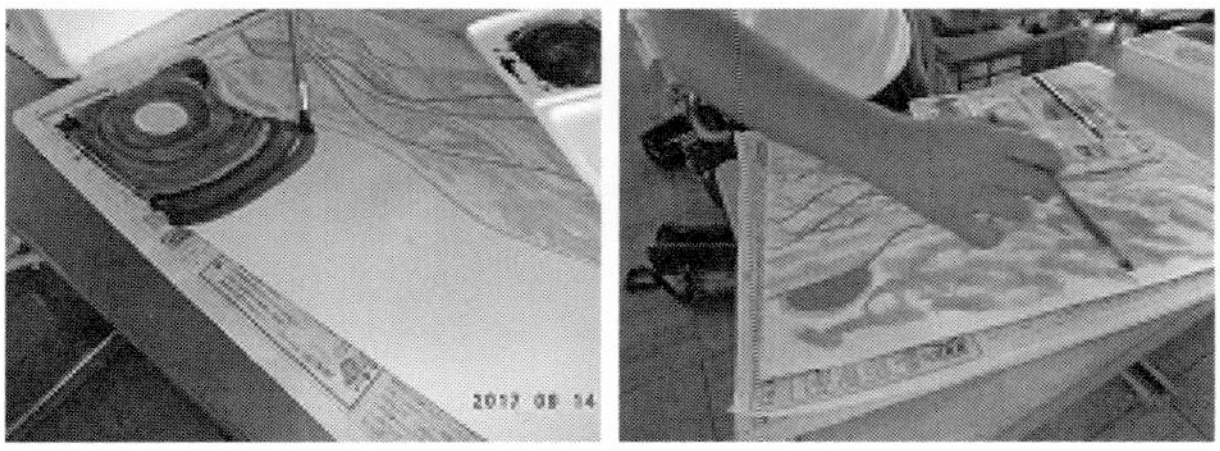

③黒船を描く・切って貼る

　黒画用紙に鉛筆で黒船を描く。船には舳先《へさき》と艫《とも》があることを教えて舳先から黒画用紙いっぱいに描かせる。描いたら切り取って置き方を考えて工夫し、一番いいところに貼らせる。

④黒船に模様を描く

　パレットの小部屋に白・赤・青・黄・緑などを出す。黒い船に色付けをするときは必ず白を混ぜ、ドロドロ気味で塗るようにさせる。

　まず、自分の船だという証明を入れさせる。〇〇号、□□丸など好きな名前を付けることで自分の船に愛着を持たせる。名前が描けたら好きな模様を描きこむが、塗りすぎると黒い船ではなくなってしまうので注意。

⑤人物・魚などを描いて塗る

　酒井式の人の描き方（頭・胴体・手・足・つなぐ）で描かせる。まず自分を描いて、友達を数人描く。楽しく遊んでいるところをペンで直接描きこんでいく。

　細い筆で線を意識して塗らせる。

⑥仕上げ

　船の下に影を薄く重ね塗りし、夜の絵に星を描き入れて完成。

（飯田尚子）

体育　コートとルールの工夫で女子も活躍するラインサッカー

学校でサッカーを習っている子や、運動の得意な子だけが活躍することが多くなってしまう場合がある。

そこで、コートを工夫し、役割分担を行うことで、運動の苦手な子や女子も男子に交じって活躍できるようにする。

単元の流れ

第1時　ボールけりゲームを行う。
第2時　パスの練習とゲームを行う。
第3時以降　グループ対抗のリーグ戦

授業の流れ

授業が始まるとすぐに、1人に1個ボールを持たせる。

> ドリブルしていってサッカーゴールにシュートしてきなさい。

以降、「鉄棒にタッチ」「登り棒を回って」など、ドリブルして戻ってくる運動を繰り返す。

早く戻ってきた子に、カラーコーンを用意させる。用意するコーンは、10個程度。コーンを運動場にバラバラに置かせる。全員を集める。

> ドリブルしていってコーンにボールを当てます。全部のコーンに当てたら先生のところへ来なさい。

各々好きな場所のコーンから当てていく。戻ってきた子から順にチーム分けをしていく。

30人学級ならば6チーム程度作る。その後ゲームを行う。

コートはカラーコーンで区切ってもよいし、ラインを書いてもよい。基本ルールは、以下である。

> ①ジャンケンをして勝ったチームが真ん中から始める。
> ②ラインを通せば点数が入る。
> ③ラインからボールを出したら、出した場所から相手チームのキックから始める。
> ④ゴールが決まったら、ゴールラインからキックして始める。
> ⑤手を使ってはいけない。

まずは、1回戦を行う。5分程度ゲームをさせて集合させる。

> ゲームをして困ったことを発表しなさい。

その時、「男子だけが活躍する」などの不満が出る。

その上で、コートを工夫し、さらにルールを加える。

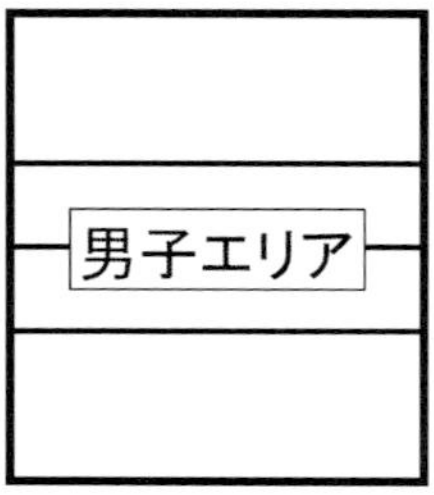

> ⑥男子は、男子エリアでしかゲームできない。
> ⑦女子の点数は5点。

その後、作戦タイムの時間をとり、ゲームを再開する。

以降は、ゲーム→作戦タイム→ゲームという流れで進める。作戦タイムの後、各自の練習の時間を取るようにしてもよい。

（岡城治）

2月

道徳　メディア・リテラシー

2月の道徳のポイント

3年生も2月になると、随分と大人びてくる。

特に、女の子の精神的な成長は、早い。欲しい物や話題の中心が、スマホということにもなる。

だからこそ、メディア・リテラシーを身につけさせたい。

小学校学習指導要領「特別の教科　道徳編」にも次のようにある。

> 社会の情報化が進展する中、児童は、学年が上がるにつれて、次第に情報機器を日常的に用いる環境の中に入っており、学校や児童の実態に応じた対応が学校教育の中で求められる。

3年生では、まだ、情報に関する学習は、早いのではないだろうかと考える方もおられるだろう。

しかし、情報機器の特性を知らないうちに使い始めるよりも、特性を知ってから使い始めたほうが、絶対に安心して使うことができる。

そして、無用なトラブルを未然に防ぐことができる。

興味を持ち始める時期に、トラブルが起こる前にこそ、このような授業をすることをおすすめする。

2月のオススメ資料

2月におすすめの資料は、『わたしたちの道徳』の「コンピュータやけい帯電話などをどのように使えばよいのでしょうか」である。

この資料では、コンピュータや携帯電話を使って起きそうなトラブルが三例紹介されている。

どれも、子供たちの身近でありそうなトラブルである。

授業も資料に書き込む形で考えることをおすすめする。

その上でもう一歩、考えを深めるための指示があると良い。

それは、

> 友達の意見で良かったものはどれですか。

である。

この指示を出すことで、トラブルへの対応で、より良い意見を自分たちの力で見つけることができる。

友達の対話の中で見つけた考えは、気持ちの伴った、経験記憶となり、トラブルの時でも役に立つ記憶となる。

答えのない道徳だからこそ、教師からの説教ではなく、積極的に対話を用いた授業を取り入れたい。

対話指導のポイント

2月にもなると、自分の考えは積極的に発表することができる。

そんなときにこそ、教えておきたいことがある。

> 話し合いは、上品に。

時として、話し合いはヒートアップし、感情が爆発することもある。

しかし、話し合いは、どこまで行っても上品であるべきである。

上品な言葉で、どこが話し合いの論点であるのかを常に教師が見てとる必要がある。

（大井隆夫）

英語 Unit9 3年生絵本 In the Autumn Forest

単元計画を工夫する

文部科学省の絵本『In the Autumn Forest』は、5時間計画となっている。3年生に授業を実施した際、1学期に2時間、3学期に1時間という計画で行った。児童用の絵本があれば、文字を指で追わせて読むこともできる。

さらに多くの表現に触れさせるため、3時間での単元計画で実施した。

第1時	絵本の読み聞かせ　単語：動物 表現：What's this? It's a rabbit. Do you want a rabbit? Yes, I do.
第2時	絵本の読み聞かせ　単語：動物 表現：A: Are you hungry?　B: Yes, I am. A: Do you want an onigiri? B: Yes, I do. A: Here you are. B: Thank you.
第3時	絵本の読み聞かせ 単語：big, small 表現： A: Which do you want, a big onigiri or a small onigiri? B: I want a big onigiri.

余った2時間で、地域の紹介や3年生のまとめを行う。

読み聞かせのあとに三構成法

絵本は「インプット」を増やしたり、リズムを楽しんだりするために使う。出てくる単語や表現を使って、状況設定、ダイアローグ練習、アクティビティを入れる。授業の流れの例を示す。

《第1時》絵本に出てくる動物を扱う。

1	読み聞かせ
2	単語練習　dog, cat, cow, horse, rabbit
3	状況設定・ダイアローグ練習 A: What's this? B: It's a cat.
4	アクティビティ　ジェスチャーあてっこ
5	つなげる A: What's this? B: It's a cat. A: Do you want a cat?　B: Yes, I do.

《第2時》絵本に出てくる表現を扱う。

1	読み聞かせ
2	単語練習　気分
3	状況設定・ダイアローグ練習 A: Are you hungry?　B; Yes, I am.
4	アクティビティ　気分あてっこ
5	つなげる A: Are you thirsty?　B; Yes, I am. A: Do you want tea? B: Yes, I do. /No, I don't.

《第3時》つなげる

1	読み聞かせ
2	単語練習　食べ物 , big, small
3	状況設定・ダイアローグ練習 A: Are you hungry?　B; Yes, I am. A: Do you want an onigiri? B: Yes, I do.
4	アクティビティ　ほしいものをあてよう
5	つなげる A: Are you hungry?　B; Yes, I am. A: Do you want a onigiri?　B: Yes, I do. A: Which do you want, a big onigiri or a small onigiri?　B: I want a big onigiri.

（小林智子）

2月

総合　地域の伝統を体験しよう

伝統的な「道具」を使う

七輪で火を起こしたり、何かを焼いて食べたりする。体験させるときには、

知恵や工夫

を考えたり、話し合ったりしたい。

例えば、「どうすれば、早く火が起こせるのか」である。昔の人たちは感覚的に分かっていたことが多い。「火は下から上へ燃え上がること」や「空気の通り道を作ること」で早く火が起こることを知らない子が多い。

火を起こすだけでも、天候や気温などの関係で数十分かかる場合がある。その苦労を体験するだけで、普段の生活がいかに便利か実感できる。

実感を伴った理解にするためにも、体験＋思考をさせたい。

他にも、「箱まくら」や「手押しいどポンプ」を使ってみる。これらは社会の「昔の道具」とリンクする。同時進行していくと無理・むら・無駄が省ける。

伝統的な「遊び」を体験する

地域の人に昔の様子を聞くとき、昔遊びについても聞いておく。「こま」や「メンコ」、「あやとり」など子どもたちは意外に経験が少ない。

また、地域に伝わる遊びを紹介してもらうとさらによい。

「鬼ごっこ」も昔から伝わる遊びである。鬼ごっこは誰が始めたかを私は知る人に出会ったことはない。しかし、誰かが始めたから今に続いているのである。昔の遊びは、自分たちの生活の中で使われていることに気づかせたい。

伝統的な「踊り」を体験する

私の学校では、毎年運動会で「音頭」を踊っている。地域に伝わる伝統的な踊りだ。私の勤める小学校の地域の伝統の中で最も親しみをもてるものだ。

子どもたちが、親しみをもっていることから始めるとよい。伝統は足元にあり、浸透している。だから、気づかないこともある。普段の学校生活の中でも伝統は脈々と受け継がれている場合がある。

運動会だけでなく、地域の老人ホームなどを利用してお年寄りの方と一緒に踊る活動もよい。

伝統的な○○

岡山は剣豪、宮本武蔵の生誕の地だ。地域に根差した「歴史」や「偉人」を扱うこともできる。

例えば、宮本武蔵生誕の地では、地域の人たちが作った「絵本」がある。その絵本には、石碑の数字マークと同じ絵が描かれている。石碑と同じ絵を見つける活動も熱中して取り組む。時間内にどれだけ探せるかゲームにすると子どもたちが探す順番を話したり、考えたりするので、対話的な活動にもなる。

いくつかは見つけるのが困難で、分からなくなってしまったものもあるようだ。そんなとき、地域の方々やお年寄りの方などに協力を願い出て、一緒に探す活動をすることもできる。

地域の教材も活用すれば、より深く学ぶことができる。

（山崎風）

3月

国語　「モチモチの木」クライマックスを指導する

教材解釈のポイントと指導計画

本教材は、

・登場人物
・クライマックス
・主人公の変容

これらを登場人物の行動や会話から捉えることがねらいである。

次のように指導計画を設定した。

> ①範読・音読
> ②登場人物の検討・主役の検討
> ③設定の確認・出来事（事件）分け
> ④出来事（事件）ごとに要約
> ⑤豆太は勇気のある子供かを検討する（クライマックスの検討）
> ⑥主題

授業の流れのアウトライン

豆太は勇気のある子供かを検討する。

次の発問をする。

> 豆太は「勇気のある子供」だと思いますか。自分の考えを書きなさい。

書いたことをもとに討論する。

文章を根拠に考えさせるためには、次の点を問題にする。

> 「勇気のある子供」とは誰が言った言葉ですか。

じさまが言った言葉だと文章を根拠に確定させる。

> 「勇気がある子供」とは、どんな子のことですか。

たくさんの意見が出るが、じさまの言葉から定義させると次のようになる。

山の神様のお祭りを1人で見ることができた子ども。

定義を確定させ、次の発問をする。

> 豆太は「山の神様のお祭り」を見ることができたのですか。

この発問から次の点が検討される。

・豆太は小屋へ入るとき、もう1つふしぎなものを見た。
・「モチモチの木に、灯がついている」

この場面では、豆太がそのように言っても「医者様」は「だども、あれは、」と否定する。

そこで、次の発問時に絵本を用意する。

> 絵本の挿絵です。豆太にしか見えなかった木はどれですか。

これは、向山洋一氏の発問である。

豆太の心象風景を表現している挿絵が、豆太の変化を表している。

今まで怖かったモチモチの木に「灯」がついて見えたということは、じさまの言う「勇気がある子ども」になった瞬間であり、ここが作品のクライマックスである。

学習困難状況への対応と予防の布石

発問や話し合い活動は音声だけで行われることが多く聞き逃す子が出てしまう。

・「同じ人」と手を挙げさせる。
・児童の答えを教師が復唱する。
・板書し整理する。

以上のような手立てを行い、全体を巻き込んでいく。

（田中悠貴）

3月

社会　地域の祭りを調べよう

体験を出させる（１時間）

始めに「地域のお祭り」の映像や写真を見せる。それだけで子供たちは口々に体験を話し始める。

上記は隣の学校の校区の義士祭。小学生が赤穂浪士の格好で町中を練り歩く。

御神輿の写真や屋台の写真等で身近なものでもいいだろう。

> 行ったことある人？

体験を発表させる。「他にどんなお祭りに行ったことがありますか？」と聞くと、更に話し始める。

> 行ったことのあるお祭り、知っているお祭りをノートに全部書きなさい。

席を離れて書いていいことにする。対話しながら、体験を思い出させる。次々と友達のノートを見て付け加えさせていく。

> 今書いたお祭りについて、知っていること、不思議なこと、調べてみたいことをノートに思いつくだけ箇条書きにしなさい。

黒板に次々書かせ、発表させる。これで学習課題ができあがる。

> どうやって調べますか？

「家の人に聞く」「インターネットで調べる」「祭りに関係する人に聞く」等、様々出るだろう。

あらかじめ、地域の祭りに関係している人に、話に来てもらうよう約束しておく。宮司さんだったり、役場の人だったり、祭りの実行委員長さんだったりする。あらかじめ教師が調べておくことが重要である。子供の書いた疑問をプリントにして、その人に事前に持って行くと、学習も深まる。地域の人も祭りが途絶えないよう、喜んで協力してくれるだろう。

事前に祭りにかける思いを教師が聞いておくことも重要なことである。

予想する・調べる（１時間）

子供が書いた疑問や調べたいことを一枚のプリントにして、予想できるところから次々書かせる。副読本等で調べてもいい。友達と話し合わせながらやると対話も生まれ、討論にもなるだろう。正しい答えを書く欄も作らせる。

話を聞く（１時間）

関係者に学校に来ていただき、実際に祭りについて話してもらう。疑問の答えや祭りに対する思いなどを話してもらうとよいだろう。

お祭りPR大作戦（２時間）

聞いたことをまとめてもいいのだが、実際に思いを聞いたので、そのお祭りを広める作戦を考え、作らせるのが楽しいだろう。ポスターでもいいし、動画でCMを作らせ、インターネットにあげてもいい。話をしに来てくれた人に見せて講評してもらうと喜ばれるだろう。

（川原雅樹）

3月

算数　「道問題」で問題を解いていく「型」を教える

本時における対話とは、教師が助走問題を出しながら問題を解く「型」を教えていくことである。

問題を解く型を教えてほめる

①ステップを踏んで教える。　②表現の「手本」を示す。　③力強くほめて自信をつける。

算数が苦手な子には「型」を教えることで、表現方法をしっかり教えたい。

型を教える「道問題」

【問題】　道にそって、13mごと木が植えてあります。１本目から８本目まで走ります。
何m走ることになりますか。

指示：「道に木が植えてある問題ですね。「道問題」とノートに書きなさい」

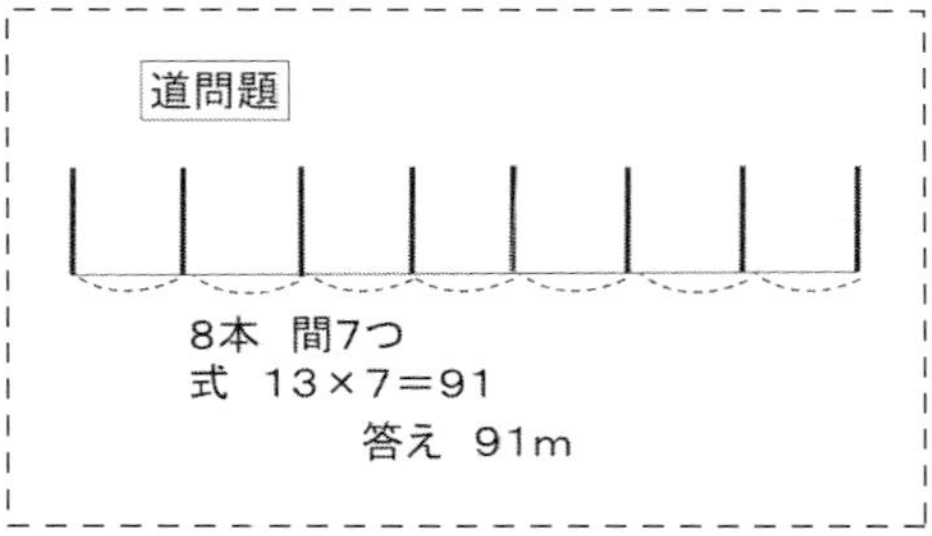

まず、「道問題」とノートの左上に書かせる。「木が８本並んでいます。間はいくつですか」と問いを出す。

「次、８本目まで走りますから、『８本』と書きなさい。次、その右側に『間』と書いて間はいくつありますか」

すると子どもは「７つ」と答える。「13mが７つ分。式と答えと筆算を書きなさい」

式　13×７＝91　　答え 91m

同じように、「10 本目まで走るので、10 本と書きなさい。間はいくつですか」と問題を出す。間の数は９つである。ここまでは同じような問題なので、子どもたちは簡単に答えられるようになる。

式　13×９＝117　　答え 117m

そして、問題に入る。「もうひとつやってみます。15 本目まで走るので、15 本と書きなさい。間はいくつですか」。ここまでくれば、簡単である。子どもは自力でノートに書きだす。

式　13×14＝182　　答え 182m

ここで原理を確認する（向山洋一の発問である）。

発問：「木の数と間の数との間にはどんな関係がありますか。言葉と式で書きなさい」

木の数－１＝間の数

原理まで踏み込む「表現」だ。そのためには、１問ではたりない。３問は必要だ。

助走問題を教えることで、子どもたちは、いつの間にか、問題を解く「型」を学んでいた。

引用文献：木村重夫『現代教育科学 2011 年１月号　「ステップを踏み、問題を解く「型」を教えてほめる』

（細田公康）

3月

理科　物の形と重さ

物の形や体積に着目して、重さを比較しながら調べる活動を通して、物は形が変わっても重さは変わらないことを捉えるようにする。

ねんどを使った重さ比べ

四角い形のねんどを提示し、次の発問をする。

> ねんどは、形が変わると重さも変わるのだろうか。

まず、どのような形にすると重さはどうなるか子どもに考えさせる。班ごとに話し合った予想を、黒板に書かせて共有する。

【予想される児童の考え】
①平べったくすると軽くなる。
②丸くすると重くなる。
③小さいねんどをいくつも作ると軽くなる。

各班に２つ、同じ体積の四角いねんどを渡す。片方の形はそのままで、もう一方は形を変えさせる。最初は、両方の手にねんどを持たせ、感覚で重さを測らせる。次にはかりを使って測らせ、結果を確認する。

精密な電子てんびんを使うとわずかに重さが変わることがある。てんびんや台はかり、キッチンスケール（ｇ単位の表示の電子はかり）を用いて実験するとよい。

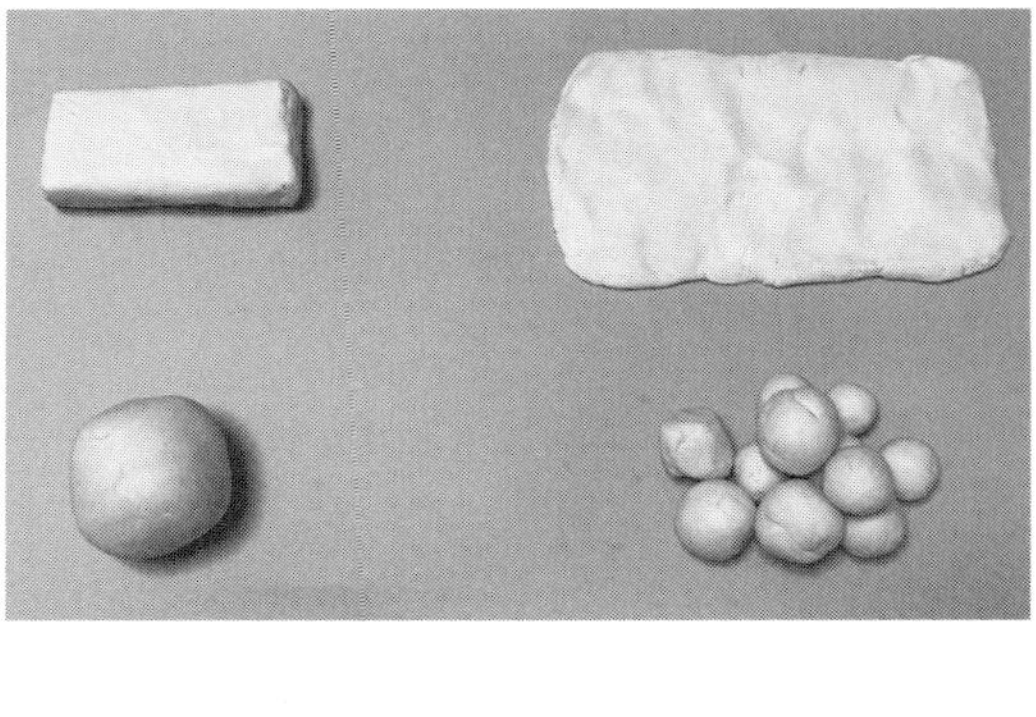

ねんど以外の物で比べる

> ねんど以外の物でも、形が変わっても重さは変わらないのだろうか。

使用したい材料とその形を黒板に書かせる。材料は身近で、簡単に手に入るものだけに限定する。

【予想される児童の考え】
①紙を丸めると重くなる。
②空き缶をつぶすと軽くなる。
③氷が水になると軽くなる。

黒板に出てきた意見を参考にして、実験したい材料を家から持参するように指示を出す。

実験の結果が出た班から順次、黒板に記入をさせ情報を共有する。自分たちが用意した材料で実験をすることで「どんな物も形を変えても重さは変わらない」ことが体験的にわかる。

（伊藤拓也）

音楽　「森の音楽」をつくろう（音楽づくり）

クラス全体で3つのパートを練習し、グループでの音楽づくりに進む

これまでの学習で、子どもたちは何度か合奏を経験している。

また、「旋律」と「伴奏」があり、「打楽器」が入るという形を理解している。　全体で３つのパート全てを練習した後、６人グループを作り、音楽づくりに進む。

音高や音の長さがわかる楽譜にはできなくても、グループ全体の音楽の流れがわかるような図を書かせる。

リコーダーの旋律は、教科書の４つのパターンから選ばせる。同じものを繰り返してもよいし、違うものを演奏してもよい。

クラス全体を２つのグループに分けて、「先」に演奏、「後」に演奏する追いかけっこを楽しむ。

伴奏は、リコーダーと同様に教科書の２つのパターンから選ばせる。オルガン、鉄琴、木琴などを用意し、子ども達に選択させる。

打楽器は、トライアングル、ウッドブロック等を用意し、子ども達に選択させる。

３つのパートを各２名、合計６名でグループを作る。

6人グループで音楽づくりをする

教科書の曲全体の流れの図を見せ、それぞれのグループで音楽つくりをすることを知らせる。

グループで音楽づくりをします。どの楽器がどこで演奏するか、相談しながら練習します。すぐに完成しなくても大丈夫です。いろいろ試しましょう。全体の図も書き直して構いません。１番すてきだなと思ったものを後で選びます。

子どもたちは相談しながら、音楽づくりを始める。

子A：私は木琴のパートをやってみたい。

子B：リコーダーが難しいので、リコーダーの人が吹ける速さでやってみよう。

子C：タタタタタタというリズムで、小川の様子を表してみたい。

教師は、相談しているグループを順番に回り、子どもから声がかかれば、相談にのる。

なかなか練習に入れないグループもあるが、あわてずに話し合う時間をたくさん確保してやるとよい。

何回か練習したら、中間発表会を開く。お互いの演奏を聞き合い、「よかったところ」を伝える。

子D：速さがみんなそろっていました。

子E：終わり方がかっこよかったです。

教師は、出た感想の価値づけや、グループでの協力のしかたを示す。

T：速さがそろっていたのは、出だしの合図をAさんがしていたからだね。

：途中でBさんがCさんに叩くところを教えていたね。

：他のグループの良かったところはまねしていいんだよ。

その後、再度グループ練習をする。

子F：さっき発表したグループは、トライアングルのリズムが次々変わったね。

子G：僕たちもまねしてみようか。

子H：私たちのリズムの方が音楽に合っていると思う。

子I：速さを途中で変えるのもいいね。

見ること、まねすること、相談することで工夫が生まれる。

（川津知佳子）

3月

図画・工作　国語で学習した「モチモチの木」を、自分で描く

3年生の国語教材に「モチモチの木」がある。モチモチの木に灯がともる場面は印象深い。

この場面を図工の時間に描かせる。

木の描かせ方

4つ切りサイズよりやや小さめの白画用紙を準備する。

満月を黄色のクレヨンでグリグリとぬる。次に、地面の線を、一直線にならないように、黄色で描く。

この絵のポイントは木である。

①わら半紙を敷く。画面から木がつきぬけるように描かせるため。

②紫、青、緑、こげ茶、朱など好きな色で木を描く。

③太い幹を描いた後、中くらいの枝を描き、小枝を描く（下写真）。

④月の上に重なるように、木の幹や枝を描く。すると、右下の写真のようになる。

なお、クレヨンで描いた後は、必ず綿棒でなでる。すると、クレヨンのザラザラ感がなくなり、美しくなる。

木が描けたら、左下の写真のように、月の色（この場合、黄色）で縁取りをする。

縁取りをすることで、夜空を絵の具でぬった時に、木が浮き上がるからである。なお、縁取りの時には、綿棒でなでない。

黄色のクレヨンは汚れやすいので、右写真のように、ティッシュで汚れをとる習慣を身につけさせる。

縁取りをすると、下写真のようになる。

次に、灯を描く。ピンク、水色、黄緑、橙色など明るい色で描く。大中小と大きさを変える、等間隔に並ばないように描かせる。

豆太をおんぶしたお医者さんは、下の絵のように、影絵風に描かせる。別の紙で練習させてから描かせるとうまいく。小屋も同じく、影絵風に描く。なお、窓の灯は橙色にすると、雰囲気がよくなる。

最後は、夜空を絵の具でぬる。

木の色が濃い場合には夜空の色は薄く、木の色が薄い場合には夜空の色は濃くすると、コントラストがついて、美しくなる。

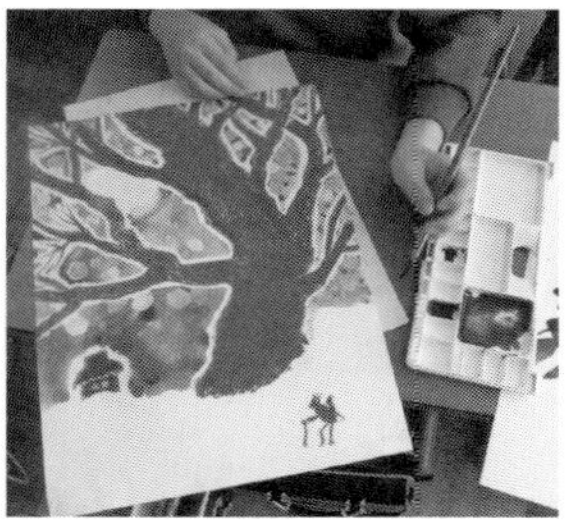

鑑賞会

絵を机上に置かせる。全員に付箋紙を10枚持たせ、級友の絵の好きな所を書かせ、絵に貼らせる。戻ると、付箋がたくさんある。どの子も喜ぶ。　（上木信弘）

3月

体育　着地点にフラフープを置くことで目標が明確になる幅跳び

幅跳びは、距離を測定するために時間がかかる。毎回距離を測定していては、運動量が落ちる。そこで、フラフープ等で跳んだ距離を可視化する。

そうすることで友達同士アドバイスしながら、楽しく効率的に取り組むことができる。

単元の流れ

第1時　3歩程度の助走での幅跳び
第2時　5歩程度の助走での幅跳び
第3時　グループでの幅跳び競争

授業の流れ

校庭に1～2m程の幅のラインを引いておき、「川跳び」をする。川跳びは、走り幅跳びの動きにつながる運動である。

> 川跳びをします。このラインの間に川が流れています。足を付けないように、こちらの岸から向こうの岸までジャンプします。

川の幅を広げることで、子どもの挑戦意欲を高める。

次に、短い助走（3歩程度）で幅跳びをする。

運動場で行う場合は、砂場で行う。体育館で行う場合は、マットを引いて着地をさせる。

> 助走して跳びます。片足で踏み切りなさい。

何度か練習させた後、片足で踏み切っているかどうかのテストをする。両足で踏み切っている子は、再度挑戦させる。

合格した子は、両足で着地する練習をさせておく。踏み切りのテストの後、同様に両足で着地しているかどうかもテストする。

次に、フラフープ（ケンステップなどでもよい）を置いて着地点の目標を作る。

> フラフープの中に両足で着地しなさい。

まずは、3歩程度の助走で、全員が確実に着地できる距離（1m程度）にフラフープを置いて練習させる。その後、1人ずつ跳ばせ、フラフープの中に両足で着地できるかどうかをテストする。

次に、いろいろな距離にフラフープを置く。

> いろいろな距離にフラフープが置いてあります。着地した時に、フラフープの中に両足が入っていたら合格です。合格したら、隣のフラフープに移ります。

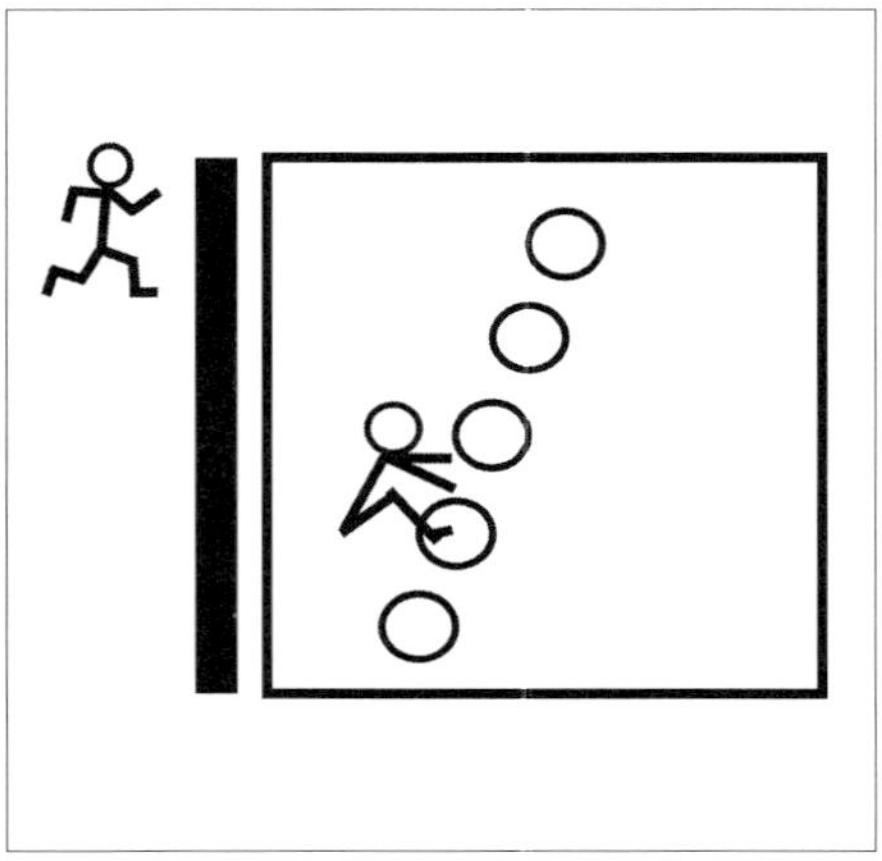

個人で行わせた後、グループでも行わせる。その場合、フラフープの距離によって、「1点」「2点」と点数をつけ、グループ対抗で点数を競わせるようにすると、グループ同士アドバイスをし合いながら練習を行うようになる。

（岡城治）

3月

道徳　郷土を愛する心を育てよう

3月の道徳のポイント

3月。ついに、3年生の学習も終了である。

そんな時にこそ、身につけさせたい学習は、「郷土を愛する心」である。

日本人が日本人であることを誇りに思い、自分たちの生まれ育った地域を愛する。

ごく当たり前の事であるが、それがなかなか指導されていないことが現状である。

小学校学習指導要領「特別の教科　道徳編」にも次のようにある。

> 郷土での様々な体験など積極的で主体的な関わりを通して、郷土を愛する心が育まれていくが、郷土から国へと親しみをもちながら視野を広げて、国や郷土を愛する心をもち、国や郷土をよりよくしていこうとする態度を育成することが大切である。

総合的な学習の時間や社会科の学習で、昔調べなどの学習と合わせて行うことにより、地元のゲストティーチャーを学校に招いて学ぶと、より深く学ぶことができる可能性がある。

様々な手法を用いて、ぜひとも子供たちに「郷土を愛する心」を育成して欲しい。

3月のオススメ資料

3月におすすめの資料は、『わたしたちの道徳』の「きょう土を愛する心をもって」である。

この資料では、ふるさととは何か、そして、自分自身のふるさとの好きなところを紹介するという内容になっている。

そこで、おすすめなのが、好きな場所を紹介するときにグーグルマップを使って、その場所を共有することである。

言葉で好きな場所を書いても、なかなかその場所の良さを、共有することはできない。

しかし、グーグルマップを使って、その場所を打ち込むと、風景を見ることによって、疑似体験をすることができるのである。

そうすることで、地元の素敵な場所を共有することができる。

また、「ふるさと」という言葉を入れて短歌をつくる学習が設定されている。

これを短冊に書くことにより、そのまま掲示物として活用することができる。

国語科で百人一首も紹介されている。

ぜひとも、あわせて取り組むことで学習の相乗効果を狙いたい。

対話指導のポイント

いよいよ3月。

子供達とのお別れの時期が近づいている。

そんな時に必要な対話指導は次である。

> 先生がいなくても成立するように、手放しの話し合いを目指す。

教師は、この時期になると、ほぼ手放しで良いはずである。

話し合いに教師が入るのをぐっと我慢しよう。

そうすることで、本当の対話する力が身につく。

（大井隆夫）

3月

英語　地域のことを発信しよう!

地域のよさを発信する単元を年に1度は設ける

絵本の単元を3時間にすることで、2時間の余剰時間が生み出せる。その2時間を使って、地域のよさを発信する単元を行う。外国の理解を深めるには、まず自分の国、地域のよさを理解することが大切である。

単元計画は以下の通りである。

	単語	表現
第1時	地域の名物、特産物	A: What do you like about Gunma? B: I like 上毛かるた .
第2時	動詞 play, eat, make,	A: 上毛かるた , what's that? B: This is 上毛かるた . We play 上毛かるた every winter. It's fun! A: Let's play 上毛かるた . B: OK!

第2時は、習った表現を使って、できるだけ長く会話をつなげていくのも良い。

地域の名物、特産物カードを自作する

平成 29 年8月に、小笠原小学校の4年生に授業を行った。曜日と I like~. を学習する授業であったが、授業後半で、単語を小笠原の特産物に変えたところ、曜日の時よりずっと盛り上がった。県のこと、市町村のことはもちろん、学区に関するものを盛り込むことで、より一層盛り上がる。写真を撮り、パワーポイント等に貼り付けて、カードを作成すると良い。

《かるたのつくり方》

①A4、縦置き、余白 11 ～ 12mmに設定し、ワードで3列 ×3行の表を作成する。縦長の表ができる。

②かるたにしたい画像を貼り付ける。必要に応じて文字を入れる。

③ラベルシールに印刷する。

④空気が入らないように気をつけながら、A4サイズの板目表紙に貼り付ける。

⑤切って、裏に番号を書くと戻しやすい。

ラミネートをするより早く、角を丸める必要もなく、丈夫である。

会話を長くつなげる

3年生の最後の単元では、これまで学習した表現を使って、なるべく長く会話をつなげるという時間を設ける。会話の例を示す。

A: What do you like about Gunma?
B: I like 上毛かるた .
A: Do you have 上毛かるた set?
B: Of course! I have two sets.
A: Which card do you like?
B: I like「つ」.「鶴舞う形の群馬県」card.
A: Me, too. I like「と」, too.
B: What do you like about Numata?
A: I like みそぱん . It's yummy.
Do you like みそぱん？
B: Yes, I do.
A: Do you want みそぱん？
B: No, I don't.

多少間違えていても良い。会話を続けられたことをほめる。

（小林智子）

3月

総合　地域の伝統文化を発信しよう

発信は写真俳句がオススメ

地域の伝統文化を発信するなら、

写真俳句

で決まりだ「地域の魅力を発信しよう」（169ページ）にも書いたが、今までに体験したことなどを写真と「五・七・五」で思いをのせる。

最初は書けない子がいる。近くの人と相談をさせる。できた俳句を参考にしてもよい。「どんなの書いた？」と対話をつくり、友達の俳句からも学べるようにする。支援を要する子は、先生と対話しながら書いてもよい。その際、「Aにする？Bにする？」と選択させる形で対話を進めるとよい。

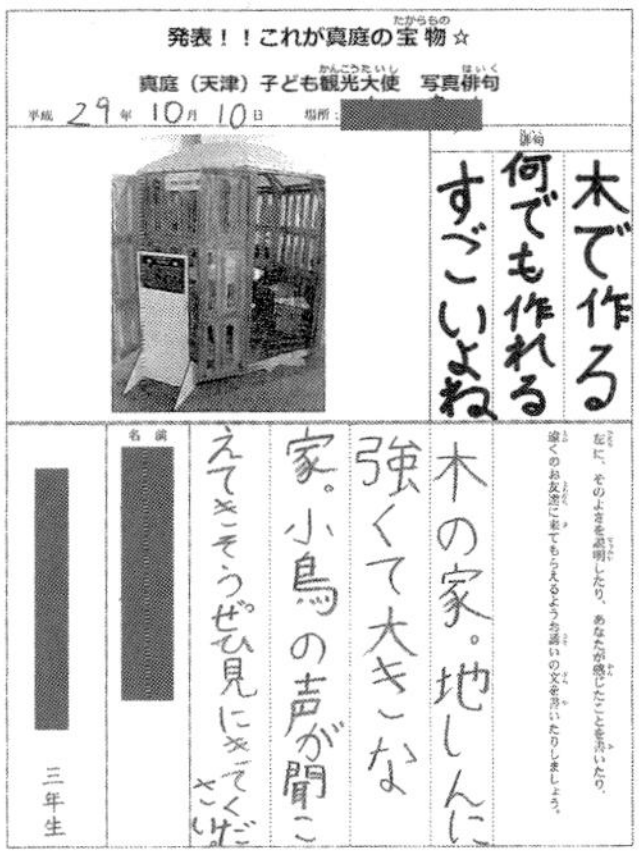

発表！！これが真庭の宝物《たからもの》☆

真庭（天津）子ども観光大使《かんこうたいし》　写真俳句《はいく》

平成 29 年 10 月 10 日　場所：[redacted]

俳句

木で作る　何でも作れる　すごいよね

木の家。地しんに強くて大きな家。小鳥の声が聞こえてきそうぜひ見にきてください

名前 [redacted]

三年生 [redacted]

誰が伝統を作るのか

わたしたちが発信し、そして発祥していく

ことが大切だ。伝統を守り、伝えていくことも大切である。それに付け加えて、自分たちが創っていく活動も必要だ。自分たちが伝統を作っていくのである。

例えば、

ご当地の遊びを考える

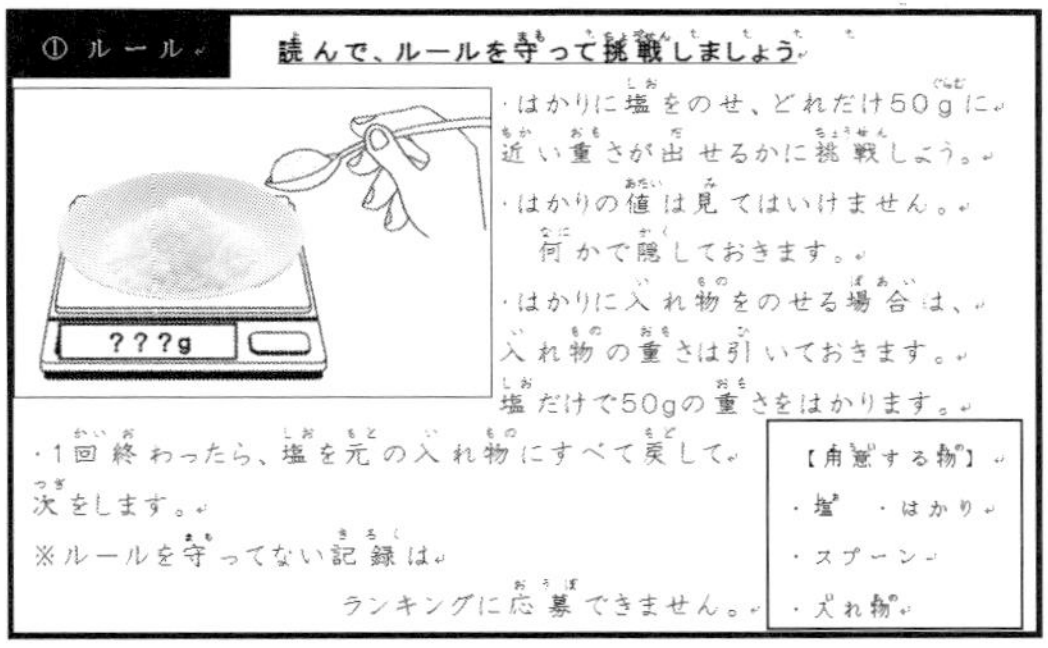

①ルール

読《よ》んで、ルールを守《まも》って挑戦《ちょうせん》しましょう

・はかりに塩《しお》をのせ、どれだけ50g《ぐらむ》に近《ちか》い重《おも》さが出《だ》せるかに挑戦《ちょうせん》しよう。

・はかりの値《あたい》は見《み》てはいけません。何《なに》かで隠《かく》しておきます。

・はかりに入《い》れ物《もの》をのせる場合《ばあい》は、入《い》れ物《もの》の重《おも》さは引《ひ》いておきます。塩《しお》だけで50gの重《おも》さをはかります。

・1回《かい》終《お》わったら、塩《しお》を元《もと》の入《い》れ物《もの》にすべて戻《もど》して次《つぎ》をします。

※ルールを守《まも》ってない記録《きろく》はランキングに応募《おうぼ》できません。

【用意する物】
・塩　・はかり
・スプーン
・入れ物

とよい。「豆つかみ」や「紙ちぎりのばし」などの遊びを少し変える。「米つかみ」や「和紙ちぎりのばし」などである。自分たちの地域に伝わる遊びや踊りの一部を取り入れながら作っていく。遊びに使う材料やルールを少し変える。そうするだけで、難易度やコツなども変わってくる。「どの学年でも取り組みやすい」と条件をつけると子どもたち同士で考え、対話的な学びにもなる。新しいものもほとんどのものが、過去のものを組み合わせて作っている。

さらに、パワーポイントなどを使って、ご当地の遊び作品集にしても面白い。地域の人と体験した遊びや踊りの写真を使ってまとめることもできる。

動画を使うこともできる。シナリオを1分程度で考え、撮影する。遊び方を動画に撮っておくと、誰もがすぐに分かり、取り組みやすくなる。他にも、オススメご当地遊びランキングなどとしてまとめることも可能である。

新しさを考え、発祥していく活動をすれば、子どもたちは主体的に話し合い、取り組んでいく。

（山崎風）

すぐコピーして使えるプリント集　国語三年

主語《しゅご》と述語《じゅつご》を対応《たいおう》させよう

名前

左の①〜⑩の文の中で、主語には○、述語には——を書こう。

例：わたしは　小学生です。　↓　（わたしは）　小学生です。

① ぼくは　九さいだ。

② あなたは　走る。

③ 魚が　泳ぐ。

④ 犬が　ごはんを　食べる。

⑤ 姉は　来年から　中学生だ。

⑥ まさし君が　音楽を　聞く。

⑦ 春の　さくらは　きれいだ。

⑧ この本の　ねだんは　とても　高い。

⑨ 今日は　晴れているので　あつい。

⑩ 母は　いつも　ぼくに　やさしい。

すぐコピーして使えるプリント集　国語二年

かくれている漢字《かんじ》をさがそう

という図《ず》には、みんなが知《し》っている漢字《かんじ》がたくさんかくれているよ！
できるだけたくさんさがし出《だ》して、左《ひだり》のマスに一《ひと》つずつ書《か》いていこう！

名前

答《こた》え方《かた》の例《れい》

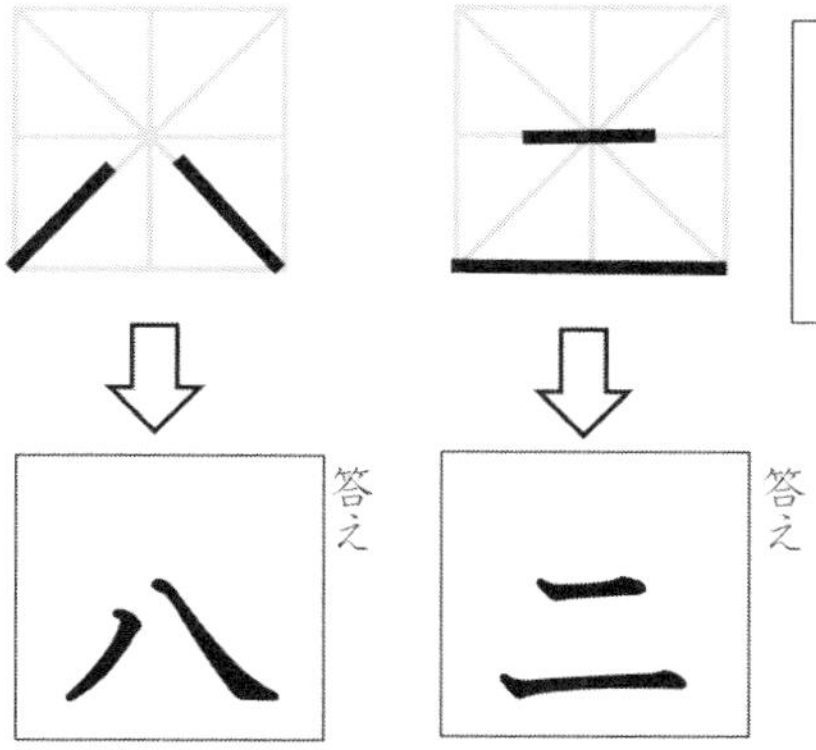

３年生　難問

1　道にそってはしからはしまで１８本の木を植えます。木と木の間はすべて６ｍです。道の長さは何ｍですか。

答え（　　　　　　　）

2　同じ大きさの荷物６０個を、トラックで１度に８個ずつ運びました。何回運べば運び終わりますか。

答え（　　　　　　　）

3　□の中に数字を入れて、次の計算を完成させましょう。
（数字は何回使ってもかまいません。）

```
    □□
 ×  □8
 ------
   4□□
  □□1
 ------
  □□□4
```

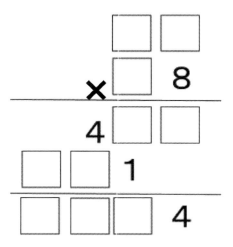

（　　）月（　　）日　名前（　　　　　　　　　　）

4　下の図に、正三角形はいくつあるでしょう。

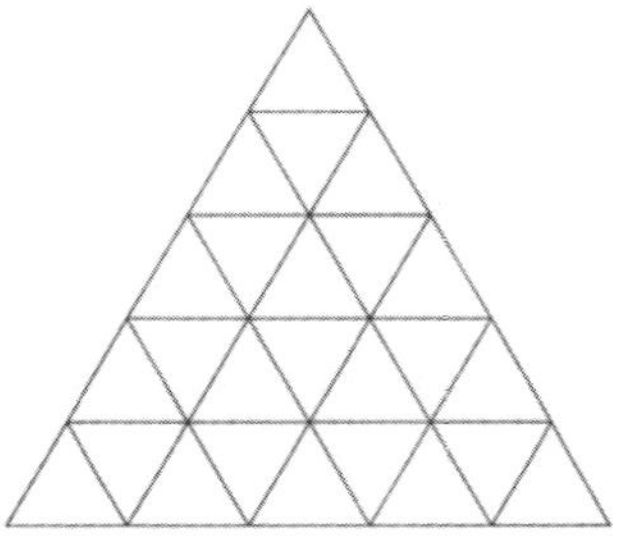

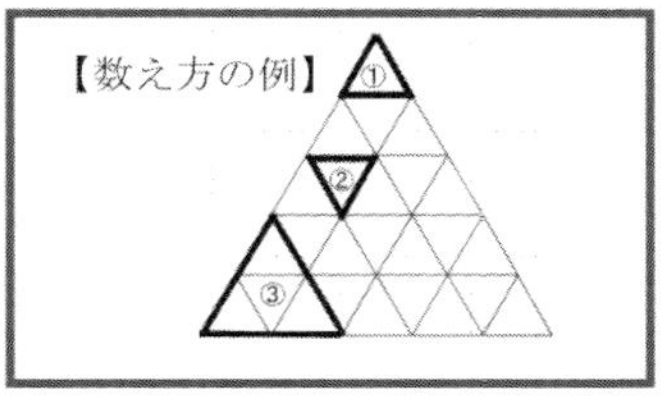

答え（　　　　　　　　）

5　１～９の数を１回ずつ使って、たて・よこ・ななめの数をたすといつも１５になるように、□に数を入れましょう。

			＝15
	5		＝15
			＝15
‖ 15	‖ 15	‖ 15	⟍ 15

答え

（　　　　　　　　）

1　18-1=17　17×6=102　答え１０２m

2　60÷8=7 あまり４　7+1＝8　答え　８回

3　
```
   53
×  78
  424
 371
 4134
```

4　
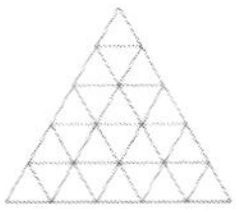
４８こ

5

4	9	2	＝15
3	5	7	＝15
8	1	6	＝15
‖ 15	‖ 15	‖ 15	⟍ 15

出典：TOSS メディア収録『難問・良問＝５題１問選択システム』

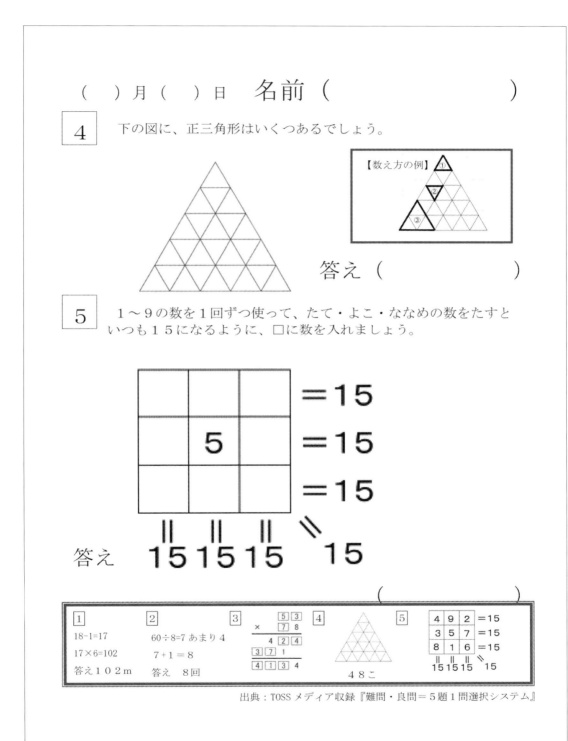

年　くみ　学きゅう会

名前（　　　　　　　　　　　）

話し合いたいこと：「　　　　　　の時、バスの中でみんなでするゲームについて」

りゆう「バスでよう人が出ないように、楽しくバスをもりあげたいから」

日時　「　　　　　　　　　　」（バスにのる時間　　　分間）

つぎの中から　みんなでやりたいゲームを　３つえらんで、ばんごうに　○をつけてください。

１　先生とじゃんけん
先生とじゃんけんします。

２　早口でん言ゲーム
前からじゅんばんに聞いた言葉を伝えていきます。
列ごとにします。さい後の人までいったら、さい後の人が手をあげます。

３　手のひらでん言ゲーム
列ごとにします。声を出してはいけません。前の人が後ろの人に手のひらに文字を書いてつたえます。さい後の人までいったら、さい後の人が手をあげます。

４　ロパクでん言ゲーム
声を出したらダメです。口の形だけで前の人が後ろの人に伝えます。さい後の人までいったら、さい後の人が手をあげます。

５　名前ならべかえゲーム
人の名前をバラバラにして言います。だれの名前を言っているかあてます。
こつかにちおえ　　　　　　おにつかちえこ

６　○びょうゲーム
３０びょうたったら「はい！」と言って手をあげます。一ばんちかい人がゆう勝です。

７　「あー」ゲーム
できるだけ長く「あー」と言います。「あー」と言いつづけている間は手をあげておきます。続かなくなったら手を下ろします。

８　かんたんなぞなぞ
図書かんなどにあるなぞなぞの本から問題を出します。

９　にがおえリレー

先生のかおをえがいてもらいます。（列の人数に合わせてかんせいするように、かおのパーツを言います。）
鼻　→　口　→　目　→　まゆ毛　→　右目　→　左目・・・

１０　ひらがなクイズ
ひらがなクイズをします。紙に書いてある文字が何をさしているかをあてます。

１１　漢字クイズ
漢字クイズをします。紙に書いてある文字が何をさしているかをあてます。

１２　あて字漢字クイズ
名前にてきとうな漢字をあてはめていきます。
れい：雨理科→アメリカ、火礼来酢→カレーライス

１３　イントロクイズ
音楽の教科書にのっている曲をラララで歌います。

曲名が分かったら、手をあげます。１年生や２年生のときに習ったことのある曲から出します。

１４　○クイズ
「○ん○ん」に当てはまる言葉を考えます。ただし、○の中に同じ文字を入れてはいけません。

たとえば、「けんけん」はだめです。

れい「かんたん」「てんけん」

１５　言葉さがしゲーム
「ん」のつく食べ物は何でしょう。　れい「パン」「みかん」

「き」のつく生き物は何でしょう。　れい「きんぎょ」「ごきぶり」

１６　何時につくでしょう？
何時につくか、よそうします。

えらんだりゆうを書いて、話し合いましょう。

※実際のバスレクのやり方は、TOSSランド（http://www.tos-land.net/）内の「バスレク１６連発！（大輪真理）」を参照（http://www.tos-land.net/teaching_plan/contents/20777）

地図記号　名前

1　次の地図記号の名前と、何の形からできたか書きましょう。

	地図記号	地図記号名	何の形からできたか
1			
2			
3			
4			
5			
6			
7	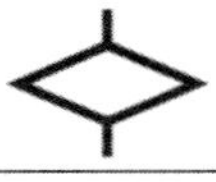		
8			

2　次の地図記号の名前と、何の文字からできたか、その理由も書きましょう。

	地図記号	地図記号名	文字名	理由
1	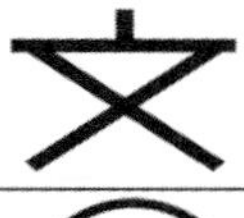			
2				

3　「温泉」の地図記号はどちらでしょう。正しい方に○をつけて、理由も書きましょう。

（　　　）（　　　）

理由	

4　　左は「小中学校」（小学校と中学校）の地図記号です。「高校」と「大学」の地図記号を予想して下に書きましょう。

高校	大学	書ける人は短大	国際空港を予想しよう	
			 （空港）	（国際空港）

5　次の地図記号は小学生が作った地図記号です。表を完成させましょう。

	地図記号	地図記号名	何の形から作ったか
1			
2			

6　地図記号は形と文字・○などの記号を組み合わせて作ります。新しい地図記号を下に作ってみましょう。

地図記号	（地図記号名）と理由	地図記号	（地図記号名）と理由
	（　　　　　　）		（　　　　　　）

＊＊

＜答え＞１番　①神社②煙突③図書館④工場⑤消防署⑥港⑦税務署⑧警察署　２番①学校、文、文部省の文　②郵便局、テ、逓信局（ていしんきょくのテ）　３番左。コンピュータで細かい曲線も書けるようになったため　４番：文を○で囲む、文の上に（大）、文の上に（短）、空港を○で囲む　５番①老人ホーム、老人のつえ　②風車、風車の形

昆虫の体とつくり

月《がつ》　　日《にち》（　　）

昆虫の体を調べよう

なまえ

★次の文を読んで、うすい文字をなぞりましょう。

昆虫の体は　頭・むね・はら　の３つの部分にわかれています。

頭からは、しょっかくが２本。

むねからは、足が６本・はねが４枚

はえています。

★次の昆虫の「むね」はどこですか？　赤鉛筆でぬりましょう。

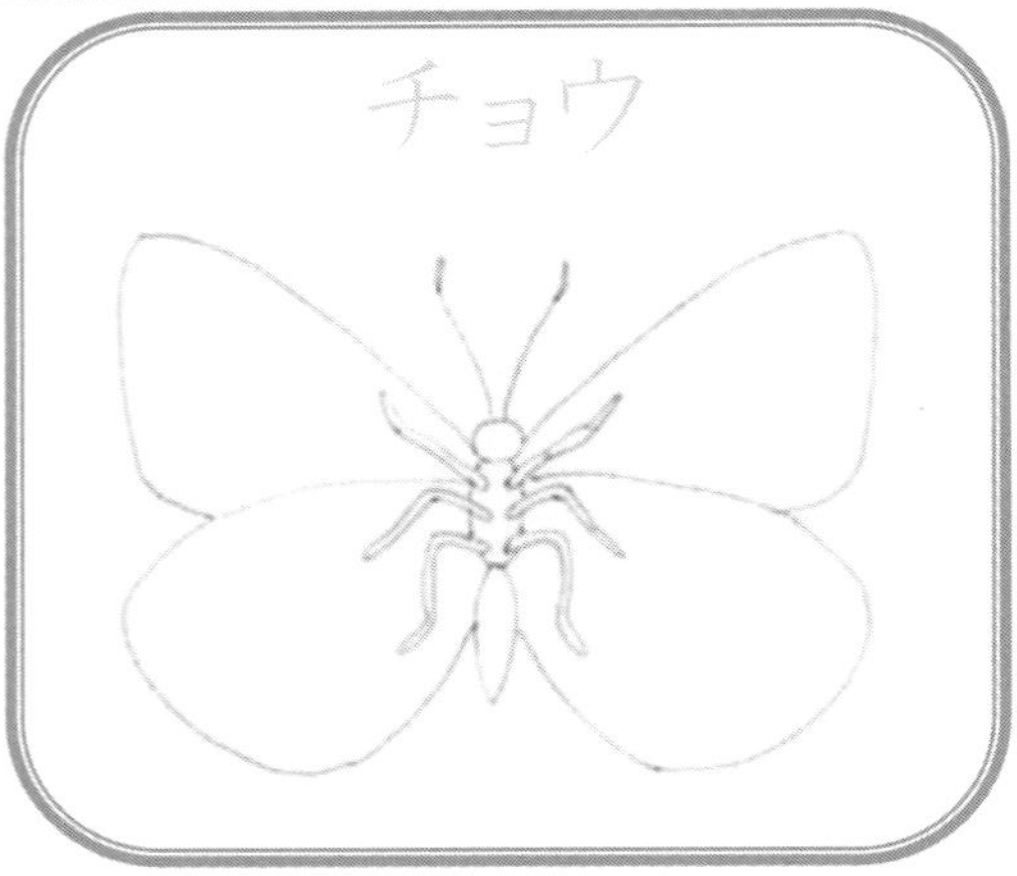

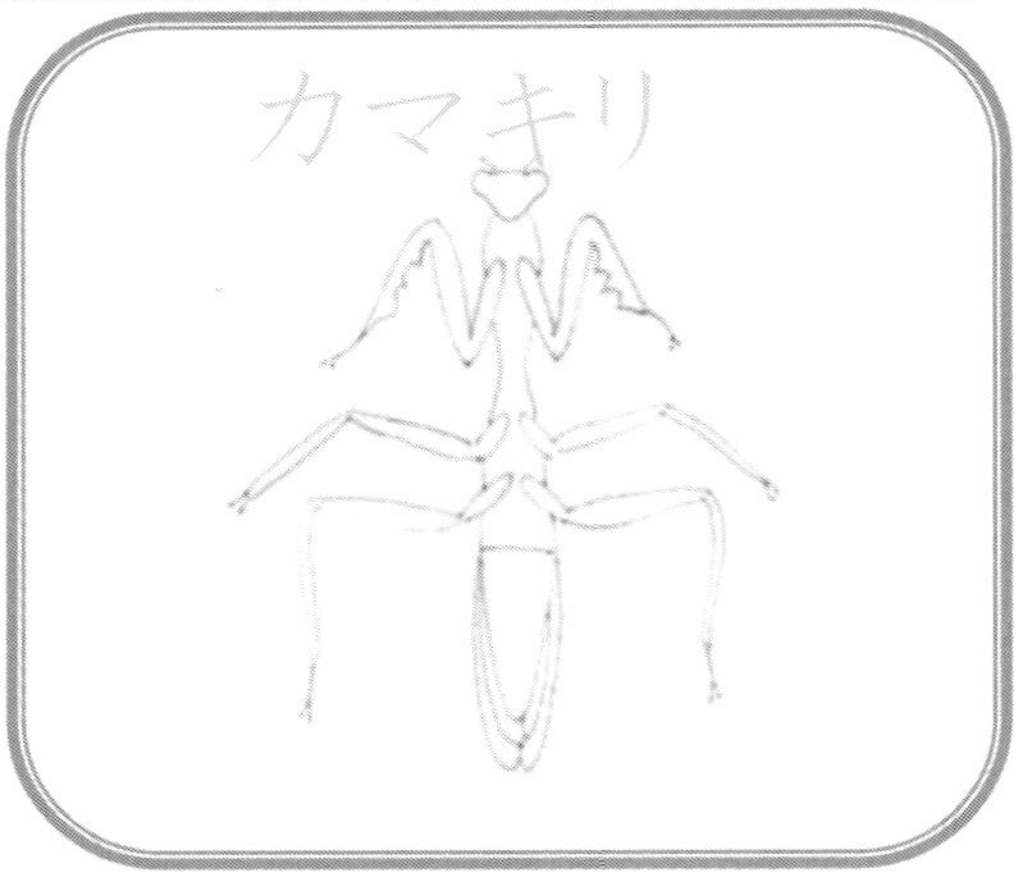

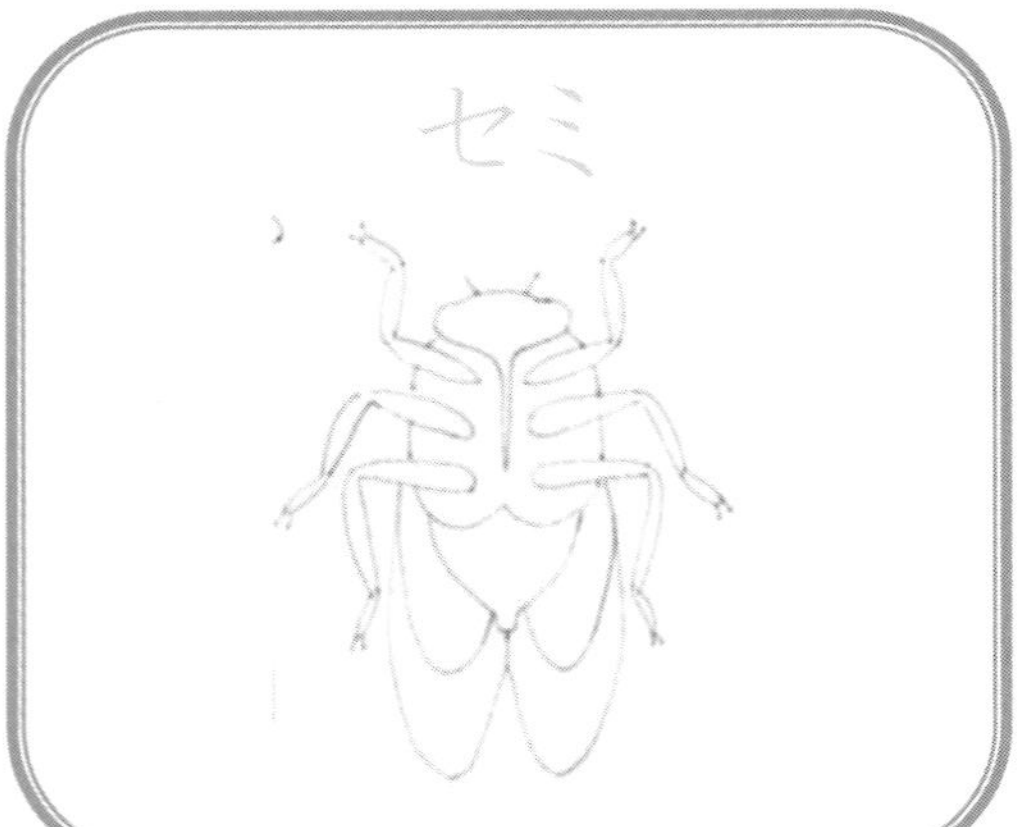

★カブトムシの「むね」はどこですか？　赤鉛筆でぬりましょう。

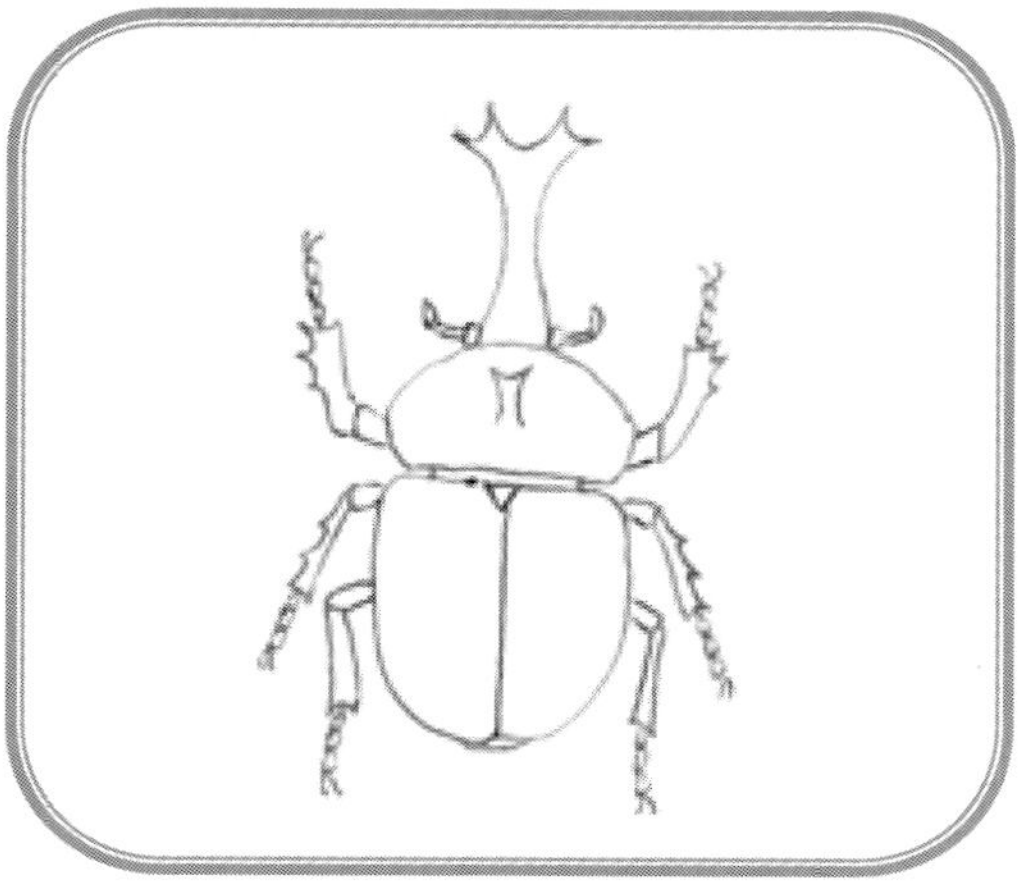

ヒント

☆カブトムシをうらがわから見ると、足の出ているところがよくわかるよ。

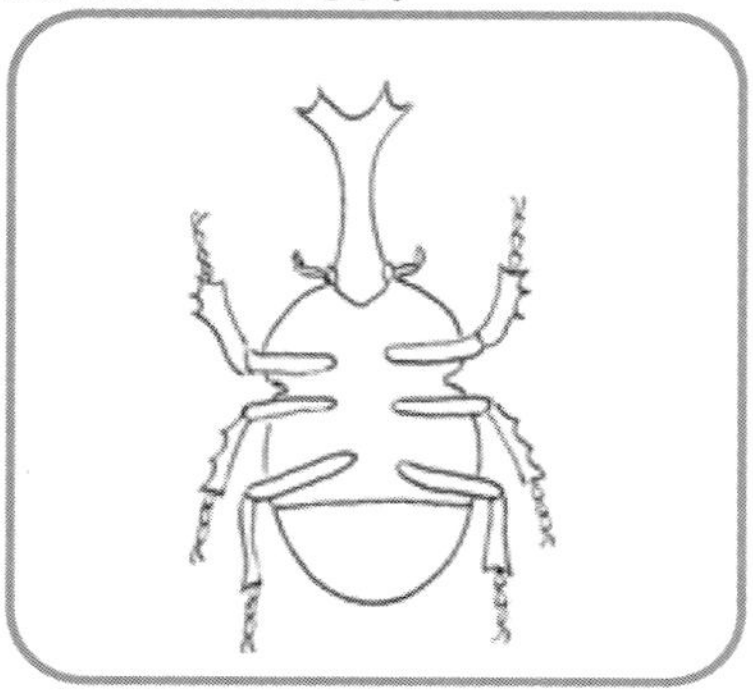

◆正しい体のつくりのチョウはどれですか？　その理由も書きましょう。

1

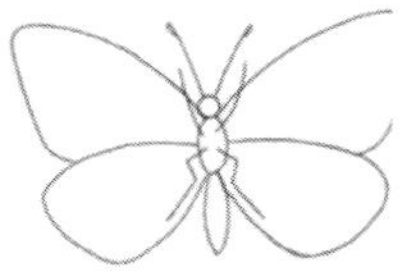

2

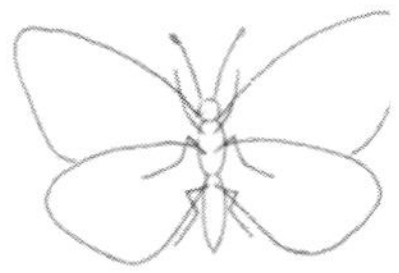

3

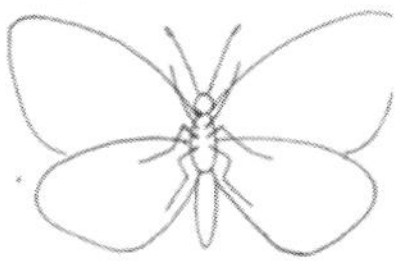

4

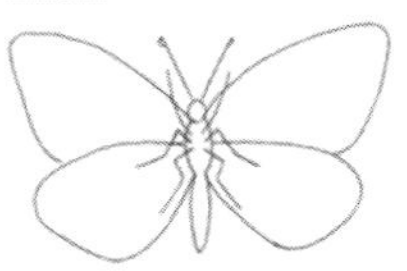

特別支援教育研修：特別支援が必要な子どもへのトラブル指導の原則

特別支援が必要な子どもがトラブルに関係することがよくあります。

その特性を理解した上で、トラブルへの指導を行うことが必要になります。次のような場面での対応を通して、トラブルへの対応を考えましょう。

場面1

こだわりの強い注意欠陥・多動症の子どもがトラブルを起こしました。
仲直りをさせるとき、その子と相手の言い分をしっかりと聞いているうちに、さらにお互いがヒートアップしました。

①何が問題だったのでしょうか。下に自分の考えを書きましょう。

②どうすれば良かったのでしょうか。下に自分の考えを書きましょう。

③トラブルへの対応の仕方をまとめます。下の四角に中に言葉を入れましょう。

1．［　　　］がある子どもから、話を聞く

①［　　　］声で話させる

②うんうんと［　　　］しながら聞く

③相手の子に口を挟ませない

2．相手の子どもから、話を聞く

3．自分のしたことに、［　　　］をつけさせる

4．［　　　］ことだけ謝らせる

5．［　　　］にどうすれば良いか、考えさせる。

特別支援教育研修：特別支援が必要な子どもへのトラブル指導の原則

こだわりの強い注意欠陥・多動症の子どもには、次のような特性がある場合が多いです。

ポイント：こだわりがある子は、話しているうちに余計ヒートアップしてくる

こだわりがある子は、あまり、長い時間をかけて言い分を聞いていると、余計にヒートアップしてくることがよくあります。また、興奮してくると、大きな声で言うようになってしまい、余計に興奮してきてしまうのです。そこで、トラブルの際には、次のような対応が有効です。

ポイント：特別支援が必要な子どもにも有効！「向山型けんか両成敗」

特別支援が必要な子どもへのトラブル指導は、「向山型けんか両成敗」が有効です。

まず、けんかを止める時には、力強い声で止めます。そして、けんかをやめた瞬間に力強く褒めるようにします。

仲裁をするときには、お互いを向かい合わせないようにします。向かい合わせると、相手が視界に入り、余計に逆上する可能性があります。

１．こだわりがある子どもから、話を聞く

話を聞く際には、先にこだわりがある子から話を聞きます。こだわりの強い子どもを後にすると、相手が説明をしている途中で「だってあいつが悪い事をしたからだ」などと口を挟むようになります。

①小さな声で話をさせる

話をさせる場合は、小さな声で話をさせます。そうすることで、興奮させないようにします。「説明だから先生と同じくらいの声で話してね」と声のボリュームの見本を見せます。

②うんうんと相づちしながら聞く

相づちをしながら、聞くことで「分かってもらえている」という気持ちになります。

③相手の子どもに口を挟ませない

相手の子どもに口を挟ませないようにしましょう。きちんと黙って聞いている姿を褒めます。そうすることで、聞き方のモデルをこだわりがある子どもに示します。

２．相手の子どもから、話を聞く

１と同じようにして、相手の子どもから話を聞きます。

３．自分のしたことに、点数をつけさせる

自分のしたことに、点数（１０点満点）をつけさせます。１０点だと全然悪くない、逆に０点だと全部自分が悪いということです。

こだわりがある子どもではない方から、点数を付けさせます。すると、多くの場合、１０点は付けません。「自分も悪いところがあったってことを反省しているんだね。えらい！」と褒めます。こだわりがある子から点数を付けさせると、１０点と言いかねません。褒める場面を見せることで、こだわりがある子も１０点ではない点数を付けるようになります。

４．悪かったことだけ謝らせる

自分が悪かったことだけを謝らせます。このときは、こだわりのある子から謝らせます。

５．次にどうすれば良いか、考えさせる

次に同じようなことがあった場合にどうすれば良いかを考えさせます。

1学期 新しい学習内容への意欲を具体的にほめる

準備

1学期初めに以下のものを準備しておく。

①各教科の年間計画
②各行事の年間計画
③所見記録用のノート（教務手帳でも可）

①は各教科において、どのような所見を書くか、見通しを持つために必要である。

②は各行事において、どのような所見を書くか、見通しを持つために必要である。

③は、2ページ見開きで書けるようにしておく。見開き左側のページに、児童の名前を横書きにして、上から順に並べて書く。児童名のハンコを押してもよい。記録は、児童名の横に1行で書いていく。できるだけ、通知表の所見に書く文の形で書くのが望ましい。このように記録していくと、どの児童の記録が多いか少ないかが一目でわかる。少ない子を意識して、所見を書くことが可能になる。また、通知表を書くときに、記録の文をそのまま書くことができる。

記録することは、教科や行事での児童の様子、普段の生活面での児童の様子である。

このほかにも、評価に活用するテストの範囲や技能教科の評価のポイントを決めておくとよい。学年の学級構成が単学級ではなく複数学級の場合、学年内で打ち合わせしておくとよい。後ほどになり、評価漏れやズレが生じなくなる。

各教科の所見

3年生は、新しく社会科と理科が始まる。見学や実験・観察といった活動場面を書くことができる。また、発達段階からいって、グループでの学習活動が多くなる。グループ内での活動場面を書くこともできる。さらに、1学期は、学習に対する意欲や、話の聞き方・話し方、ノートの丁寧な書き方、学習の準備・片付けといった学習規律について指導することも多い。そのような学習規律がよい児童をほめて書くこともできる。

ちなみに、学年はじめは、国語や算数の実態調査を行っておくとよい。漢字や計算の習熟具合を確認しておく。2年生までの漢字、たし算・引き算の筆算、九九の習熟具合を確認する。習熟具合が低い児童への手立てを用意するとともに、その子の変化を記録していく見通しを持つことができる。そして、その変化の記録は2学期以降の所見に生かすこともできる。

以下、各教科の文例を示す。

【国語】

・教科書を両手でしっかりと持ち、背筋を伸ばして、読んでいました。隣の人に読む声が聞こえるぐらいはっきりと音読できました。

・漢字を練習する際には、筆順を声に出し、しっかりと指書きをして練習することができました。

【算数】

・算数の授業では積極的に手をあげ、発表したり説明したりする場面が多く、活躍していました。

・難しい問題に出会った時も「算数、面白いです！」と前向きに取り組む様子が見られました。

【社会】

・学校の周りの様子を地図に表すために、学区探検を行いました。方位磁針を上手に使い、方位を確かめながら歩くことができました。

・地図記号の成り立ちに興味を持ち、自分でも調べてきていました。さらにオリジナルの地図記号を考えることができました。

【理科】

・ひまわりの種の観察では、大きさを定規で測ったり、触った感じも確かめたりしながら、観察シートに記入することができました。
・日かげと日なたの地面の温かさの違いについて、手で感じることだけでなく、温度計を用いて調べることができました。

【音楽】
・音楽の時間では、口の開け方や発声の仕方に気を付けて、きれいな歌声をみんなに聞かせてくれました。
・はじめてのリコーダーの学習では、タンギングに気を付けながら、一音をきれいに吹くように練習していました。

【図工】
・水彩画の学習では、水を足すことで色が明るく薄くなっていくことに気付き、色に変化をつけて描くことができました。

【体育】
・水泳の学習では、手足をしっかりと伸ばし、伏し浮き・毛伸びをすることができました。

【グループ活動】
・グループでは班長として話し合いを進めたり、率先して活動を行ったりしていました。

【学習への意欲】
・どの学習でも積極的に手を挙げて発言するなど意欲的に取り組む姿がとてもよかったです。
・書くことに時間がかかっても、最後までしっかりと書こうとする姿勢がとてもすばらしいです。

【学習規律】
・ノートを書く際も丁寧に最後まで書く場面が見られ、書くことを粗末にしないのがよかったです。
・様々な発表場面での話し方や目線の向け方などみんなのお手本になっています。

行事の所見

1学期の行事として、運動会が行われる学校もある。

3年生となり、集合・整列など低学年の手本となり行動することもある。また、リレー選手や応援団として活躍する児童もいる。

以下、運動会を中心とした行事の文例を示す。

【運動会】
・選抜リレー選手として、休み時間もバトンの受け渡しの練習に励んでいました。
・応援団として、応援の振りやセリフをしっかりと覚え率先して応援を盛り上げていました。
・運動会の練習では、集合・整列などを素早く静かに行い、低学年のお手本となるようにしていました。

生活面の所見

1学期は、学級のスタートにあたり、あいさつや返事、言葉遣いといった指導をすることが多い。そのような場面を見とり、よい児童をほめて書くことができる。また、当番活動への真面目な取り組みについても書くことができる。

以下、生活面の文例を示す。

【あいさつ・返事・言葉遣い】
・だれに対しても進んで、明るく気持ちのよいあいさつができており、みんなのお手本となっていました。
・だれに対しても丁寧な言葉遣いで話しかけ、やさしく接することができていました。

【当番活動】
・そうじ当番で、○○くんの方から「他にも仕事はありませんか？」と積極的に質問したり、進んで動いたりしている様子に頼もしさを感じました。
・給食当番で、準備が始まるとすぐ手洗いを済ませ、すばやく配膳室の食器やおかずを取りに行くことができるようにしていました。

（黒滝誠人）

2学期　身についたことやその子の特長を具体的にほめる

各教科の所見

2学期は、様々な学習活動に慣れてきている時期である。それぞれの子どもたちの得意なところ・苦手なところも見えてくる。また、1学期から指導を続けてきている学習規律等について、身についているところはぜひ所見に書きたいところである。

またさらに、子どもたちの中には、自分で学習する力が付いてきている子もいる。

例えば、漢字練習の仕方。指書き・なぞり書き・写し書きなど自分で練習できる子もいるはずである。また、辞書を使っての意味調べにも慣れ、速く辞書を引く子も出てくる。算数では、発展的な内容に取り組む子もいると思われる。社会では資料から多くの情報を読み取ることができるようになっている子、見学で進んで質問する子もいる子もいると思われる。理科では観察にも慣れ、色・形・大きさなど自分から調べて描く子も増えているはずである。植物図鑑や昆虫図鑑に興味をもち、草花や虫の名前をたくさん覚える子も出たりする。こういった子どもたちのよさを所見に書く。

また3年生になり、初めて行う学習についても書くことができる。

例えば、書写の学習。毛筆にも取り組んで慣れてくるころである。音楽の学習では、リコーダーで演奏できる曲も増えてきているころである。

以下、各教科の文例を示す。

【国語】

・毎日の漢字練習を、指書き・なぞり書き・写し書きの手順を守りながら、丁寧に練習していてとてもよいです。

・1学期から続けている辞書引きがとても早くなってきました。わずかな時間で、いくつもの言葉の意味を調べることができました。

・書写の毛筆では、筆の入りや止めの部分が上手になり、筆の扱いに慣れてきている様子が見られました。

【算数】

・計算練習を誰よりも早く終えて丸をもらい、計算が苦手な子のために、黒板に答えを書いていました。

・やり終えた問題を、しっかりと教科書にチェックしながら学習を進めていました。また、さらに練習するために教科書の巻末にある発展問題に挑戦していました。

【社会】

・スーパーマーケットの店内の様子を表した絵をみて、わかったこと・気づいたこと・思ったことをノートに箇条書きにたくさん書くことができました。

・食品をつくる工場見学を通して、安心安全・清潔に気を付けて商品を生産していることに気付くことができました。またどのような願いを持ち働いているのか、工場の人に質問することができました。

【理科】

・ひまわりの観察にも慣れ、進んで葉っぱの形をよく見て描いたり、枚数を数えたりし、成長の様子を記録することができていました。

・昆虫の学習を終えた後、さらに昆虫について興味を持ち、図鑑をもって外に探しに行く姿が見られました。また、多くの昆虫の名前も覚えました。

【音楽】

・音楽のリコーダーでは、1音1音を大事に吹き、きれいに演奏することができました。また、指使いにも慣れ、演奏できる曲が増えてきました。

【図工】

・ハッピー小物入れ作りではパステルカラーを上手に使い、明るくきれいな作品作りができました。

【体育】

・鉄棒ではきれいな逆上がりをクラスの子に見せてくれました。また、跳び箱の台上前転でも手の付き方、頭の付け方などに気を付け、みんなのお手本となっていました。

・キックベースでは、守る人の少ないところをねらってボールを蹴り、チームに得点を加えるなど、活躍していました。

・キックベースでは、守る人の少ないところをねらってボールを蹴り、チームに得点を加えるなど、活躍していました。

【学習への意欲】

・1学期に比べ、積極的に手を挙げ、発言する場面が増えました。間違いを恐れずに自分の考えを発表できるのはとてもすばらしいことです。

【学習規律】

・以前に比べ、字が丁寧になり、ノートもきれいに書くことができるようになりました。とてもよいと感じました。

行事の所見

2学期の行事として、運動会や音楽発表会・学習発表会が行われる学校が多い。練習を重ね、児童それぞれが自分の役割を果たそうと努力を積み重ねたり、3年生として、みんなと力を合わせるという意識も高くなっていたりするはずである。このような努力の積み重ねやみんなと力を合わせることを意識した取り組みを、所見に書くこともできる。

以下、音楽発表会・学習発表会を中心とした行事の文例を示す（運動会については1学期の所見を参考）。

【音楽発表会・学習発表会】

・音楽発表会では、○○の楽器の担当として、休み時間も練習し、本番に臨みました。みんなと一緒に力を合わせ、素晴らしい演奏ができました。

生活面の所見

2学期は、係活動（会社活動という場合もある）が活発になり、子どもたち同士でイベントを開催することも考えられる。新聞係がたくさんの新聞を発行する、お笑い係がお笑いライブを開催する、将棋係がトーナメント大会を開催するなど、子どもたちの自主的な活動、工夫した活動を所見に書くことができる。また、学級会も自分たちで進められるようになり、学級委員長をはじめとした学級委員の活躍についても書くことができる。

また1学期に比べ、子どもたちの1人1人の長所も短所も見えてくる頃かと思われる。よいところは褒め、頑張ってほしいところは、よりよくなるところとして所見に書き、3学期へ意欲を持たせたい。

以下、生活面の文例を示す。

【係活動（会社活動）】

・クラスのみんなに、ぬり絵を楽しんでもらおうとぬり絵コンクールを企画してくれました。賞状などを手づくりで作成し、みんなを喜ばせました。

【学級委員】

・学級委員長として、学級会の進行を上手につとめました。意見のまとめ方や、話合いのポイント整理などを進んで行うことができました。

・副学級委員長として、学級会の進め方など、学級委員長のサポートをしました。

【長所】

・明るく前向きに取り組む姿勢と、誰にでもやさしく接する○○さんの様子は、学級にとてもよい雰囲気をつくってくれています。

・1分間スピーチではクラスの人のよいところをたくさん発表しました。人のよいところに目を向けることができるのは、とてもすばらしいです。

【短所】

・丁寧に書くことに気を付けることで、○○さんの力はさらに伸びます。励ましながら支援をしていきます。

（黒滝誠人）

3学期　成長したところや変化したところを具体的にほめる

各教科の所見

３学期は、４月からの積み重ねで変化したことを書くとよい。「漢字テストで１００点を取ることができた」「苦手な計算ができるようになった」といったようなことである。また、今までの指導が積み重なってこそ充実する討論や評論文などについての所見を書くこともできる。社会科や理科でのノートまとめについての所見を書くこともできる。

また、４月から指導してきたグループでの学習活動場面内の変化、学習に対する意欲や、話の聞き方・話し方、ノートの丁寧な書き方、学習の準備・片付けといった学習規律についての変化なども書くことができる。

以下、各教科の文例を示す。

【国語】

・漢字を覚えることを苦手としていましたが、しっかりと指書きを行い、ミニテストに出される漢字を事前に練習することをくり返しました。そして学期末のテストでは１００点をとることができました。

・説明文の学習では、答えの段落がどこになるかについてクラスの仲間と討論し、自分の主張をしっかりと話すことができました。

【算数】

・あまりのある割り算を苦手としていましたが、九九表を使いながらあきらめずに取り組むことで、スムーズに答えを出せるようになりました。

【社会】

・古い道具について、どのように使うのか、今で言ったら何の道具にあたるのか、資料館で調べたことや教科書に載っていることを参考にし、ノート見開きにきれいにまとめることができました。

【理科】

・磁石の性質や働きについて、実験したことや教科書に載っていることを参考にしながら、ノート見開きに分かりやすくまとめることができました。

【音楽】

・リコーダーを使った合奏ができていました。友だちの演奏を聞きながら，音がきれいに重なるように吹くことができました。

【図工】

・玉転がしゲームでは、板に丁寧に色を塗ることができました。また、くぎが曲がらないように気を付けて、かなづちを使うことができました。

【体育】

・毎日縄跳びの練習に励み、縄跳びカード使った検定では、１級を達成することができました。

【グループ活動】

・学年当初は、自分の意見をうまく伝えられず、グループ活動でも遠慮している場面が見られましたが、今では、しっかりと自分の意見を伝えることができる場面が多くなりました。

【学習への意欲】

・さまざまな場面で、積極的に手を挙げて発表する場面が増え、頼もしい様子が見られました。

【学習規律】

・学習では、丁寧に書くことだけでなく、徐々にスピードを意識して取り組んでいる様子が見られました。

行事の所見

3学期の行事として、多くの学校で6年生を送る会・卒業生を送る会がある。そこでの活躍について書くことができる。代表でお礼を伝える、発表会の司会や進行を行う、歌や演奏、踊りなどで活躍するなど考えられる。これらのことを所見に書くことができる。

以下、6年生を送る会を中心とした行事の文例を示す。

【6年生を送る会・卒業生を送る会】

・6年生を送る会では、ダンス代表を決めるオーディションに挑戦し、代表の一員となりました。本番では、学年全体を引っ張っていく見事なダンスを披露しました。

生活面の所見

3学期は、4月から指導してきた児童1人1人の生活面の変化について書くとよい。中学年として、学級全体の事や学年全体の事を考えて行動しているところなどを取り上げたい。そして4年生に向けての期待を書くことをお勧めする。

以下、生活面の文例を示す。

【生活面の変化】

・学年始めで、整理整頓を苦手としている様子が見られましたが、持ち物を少なくすることやファイル等を活用することで上手にできるようになりました。

【学級全体や学年全体の事を考えての行動】

・みんなが楽しめるように、お楽しみ会の企画を率先して行い、プログラムの作成や、司会進行などを務めました。

・クラスの代表として学年の代表委員会に参加し、3年生として学校のために出来ることを話し合い、学級のみんなに伝えていました。

要録の準備

3学期は、学年末を控え、学習のまとめや行事の準備等に忙しくなる。したがって要録に関しては、できるだけ冬休みのうちに準備することをおすすめする。

以下のものを準備する。

①1・2学期までの記録・所見
②要録での評価・評定の仕方

①は、要録に記載すべきその子の特記事項を見つけるために必要だ。また振り返ることで所見に書くべきその子の特徴が見えてくる。

②は、学校によって決まっているところがある。事前に確認しておくことで後ほど指摘されることを防ぐことができる。

要録の所見

1年間を通してのその子の成長や、配慮すべきこと、またそれに対してどのような指導を積み重ねてきたのかを記入する。

以下、要録への文例を示す。

・どの学習でも意欲的に挙手し、発言していた。国語の討論では、賛成・反対など自分の立場をはっきりさせながら、意見を述べていた。

・クラスのみんなが楽しめるイベント活動を企画し運営していた。ポスターづくりや賞状づくりに励んでいた。

・自分の考えを多く持つ一方、発表する際、思いや考えがまとまらずに発表してしまうことがあった。そのため、短くまとめて話す例を示した。そのことで、まとめて話すことが徐々にできていた。

・あまりのある割り算やかけ算の筆算を苦手としていたので、九九表を持たせたり、個別に指導したりした。練習を重ねることで徐々にできるようになった。

・自分の考えや感想を書く場面では、時間がかかり進まない様子が見られた。書く内容を限定して、1問1答で答えたことを書かせることで、進めることができた。

（黒滝誠人）

クラス遊び・特別支援の必要な子対応

Q1　クラス遊びがうまく組織できません。休み時間、子ども達はけんかをして戻ってきます。その対応に追われて授業の始まりも遅くなってしまいます。また、だれとも遊ばずに1人ぼっちで過ごす子、なかなか外に行きたがらない子もいます。

まずはクラスにいるやんちゃ君を支配下に置こう。そして、遊びの輪に入れない子が仲間に入れるような仕組みを作ろう。そのための宣言だ。

「先生が遊び会社を作ります」

「遊び会社」に入りたいという子がいたら、ボールの準備やドッジボールの場所取りの手伝いをさせよう。遊び会社を立ち上げたのだから、先生自ら軌道に乗るまでは、休み時間になったら一緒に遊ぼう。「今日の昼休みはドッジボールをします。やりたい人は来てください」と誘うのだ。当たっても痛くないように柔らかいボールを使う。筆者が使っているのは以下のボールだ。

「モルテン・ライトドッジボール 軽量1号球」

まずは、運動量の確保のため、同様のボールを2個用意する。「ボールは2個使うから、当たってもニコニコしなくてはならない。ニコニコドッジボールだよ」。もめることのないように、迷わずにすむようなルールを決める。次のようにユーモアを交えて、趣意説明をして納得させよう。

「ドッジボールは危険から身を守るための訓練する遊びです。顔面も、かすりもみんなアウト。もし石が飛んできたら、当たらないように逃げるでしょう。顔面セーフって逃げなかったら、顔面にガーンって当たっちゃうよ」

ルール例
・当たってもにこにこ、怒らない。
・線から出て投げた時は相手ボール。
・後ろ向きの人や転んでしまった人を当てる時は、思いっきり投げないでやさしく当てる。
・当てた、当たっていないの言い合いになったらじゃんけん。
・ボールは取った人が投げる。強い人に譲らない。
・いつも投げている人がボールを譲るのはあり。
・取り合いになったら、すぐじゃんけん。

子ども達の実態に応じて、ルールを工夫する

これができるのは先生だけ。ドッジボールの強さではやんちゃ君に負けてしまう先生も大丈夫。アイデアでやんちゃ君の上に君臨するからだ。
①ハンデあり、男女対抗戦。
先生は女の子チームに入る。しかし、3年生とはいえ、男の子が強い。男の子ばかりがいつも勝ってしまったら、これだ。

「男はつらいよドッジボール　パート1」

男の子が勝つと男の子のコートがだんだん狭くなっていく。その分、女の子のコートは広くなる。

「男はつらいよドッジボール　パート2」

「女の子は利き手で投げていいが、男の子は利き手と反対の手で投げなくてはいけない」

このあたりでやっと女の子のチームも勝利を味わうことができるが、毎回ではつまらない。

「男はつらいよドッジボール　パート3」

男の子は1回当たると外野に出るが、女の子は2回当たって外野に出る。「女の子の命が2個」という言い方をしてもよい。このくらいでいい勝負だ。
②はないちもんめドッジボール

男の子1人(2人でもよい)と女の子1人(2人)を交代する。

「交代しよう。そうしよう。○ちゃんがほしい」というように相談して交代するメンバーを名指しするのだ。一番強い子同士の交代になるが男の子で一番強い子が女の子チームに入ると力の差はぐっとなくなる。いい勝負になる。次にやる時、一度選んだ子は除くというルールを作ってもよい。

③男女が入り混じったグループ対抗戦

「お隣と仲良しドッジボール」

お隣の男女2人組が同じチームになる。お隣が当たって外野に出てしまったとき、内野にいるお隣が敵の球をダイレクトで取ったら、当たったお隣が内野に戻れるのだ。またラッキールールとしてお隣の二人とも外野に出てしまった時、1人が敵を当てたら2人とも内野に戻れるというのもいい。隣りの2人組がとっても仲良しになるドッジだ。なかなか勝負がつかないのがおもしろい。

女子のドッジボール力を上げるのはこれだ。

④目だまドッジボール（監獄ドッジと同じ）

グループ対抗戦で行う。横と正面の三方向の外野は3人（2人でもよい）固定する。コートの外側に目の形を書いておく。当たったら、その目の形に入る。体育館でこのドッジボールをやるときは

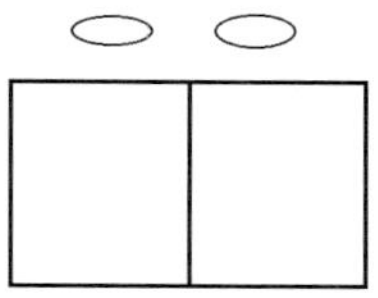

マットを2枚敷いて当たったらマットに座ることにする。名前は「おざぶとんドッジボール」。3年生は名前を変えるだけでも楽しんでくれる。

> 当たった人が内野に戻るには
> ・敵の球を男の子がダイレクトで取ったら目の中にいる女の子が全員戻る。
> ・敵の球を女の子がダイレクトで取ったら目の中にいる男の子が全員戻る。

女の子が男の子の声援を受けて頑張るしかないドッジボールだ。味方の女の子がキャッチするとヒーローになる。それでもドッジボールの苦手な女の子は苦手のまま、やりたくないという気持ちは消えない。そんな時はこれだ。

⑤苦手ドッジボール

「ドッジボールが苦手な人だけ来てください」

ボールは1個、外野はいつも1人だけ。つまり、当たったら、外野に出て、今いる外野はタッチ交替で内野に入る。苦手な子が投げたり捕ったりする練習のためのドッジだ。

苦手ドッジをやっていた子ども達が自分たちで工夫したドッジボールもある。

⑥苦手アメリカンドッジボール

コートはなく真ん中の線があるだけ。2チームに分かれる。ボールを持っている子は相手に向かって投げなくてはならない。相手はかまえてボールを取らなくてはならない。当たったら相手チームに入る。誰もいなくなったら勝負は終了。

苦手ドッジボールに得意な子がどうしても入りたいという場合は、利き手ではない方で投げなくてはならないというルールを付け加えるとよい。

クラス遊びを組織できれば、クラスは安泰だ。

> Q2　いじめの相談をされました。いじめていた子は発達に問題があるお子さんでした。友達とうまくかかわれずに、ちょっかいを出すことが多いので他の子も困っていました。

①人との距離の取り方を教える。

相手の反応が面白くて、ちょっかいを出しては嫌がられてしまう。相手の気持ちがわからないのだから、「これはしてもいい」「これはしてはいけない」と1つ1つ教えていこう。

距離感については次のように話そう。

・ギュッと抱きしめたり、触ったりできるのは家族。友達とはしない。どうしても学校でしたくなったら相手は先生（「先生がくすぐりっこしてあげよう」のように言うと納得する）。

・友達にしていいのは用事があるときに「ねえねえ」と肩を触ること。授業で先生の言った通りのことをする時は手をつないだり、肩を組んだりし

てもよい。

②その子と触れ合う時間、話す時間を意図的に作る。

　話しやすいのは給食の時間だ。クラスの実態にもよるが、ほかの子ども達から苦情が多かった場合、しばらく「先生班になってもらいます」と宣言しよう。先生班なのだから、先生の机に一番近い席にする。そして、給食を食べるのは「先生と2人」だ。食べながらその子の家庭の状況もそれとなく聞き出そう。楽しく話すことができてきたら、何が好きなのか、将来何になりたいのかなども聞き出そう。

話題例は次の通り。
・どんなテレビを見ているの。
・どんなゲームをしているの。
・何時ごろに寝ているの。
・朝ご飯はパン派、ご飯派。
・夕ご飯は誰と食べているの。
・お母さんはどんなお料理が得意なの。
・学校から帰ったら何しているの。
・誰とお風呂に入っているの。
・1人で寝ているの、誰と寝ているの。
・大きくなったら、何になりたいの。

例1　J君はADHDタイプのお子さんだった

　赤鉛筆指導がうまくいかなかった。「そういうのは卑怯なこと」と受け付けない。でも完璧主義。自分が間違えると機嫌が悪くなり文句を言いだす。他の子がけんかしていると止めに入り相手を攻撃して新たなけんかを始めた。ちょっかいを出してけんかになることも多くトラブルが続いた。教室の後ろの席になると周りの様子が目に入り「○○がまだ本を読んでいる」と注意をしては相手をうるさがらせた。思ったことをすぐに口に出して、隣の席の子がノイローゼ気味になってしまった。「J君は先生班です」と宣言した。

　給食を食べながらいろいろ聞き出した。J君の家の様子、心の中の思いを聞き出すことができた。

　J君は自分を「日本人ではない、ハーフ人」と言った。肌の色が黒いことをほかの学年の子に「きたない」と言われ、怒っていた。「日本人は大嫌い」と。J君の怒り、反抗的な態度の原因はここだった。給食中だが、私は叫んだ。

　「J君にそんなひどいことを言うやつは誰だ！先生が絶対に許さない」と。J君の顔が少しほっとした。「職員の打ち合わせで全校のみんながJ君に悪口を言わないように話す」と約束し、実行した。J君の家の様子も分かった。父親は外国人で、J君とあまり関わっていない。J君はテレビドラマの「相棒」が大好きで、将来警察官になって、捜査第一課になることが夢のようだ。そこで、次のように話した。

　「警察官になって悪い人をやっつけるためには体を鍛えなくてはならない。そのために毎日休み時間に外に出て運動しよう。まずは先生とキャッチボールの特訓をしよう」と。J君はすごく喜んだ。お父さんとキャッチボールをしたことがないのだ。私との特訓が始まった。J君がキャッチしやすいボールを投げて、J君に投げさせた。嬉しくてたまらないという顔をしていた。「一緒にやりたい」という子も入れてキャッチボールの特訓を続けた。ボールの扱いがうまくなったら他の子とのドッジボールに入った。友達と遊べるようになるとトラブルは減っていった。授業中も落ち着き、こちらの指導が入るようになった。J君の友達関係も徐々によくなっていった。

Q3　自分の思い通りにならないと暴力をしてしまう子に振り回されています。授業が中断され、騒がしくなっています。学級崩壊が心配です。

　大変なお子さんがいた時は1人で抱えないことが大事。すぐに特別支援コーディネーターに相談しよう。次にどんな時に怒って暴力をふるうのか記録する。未然に防げるものは防ぐ。それでも暴れて授業が中断されるときには応援の職員を頼み、別室で落ち着くまで見てもらえるようにする。

信頼関係ができるように、その子と話したり、過ごしたりする時間を作ろう。

　Kさんはアスペルガータイプのお子さんだった。同じ係の子のお腹をパンチして泣かしてしまった時、話を聞いた。

「同じ生き物係なのに、カエルの世話をしない」「カエルがかわいそう」→「世話をしない△が悪い」ということだった。そこで、Kさんの大好きなカエル探しを一緒にすることにした。毎日、中休みにカエルを捕まえ水槽に入れ、昨日のカエルと取り換えた。Kさんと話をする中で気が付いたことがあった。母親との関係があまり良くないのだ。そこで、家庭と学校をつなぐがんばりカードを作った。

日付	（A4程度の大きさのちょっと硬めの紙を半分に折る。表には目標が書いてある）　学校から	シール	お母さんから	シール
	漢字テストで間違えて少し怒りましたが、直すことができました。ノートを配る手伝いを進んでしてくれて助かりました。		一緒に餃子を作りました。上手に包みました。	
	モンシロチョウの卵探しの名人です。集中して探しました。体育のゲームで負けて少し怒りましたが、気を取り直しました。		洗濯ものをたたむ手伝いをしてくれました。	

　がんばる目標は1つずつ。できるようになったら、次の目標に変えていった。Kさんの最初の目標は、「怒っても乱暴しない。物を投げない」だ。イライラしたら、先生に聞いてもらう。シールを4つ用意する。次のようにシールを使った。

①怒らずに過ごせた。大きいシール
②怒っても物を投げなかった。小さいシール
③家のお手伝いができた。中ぐらいのシール
④50個シールがたまった時の特別シール
（好きなキャラクターのシールや光るタイプのシールなど）

　Kさんのお母さんにがんばりカードのお願いをするために話をした。お母さんは、家庭の事情で忙しくてKさんと触れ合う時間がほとんど取れないという状況だった。叱責することも多く、家庭でも困っていたのだ。

　Kさんの家での目標は「お手伝いをすること」とお願いした。家の手伝いをすれば、お母さんも助かり、そのことで話すことも増え、カードに一言書いてほめてもらえる。

　がんばりカードをきっかけにして、Kさんとお母さんとの関係もよくなった。

　それでもKさんは怒ってしまうことがあった。怒ると自分の勉強道具ばかりか、教卓にあるものまで投げて暴れた。隣の席の子が巻き添えを食ってしまう。そこで、イライラした時に発散できることを一緒に考えた。

例
○レベル1　少しイライラしてきた
→リサイクルの紙を破る。紙に落書きをする。
○レベル2　怒ってしまいそう
→空き教室でしばらく過ごす。算数教材室で掛け算。九九表をいじってもよい。廊下に出て、カエルの水槽を見る。
○レベル3　怒って暴れてしまった
→先生が止めたら、やめる。

　Kさんは、がんばりカードを媒体に教師と母親が自分のことを考えてくれていることに満足をしたようだ。保護者も問題意識をも持ち、学校カウンセラーとつながり、サポートルーム（周りとのかかわり方を練習する機関）に通うこともきまった。支援コーディネーターの配慮により、個別支援の時間も作ってもらった。本人もがんばり、少しずつ落ち着いていった。

（岡恵子）

〈算数〉「円に線を入れる」をフローチャート化

知的に「分岐」していく向山型算数

※黒板にチョークで円を書く。
指示1　ノートに写しなさい。
指示2　円に1本線を入れ、円を分けなさい。
発問1　いくつに分けられましたか？
指示3　円に2本線を入れなさい。
発問2　いくつに分けられましたか？
発問3　他の答え、ありませんか

この授業は粗く言えば、子供に「線を引かせる」だけだ。

よって、「チョーク1本」あれば、誰でもこの授業は再現できる。

しかし、これは「最先端の授業」なのだ。

なぜなら、これは「プログラミング的思考」を育む授業の典型例だからである。

発問3で必ず「分岐」が起こる

円に2本線を入れるのだ。

「3つに分けられるに決まっているではないか」

という子供の思い込みを、子供が打ち砕く。

「4つに分けられる」という答えが子供から出るはずだ。

出なかった場合は、

「他の答え、ありませんか」

と揺さぶり続ければいい。必ず出てくる。

○に縦と横の2本線を入れると、確かに「4つ」になるのだ。

「1本線を引く→2本線を引く＝順序性」を必要としていきながら、「答えが分かれる＝分岐性」に到達する。

子供は熱中状態になりながら、「順序性」と「分岐性」の原理を学んでいく。ここからがさらに面白い。

指示4　円に3本線を入れなさい。

もう子供は完全に熱中状態になる。

この「指示4」は「線を引きなさい」という同じ指示の繰り返しなので、「繰り返す＝反復性」でもある。

この授業は粗く言えば「線を引きなさい」という指示を少し変化させながら、繰り返しているだけである。しかし「順序性」「分岐性」「反復性」のある、まさに「プログラミング的思考」を育む授業だ。

（鈴木良幸）

「お説教0」で子供が授業にのめり込んでいく算数授業。
しかもチョーク1本あれば誰でも追試可能。

円に1本線を入れなさい

子供たちは右図のような分け方をする。

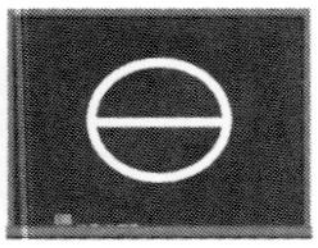

円に2本線を入れなさい

子供たちは右図のような分け方をする。しかし答えは「3つ」これだけではない。「分岐」しながら盛り上がる「プログラミング的思考」を育む授業である。

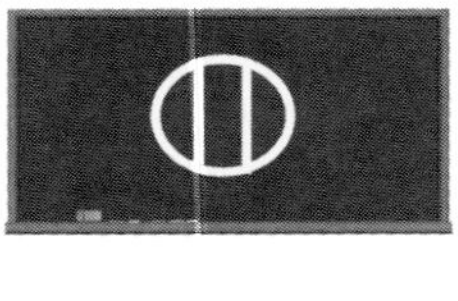

「円に線を引きなさい」という指示を教師が「反復」するだけで、子供たちは自然と熱中していく。この授業は「チョーク１本」あれば、誰でも追試可能である。以下のフローチャートの「順序」を教師が守って授業を進めていけば、自然と子供たちの答えは「分岐」していく。いくつに「分岐」していくかわからないので、子供たちも熱中する。授業開始と同時にこの授業をたたみかけると有効である。

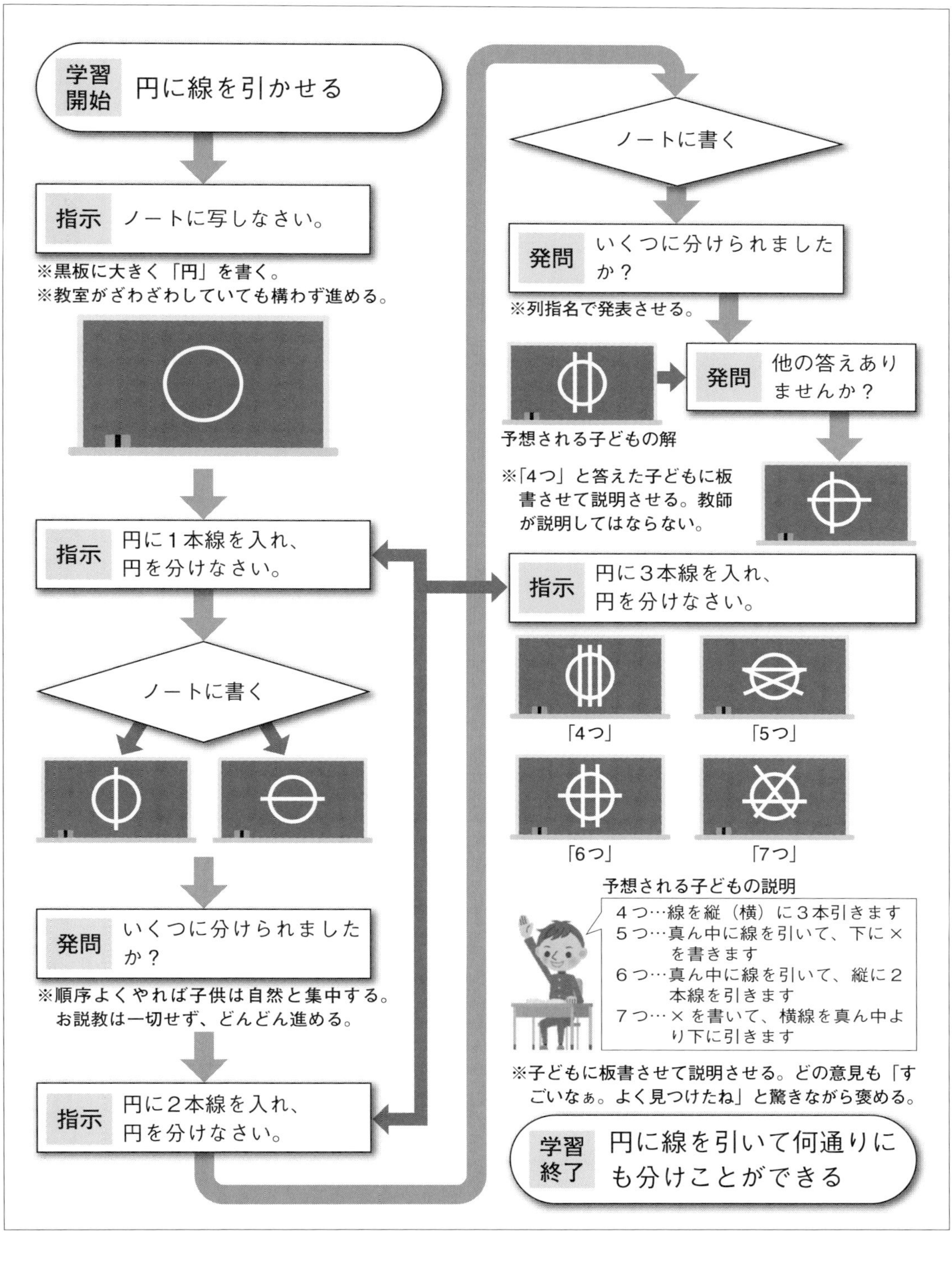

〈国語〉「問いと答え」（説明文）をフローチャート化

向山型説明文指導と言えば、第一に挙げられるのが「問いと答え」の指導だろう。「問いと答え」の指導の代表的実践は何か。「オゾンがこわれる」（1994年11月、日本教育技術学会）と「花を見つけるてがかり」（1996年3月、日本言語技術教育学会）がある。

どちらの授業でも、「問いと答え」の指導は同じだ。

1　問いの段落はどれか。
2　問いの1文はどれか。
3　問いの1文字はどれか。
4　答えの段落はどれか。
5　答えの1文はどれか。

国語が苦手な子どもにとって特に重要なのが「3　問いの1文字はどれか」である。文末の「か」という文字に○をつけさせれば、他の説明文でも転用が可能だ。私の学級では、「天気を予想する」（光村教育図書、5年）で全員の子が問いの3文を見つけることができた。

しかし、問題はイレギュラーな場合だ。今回、「イルカのねむり方」をもとに授業展開を書いたが、そのままフローチャート化すると、他の問題文には使えない場合がある。

第一に、「問いの1文字」が無い場合がある。

「アップとルーズでは、どんなちがいがあるのでしょう」（「アップとルーズで伝える」光村教育図書、4年）これは苦手な子供には分からない。その場合は、書きこませ、○を付ける。○まで付ければ、次の説明文でも全て同じ流れで取り組めるのだ。

第二に、「問い」や「答え」のない場合がある。

問いに正対する答えが無かったり、そもそも問いのない紹介型があったりする。「すがたをかえる大豆」（光村教育図書、3年）はまさにその紹介型だ。紙面の都合上、そこまでは載せきれていないが、もしもそこまで載せていれば、かなり幅の拡がるフローチャートとなるはずである。

このように、説明文には「問いと答え」の授業だけでも、いくつかのパターンがある。ぜひ、ご自身の実践で、フローチャートを使って取り組んでいただきたい。もし途中でうまくいかなかった場合、プログラムを書き直し修正（デバッグ）する必要がある。そうした修正を行えるのも、フローチャート型の良さである。

（平野遼太）

説明文はいくつかパターンがある。うまくいかなかった場合は書き直し修正（デバッグ）することが重要だ。

説明文「問いと答え」で起こるイレギュラー

1　「問いの１文字」が無い（「アップとルーズで伝える」光村教育図書、４年）
「アップとルーズでは、どんなちがいがあるのでしょう」

2　「問い」や「答え」が無い（「すがたをかえる大豆」光村教育図書、３年）
例　「大豆はどんなすがたで食べられているでしょうか」

向山型説明文指導の極意と言えば、「問いと答え」である。この方法をフローチャート通りにやれば、子供たちは他の説明文でも「問いと答え」を見付けられるようになる。今回は、3年生教材「イルカのねむり方」を対象にしているが、出来る限り、どの教材でも使えるようにフローチャート化した。ぜひ、他の説明文でも利用していただきたい。

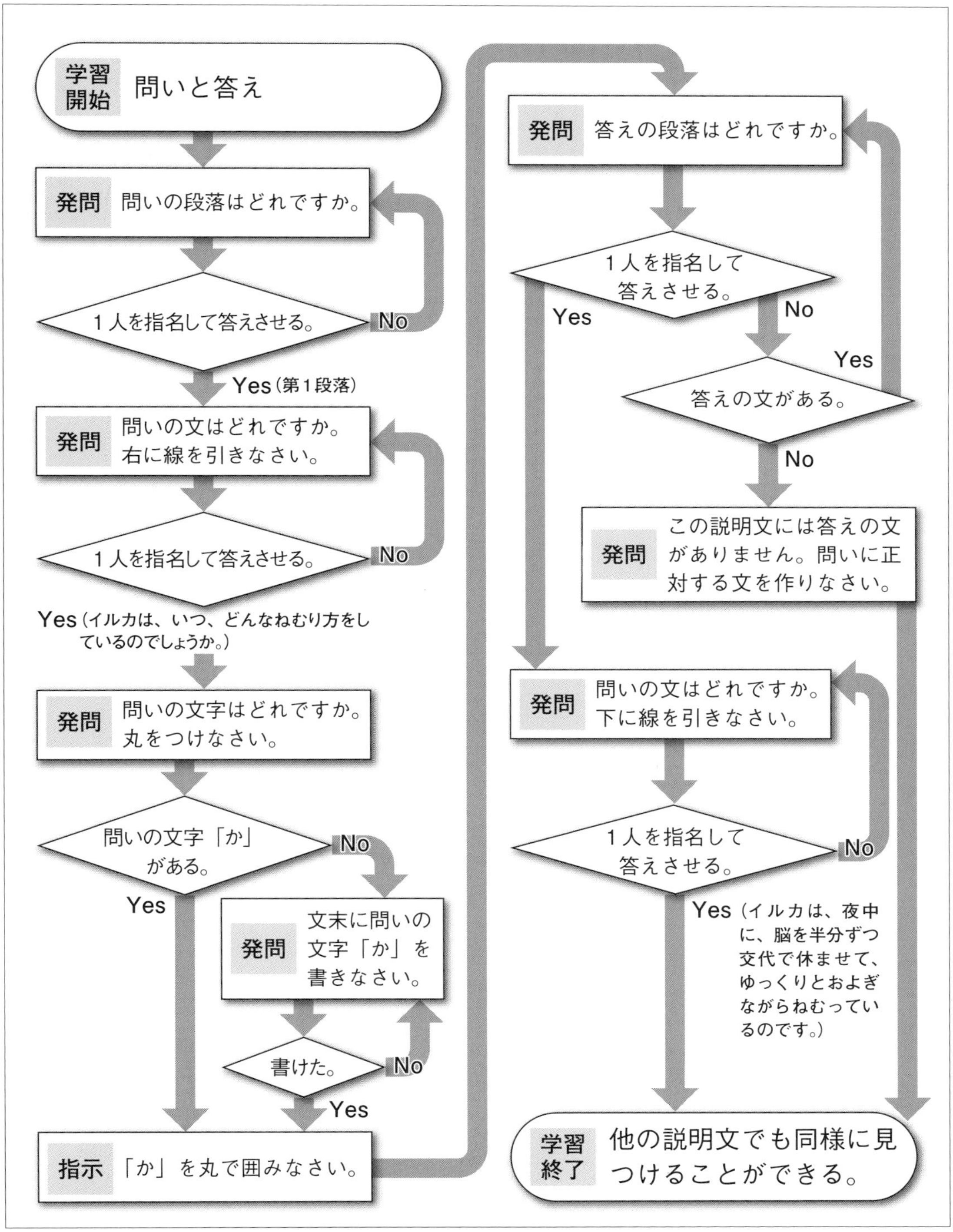

企画統括／監修／執筆者一覧

〈企画統括〉
向山洋一　日本教育技術学会会長／TOSS代表

〈監修〉
谷和樹　玉川大学教職大学院教授

〈各章・統括者一覧〉
井手本美紀　東京都公立小学校
小野隆行　岡山県公立小学校
橋本信介　神奈川県公立小学校
石坂陽　石川県公立小学校
雨宮久　山梨県公立小学校
平山靖　千葉県公立小学校
千葉雄二　東京都公立小学校
太田政男　島根県公立小学校
小嶋悠紀　長野県公立小学校
渡辺喜男　神奈川県公立小学校
河田孝文　山口県公立小学校
村野聡　東京都公立小学校
川原雅樹　兵庫県公立小学校
木村重夫　埼玉県公立小学校
小森栄治　日本理科教育支援センター
関根朋子　東京都公立小学校
上木信弘　福井県公立小学校
桑原和彦　茨城県公立小学校
井戸砂織　愛知県公立小学校
甲本卓司　岡山県公立小学校
松崎力　栃木県公立小学校
鈴木恭子　神奈川県公立小学校
谷和樹　玉川大学教職大学院教授

◎執筆者一覧

〈刊行の言葉〉
谷和樹　玉川大学教職大学院教授

〈本書の使い方〉
村野聡　東京都公立小学校
千葉雄二　東京都公立小学校
久野歩　東京都公立小学校

〈グラビア〉
井手本美紀　東京都公立小学校
永井貴憲　岡山県公立小学校
村上諒　神奈川県公立小学校
山戸駿　石川県公立小学校

〈第1章〉
岩崎利香　山梨県公立小学校

〈第2章〉
平山靖　千葉県公立小学校

〈第3章〉
中野翔太　東京都公立小学校
鈴木昌太郎　東京都公立小学校
阿妻洋二郎　東京都公立小学校

〈第4章〉
太田政男　島根県公立小学校
山田典恵　島根県公立小学校
板垣大助　島根県公立小学校

〈第5章〉
原良平　長野県公立小学校
小嶋悠紀　長野県公立小学校

〈第6章〉
佐藤良平　東京都公立小学校

〈第7章〉
大井隆夫　福岡県公立小学校

〈第8章〉
田中悠貴　東京都公立小学校
川原雅樹　兵庫県公立小学校
細田公康　埼玉県公立小学校
小森栄治　日本理科教育支援センター
川津知佳子　千葉県公立小学校
佐藤貴子　愛知県公立小学校
桑原和彦　茨城県公立小学校
大井隆夫　福岡県公立小学校
小林智子　群馬県公立小学校
梶田俊彦　岡山県公立小学校
森泉真理　群馬県公立小学校
小野公美子　愛知県公立小学校
岡城治　茨城県公立小学校
荒川拓之　埼玉県公立中学校
牛田美知子　愛知県公立小学校
関根朋子　東京都公立小学校
山崎風　岡山県公立小学校
蔭西孝　大阪府公立小学校
上木朋子　福井県公立小学校
田中裕美　三重県公立小学校
岡本純　岡山県公立小学校
飯田尚子　三重県公立小学校
伊藤拓也　千葉県公立小学校
上木信弘　福井県公立小学校

〈第9章〉
岩崎利香　山梨県公立小学校（p.200～201）
細田公康　埼玉県公立小学校（p.202～203）
平松英史　福岡県公立小学校（p.204～205）
川原雅樹　兵庫県公立小学校（p.206～207）
千葉雄二　東京都公立小学校（p.208～209）
永井貴憲　岡山県公立小学校（p.210～211）

〈第10章〉
黒滝誠人　青森県公立小学校

〈第11章〉
岡恵子　神奈川県公立小学校

〈附章〉
鈴木良幸　東京都公立小学校
平野遼太　静岡県公立小学校

[企画統括者紹介]　向山洋一（むこうやま・よういち）

東京都生まれ。1968年東京学芸大学卒業後、東京都大田区立小学校の教師となり、2000年3月に退職。全国の優れた教育技術を集め教師の共有財産にする「教育技術法則化運動」TOSS（トス：Teacher's Organization of Skill Sharingの略）を始め、現在もその代表を務め、日本の教育界に多大な影響を与えている。日本教育技術学会会長。著書に『新版　授業の腕を上げる法則』をはじめとする「教育新書シリーズ」（全18巻）、同別巻『向山の教師修業十年』、全19巻完結セット『向山洋一のLEGACY BOX（DVD付き）』、『子どもが論理的に考える！――"楽しい国語"授業の法則』、『そこが知りたい！　"若い教師の悩み"　向山が答えるQA集１・２』、『まんがで知る授業の法則』（共著）など多数。総監修の書籍に「新法則化」シリーズ（全28巻）がある（以上、すべて学芸みらい社）。

[監修者紹介]　谷和樹（たに・かずき）

玉川大学教職大学院教授。北海道札幌市生まれ。神戸大学教育学部初等教育学科卒業。兵庫県の加東市立東条西小、滝野東小、滝野南小、米田小にて22年間勤務。その間、兵庫教育大学修士課程学校教育研究科にて教科領域教育を専攻し、修了。教育技術法則化運動に参加。TOSSの関西中央事務局を経て、現職。国語、社会科をはじめ各科目全般における生徒指導の手本として、教師の授業力育成に力を注いでいる。『子どもを社会科好きにする授業』『みるみる子どもが変化する「プロ教師が使いこなす指導技術」』（ともに学芸みらい社）など、著書多数。

若手なのにプロ教師！　新学習指導要領をプラスオン
小学3年生　新・授業づくり＆学級経営
365日サポートBOOK

GAKUGEI MIRAISHA

2018年4月15日　初版発行

企画統括　向山洋一《むこうやまよういち》
監修　谷和樹《たにかずき》
編集・執筆　「小学3年生　新・授業づくり＆学級経営」編集委員会
発行者　小島直人

発行所　学芸みらい社
〒162-0833　東京都新宿区箪笥町31　箪笥町SKビル
電話番号：03-5227-1266
http://www.gakugeimirai.jp/
E-mail：info@gakugeimirai.jp

印刷所・製本所　藤原印刷株式会社
装丁　小沼孝至
本文組版　村松明夫／目次組版　小宮山裕
本文イラスト　げんゆうてん
企画　樋口雅子／校正　（株）一校舎

ISBN978-4-908637-63-6 C3037

学芸みらい社　既刊のご案内　〈教科・学校・学級シリーズ〉

※価格はすべて本体価格（税別）です。

書　名	著者・編者・監修者ほか	価　格
学級づくり／学力づくり		
中学校を「荒れ」から立て直す！	長谷川博之	2,000円
生徒に『私はできる！』と思わせる超・積極的指導法	長谷川博之	2,000円
中学の学級開き――黄金のスタートを切る3日間の準備ネタ	長谷川博之	2,000円
“黄金の1週間”でつくる学級システム化小辞典	甲本卓司	2,000円
若手教師のための主任マニュアル	渡辺喜男・TOSS横浜	2,000円
小学校発ふるさと再生プロジェクト――子ども観光大使の育て方	松崎力	1,800円
アクティブな授業をつくる新しい知的生産技術	太田政男・向山洋一・谷和樹	2,000円
フレッシュ先生のための「はじめて事典」	向山洋一・木村重夫	2,000円
まんがで知る授業の法則	向山洋一・前田康裕	1,800円
めっちゃ楽しい校内研修――模擬授業で手に入る“黄金の指導力”	谷 和樹・岩切洋一・やばた教育研究会	2,000円
みるみる子どもが変化する『プロ教師が使いこなす指導技術』	谷和樹	2,000円
教員採用試験パーフェクトガイド「合格への道」	岸上隆文・三浦一心	1,800円
教員採用試験パーフェクトガイド 面接編 DVD付	岸上隆文・三浦一心	2,200円
そこが知りたい！“若い教師の悩み”向山が答えるQA集1 ――授業づくり“よくある失敗”175例～勉強好きにする改善ヒント～	星野裕二・向山洋一	2,000円
そこが知りたい！“若い教師の悩み”向山が答えるQA集2 ――学級づくり“よくある失敗”113例～勉強好きにする改善ヒント～	星野裕二・向山洋一	2,100円
特別支援教育		
ドクターと教室をつなぐ医教連携の効果　第1巻――医師と教師が発達障害の子どもたちを変化させた	宮尾益知・向山洋一・谷和樹	2,000円
ドクターと教室をつなぐ医教連携の効果　第2巻――医師と教師が発達障害の子どもたちを変化させた	宮尾益知・向山洋一・谷和樹	2,000円
ドクターと教室をつなぐ医教連携の効果　第3巻 ――発達障害の子どもたちを支える医教連携の「チーム学校」「症例別」実践指導	宮尾益知・向山洋一・谷和樹	2,000円
トラブルをドラマに変えてゆく教師の仕事術――発達障がいの子がいるから素晴らしいクラスができる！	小野隆行	2,000円
トラブルをドラマに変えてゆく教師の仕事術――特別支援教育が変わるもう一歩の詰め	小野隆行	2,000円
トラブルをドラマに変えてゆく教師の仕事術――喧嘩・荒れ とっておきの学級トラブル対処法	小野隆行	2,000円
トラブルをドラマに変えてゆく教師の仕事術――新指導要領に対応した特別支援教育で学校が変わる!	小野隆行	2,000円
特別支援の必要な子に役立つかんたん教材づくり㉙	武井恒	2,300円
国語		
国語有名物語教材の教材研究と研究授業の組み立て方	向山洋一・平松孝治郎	2,000円
国語有名物語教材の教材研究と研究授業の組み立て方〔低・中学年/詩文編〕	向山洋一・平松孝治郎	2,000円
国語テストの“答え方”指導――基本パターン学習で成績UP	遠藤真理子・向山洋一	2,000円
どもが論理的に考える！――“楽しい国語”授業の法則	向山洋一	2,000円
先生も生徒も驚く日本の「伝統・文化」再発見	松藤司	2,000円
先生も生徒も驚く日本の「伝統・文化」再発見2 行事と祭りに託した日本人の願い	松藤司	2,000円
生と子どもたちの学校俳句歳時記	星野高士・仁平勝・石田郷子	2,500円
子どもが一瞬で書き出す！　“4コマまんが”作文マジック	村野聡	2,100円
学テ国語B問題――答え方スキルを育てる授業の布石	椿原正和	2,000円
算数・数学		
数学で社会／自然と遊ぶ本 日本数学検定協会	中村 力	1,500円
早期教育・特別支援教育　本能式計算法――計算が「楽しく」「速く」できるワーク	大江浩光・押谷由夫	2,000円
学テ算数B問題――答え方スキルを育てる授業の布石	河田孝文	2,000円
社会		
子どもを社会科好きにする授業	谷和樹	2,000円
中学社会科“アクティブ・ラーニング発問”174――わくわくドキドキ地理・歴史・公民の難単元攻略ポイント	峯明秀	2,000円
アクティブ・ラーニングでつくる新しい社会科授業――ニュー学習活動・全単元一覧	北俊夫・向山行雄	2,000円
教師と生徒でつくるアクティブ学習技術――「TOSSメモ」の活用で社会科授業が変わる！	向山洋一・谷和樹・赤阪勝	1,800円
クイズ主権者教育――ウッソー？ホント！楽しい教材71	河原和之	2,000円
新社会科討論の授業づくり――思考・理解が深まるテーマ100選	北俊夫	2,000円
有田式“発問・板書”が身につく！　社会科指導案の書き方入門	沼澤清一	2,000円
新中学社会の定期テスト ――地理・歴史・公民 全単元の作問技法&評価ポイント	峯明秀	2,100円
理科		
子どもが理科に夢中になる授業	小森栄治	2,000円
簡単・きれい・感動!!――10歳までのかがくあそび	小森栄治	2,200円
英語		
教室に魔法をかける！　英語ディベートの指導法 ――英語アクティブラーニング	加藤心	2,000円
音楽		
子どもノリノリ歌唱授業――音楽＋身体表現で“歌遊び”68選	飯田清美	2,200円
図画・美術		
丸わかりDVD付！　酒井式描画指導の全手順・全スキル（絵画指導は酒井式　パーフェクトガイド）	酒井臣吾・根本正雄	2,900円
酒井式描画指導法――新シナリオ、新技術、新指導法（絵画指導は酒井式で！パーフェクトガイド）	酒井臣吾	3,400円
ドーンと入賞！“物語文の感想画”――描き方指導の裏ワザ20	河田孝文	2,200円
どの子も図工大好き！――酒井式“絵の授業”よういスタート！ここまで描けるシナリオ集	寺田真紀子・酒井臣吾	2,200円
酒井式描画指導で“パッと明るい学級づくり”1巻――低学年が描くイベント・行事＝親が感動する傑作！題材30選	酒井臣吾・神谷祐子	2,200円
酒井式描画指導で“パッと明るい学級づくり”2巻――中学年が描くイベント・行事＝描けた！達成感ある傑作！題材30選	酒井臣吾・上木信弘	2,200円
酒井式描画指導で“パッと明るい学級づくり”3巻――高学年が描くイベント・行事＝学校中で話題の傑作！題材30選	酒井臣吾・片倉信儀	2,200円
体育		
子供の命を守る泳力を保証する――先生と親の万能型水泳指導プログラム	鈴木智光	2,000円
運動会企画――アクティブ・ラーニング発想を入れた面白カタログ事典	根本正雄	2,200円
全員達成！　魔法の立ち幅跳び ――「探偵！ナイトスクープ」のドラマ再現	根本正雄	2,000円
世界に通用する伝統文化――体育指導技術	根本正雄	1,900円
発達障害児を救う体育指導――激変! 感覚統合スキル95	根本正雄・小野隆行	2,300円

書　名	著者・編者・監修者ほか	価　格
道徳		
子どもの心をわしづかみにする「教科としての道徳授業」の創り方	向山洋一・河田孝文	2,000円
「偉人を育てた親子の絆」に学ぶ道徳授業 ＜読み物・授業展開案付き＞	松藤 司＆チーム松藤	2,000円
あなたが道徳授業を変える	櫻井宏尚・服部敬一・心の教育研究会	1,500円
中学生にジーンと響く道徳話100選――道徳力を引き出す"名言逸話"活用授業	長谷川博之	2,000円
「授業の新法則化」シリーズ　全28巻		
「国語」基礎基本編	向山洋一・TOSS「国語」授業の新法則編集執筆委員会	1,600円
「国語」1年生編	向山洋一・TOSS「国語」授業の新法則編集執筆委員会	1,600円
「国語」2年生編	向山洋一・TOSS「国語」授業の新法則編集執筆委員会	1,600円
「国語」3年生編	向山洋一・TOSS「国語」授業の新法則編集執筆委員会	1,600円
「国語」4年生編	向山洋一・TOSS「国語」授業の新法則編集執筆委員会	1,600円
「国語」5年生編	向山洋一・TOSS「国語」授業の新法則編集執筆委員会	1,600円
「国語」6年生編	向山洋一・TOSS「国語」授業の新法則編集執筆委員会	1,600円
「算数」1年生編	向山洋一・TOSS「算数」授業の新法則編集執筆委員会	1,600円
「算数」2年生編	向山洋一・TOSS「算数」授業の新法則編集執筆委員会	1,600円
「算数」3年生編	向山洋一・TOSS「算数」授業の新法則編集執筆委員会	1,600円
「算数」4年生編	向山洋一・TOSS「算数」授業の新法則編集執筆委員会	1,600円
「算数」5年生編	向山洋一・TOSS「算数」授業の新法則編集執筆委員会	1,600円
「算数」6年生編	向山洋一・TOSS「算数」授業の新法則編集執筆委員会	1,600円
「理科」3・4年生編	向山洋一・TOSS「理科」授業の新法則編集執筆委員会	2,200円
「理科」5年生編	向山洋一・TOSS「理科」授業の新法則編集執筆委員会	2,200円
「理科」6年生編	向山洋一・TOSS「理科」授業の新法則編集執筆委員会	2,200円
「社会」3・4年生編	向山洋一・TOSS「社会」授業の新法則編集執筆委員会	1,600円
「社会」5年生編	向山洋一・TOSS「社会」授業の新法則編集執筆委員会	1,600円
「社会」6年生編	向山洋一・TOSS「社会」授業の新法則編集執筆委員会	1,600円
「図画美術」基礎基本編	向山洋一・TOSS「図画美術」授業の新法則編集執筆委員会	2,200円
「図画美術」題材編	向山洋一・TOSS「図画美術」授業の新法則編集執筆委員会	2,200円
「体育」基礎基本編	向山洋一・TOSS「体育」授業の新法則編集執筆委員会	1,600円
「体育」低学年編	向山洋一・TOSS「体育」授業の新法則編集執筆委員会	1,600円
「体育」中学年編	向山洋一・TOSS「体育」授業の新法則編集執筆委員会	1,600円
「体育」高学年編	向山洋一・TOSS「体育」授業の新法則編集執筆委員会	1,600円
「音楽」	向山洋一・TOSS「音楽」授業の新法則編集執筆委員会	1,600円
「道徳」	向山洋一・TOSS「道徳」授業の新法則編集執筆委員会	1,600円
「外国語活動」(英語)	向山洋一・TOSS「外国語活動(英語)」授業の新法則編集執筆委員会	2,500円
「教育新書」シリーズ　全18巻・別巻1・完結セット(DVD付き)		
1　新版　授業の腕を上げる法則	向山洋一	1,000円
2　新版　子供を動かす法則	向山洋一	1,000円
3　新版　いじめの構造を破壊する法則	向山洋一	1,000円
4　新版　学級を組織する法則	向山洋一	1,000円
5　新版　子供と付き合う法則	向山洋一	1,000円
6　新版　続・授業の腕を上げる法則	向山洋一	1,000円
7　新版　授業研究の法則	向山洋一	1,000円
8　小学一年学級経営　教師であることを畏れつつ	向山洋一	1,000円
9　小学二年学級経営　大きな手と小さな手をつないで	向山洋一	1,000円
10　小学三年学級経営　新卒どん尻教師はガキ大将	向山洋一	1,000円
11　小学四年学級経営　先生の通知表をつけたよ	向山洋一	1,000円
12　小学五年学級経営　子供の活動ははじけるごとく	向山洋一	1,000円
13　小学六年学級経営　教師の成長は子供と共に	向山洋一	1,000円
14　プロを目指す授業者の私信	向山洋一	1,000円
15　新版　法則化教育格言集	向山洋一	1,000円
16　授業力上達の法則1　黒帯六条件	向山洋一	1,000円
17　授業力上達の法則2　向山の授業実践記録	向山洋一	1,000円
18　授業力上達の法則3　向山の教育論争	向山洋一	1,000円
別巻　向山の教師修業十年	向山洋一	1,800円
全19巻完結セット(DVD付き)――向山洋一のLEGACY BOX	向山洋一	28,000円
教室ツーウェイNEXT		
教室ツーウェイNEXT創刊記念1号――特集：アクティブ・ラーニング先取り体験！	教室ツーウェイNEXT編集プロジェクト	1,500円
教室ツーウェイNEXT創刊2号――特集：非認知能力で激変！子どもの学習態度50例	教室ツーウェイNEXT編集プロジェクト	1,500円
教室ツーウェイNEXT3号――特集：新指導要領のキーワード100	教室ツーウェイNEXT編集プロジェクト	1,500円
教室ツーウェイNEXT4号――特集："合理的配慮"ある年間プラン&教室レイアウト63例	教室ツーウェイNEXT編集プロジェクト	1,500円
教室ツーウェイNEXT５号――特集："学習困難さ状態"変化が起こる授業支援60	教室ツーウェイNEXT編集プロジェクト	1,500円
教室ツーウェイNEXT６号――特集 考える道徳授業 熱中討論のテーマ100	教室ツーウェイNEXT編集プロジェクト	1,500円
教育を未来に伝える書		
向山洋一からの聞き書き　第1集	向山洋一・根本正雄	2,000円
向山洋一からの聞き書き　第2集	向山洋一・根本正雄	2,000円
すぐれた教材が子どもを伸ばす！	向山洋一・甲本卓司&TOSS教材研究室	2,000円
かねちゃん先生奮闘記――生徒ってすごいよ	兼田昭一	1,500円
教師人生が豊かになる『教育論語』――師匠 向山洋一曰く 125の教え	甲本卓司	2,000円
バンドマン修業で学んだプロ教師への道	吉川廣二	2,000円
国際バカロレア入門――融合による教育イノベーション	大迫弘和	1,800円
教育の不易と流行 江部満 編集者の歩み――ギネスで世界一に認定された編集長	TOSS編集委員会	2,000円
向こうの山を仰ぎ見て――自主公開授業発表会への道	阪部保	1,700円

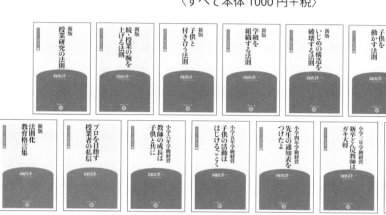